JN098369

HSK6級

読む聴く覚える2500

田芳・安明姫 著

〔音声ダウンロード方式〕
〔チェックシート付き〕

東方書店

前書き

　HSK は語彙量が求められる試験です。特に 6 級では、十分な語彙を身につけていないと、聴力問題では途中で何を言っているのか分からなくなってしまいます。また、閲読問題、書写問題においても得点の機会を失ってしまいます。語彙は、試験の結果を左右するキーポイントであると言えます。しかしながら、むやみに暗記しようとしても、集中力が続かず、抵抗感が生まれ、成果が上がらないでしょう。

　そこで本書では、HSK6 級要綱の新出語彙 2500 語を 72 篇のオリジナルの文章に組み入れることにしました。学習者は毎日 1 つの文章を繰り返し聴き、熟読することで、語彙、閲読、聴力の学習を同時に推し進め、2 か月半で HSK6 級の新出語彙を身に付けることができます。

　72 篇の文章はそれぞれ 700 ～ 800 字程度で、HSK6 級試験の難度と同じくらいに設定しています。まとまった内容をもっていますので、文脈なしで語彙やセンテンスをひたすら丸暗記することから解放され、語彙の意味と使い方が自然と身に付きます。日常の出来事から、文学、社会問題、環境問題、科学技術の普及など多岐にわたる文章の内容を楽しみながら確実に語彙を増やすことができ、最大の難関である聴力を克服することができます。

　また、本書は HSK6 級の受験者だけでなく、語彙量を増やし、聴力及び閲読のレベルを高めたい学習者にも適しています。

　本書の出版に当たり、東方書店の家本様より多大なご支援とご協力をいただきました。心より深く感謝申し上げます。

　本書を開く皆様が初心を貫き、結果を残してさらに学習を深めることを祈っております。

2020 年秋

田芳 安明姫

本書の使い方

　各文章は4つの部分から構成されています。

　［STEP1 単語］にはこの文章でマスターすべき語彙（35個程度）のピンインと日本語訳を表示しました。音声を聞きながら、発音と意味を確認しましょう。

　［STEP2 センテンス］にはマスターすべき語彙を組み入れたセンテンスを、本文を抜き書きする形で示しています。マスターすべき語彙は空欄になっており、学習者が確認作業を繰り返すことによって、深く印象づけられ、しっかり覚えられるよう工夫しています。

　第3ページは［STEP3 本文］です。マスターすべき語彙は赤字で印刷されており、チェックシートを使って聴力練習ができます。チェックシートをはずして音声を聞き、聞きとった内容と文章が一致しているかも確認してみましょう。第4ページは日本語訳です。

　3つのステップで繰り返し語彙を学ぶことで自然に6級の語彙をマスターし、聴力も高めることができます。

　学習にあたっては、できる限り1日1篇聴くことを心がけてください。毎日続けるほうが語彙は覚えやすくなります。中断せずにしっかりHSK6級の必要な語彙を身に付けましょう。

目　次

音声について

⬛ 部分（STEP1単語、STEP3本文）の音声（MP3 形式）を
東方書店ホームページからダウンロードできます。

① https://www.toho-shoten.co.jp/jbook/download.html にアクセス
（トップページから「音声ダウンロード」をクリックしてもアクセスできます）

②『HSK6 級　読む聴く覚える 2500』の GO DOWNLOAD をクリック

③ ダウンロードキー　jq95jzveym　を入力

④ 圧縮ファイル（ZIP 形式）をダウンロード、解凍して音楽再生ソフト
　などに 取り込んでご利用ください

＊タイトル名の前のチェックボックスが「✓」になっているものがダウンロード対象
　になります。ダウンロードが不要なものはチェックを外してください。

＊一括ダウンロードがうまくいかない場合は、1 ファイルずつお試しください。

＊ ZIP 形式につき、スマートフォンやタブレット端末でダウンロードするには、解
　凍ソフトが必要です。

HSK6級
読む聴く覚える
2500

微信 ウィーチャット

[STEP 1 単語] 今日習得すべき単語を、聞き取れるまで繰り返し聞いてください。 **001**

场合 chǎnghé
（名）場合、場

举动 jǔdòng
（名）動作、振る舞い、
行為

方位 fāngwèi
（名）方位

通讯 tōngxùn
（名）通信

视频 shìpín
（名）動画

动态 dòngtài
（名）動き、動向

瞬间 shùnjiān
（名）瞬間

盛行 shèngxíng
（动）盛んに行われる、
流行する

用户 yònghù
（名）ユーザー、利用者

突破 tūpò
（动）突破する

飞跃 fēiyuè
（动）飛躍する

逐年 zhúnián
（副）一年一年、年々

渗透 shèntòu
（动）浸透する

心灵 xīnlíng
（名）心

直播 zhíbō
（动）生放送する

助理 zhùlǐ
（名）助手、補佐役

传达 chuándá
（动）伝達する、伝える

汇报 huìbào
（动）報告する

外界 wàijiè
（名）外部

清晨 qīngchén
（名）早朝、明け方

枕头 zhěntou
（名）枕

随即 suíjí
（副）ただちに

迫不及待 pòbùjídài
待っていられないほど急ぐ

更新 gēngxīn
（动）更新する

正月 zhēngyuè
（名）旧暦の一月

吉祥 jíxiáng
（形）めでたい、
縁起がいい

刹那 chànà
（名）とっさ、瞬間

阻碍 zǔài
（动）妨げる

得力 délì
（形）有能である、
腕利きである

引用 yǐnyòng
（动）引用する

上瘾 shàngyǐn
（动）癖になって
やめられなくなる、
中毒になる

与日俱增 yǔrì-jùzēng
日増しに増える

潜移默化 qiányí-mòhuà
知らず知らずのうちに
感化される

精致 jīngzhì
（形）巧みである、
精緻である

惊讶 jīngyà
（形）不思議に思う、
いぶかしい

①在社交＿＿＿＿＿，这个＿＿＿＿＿如今已代替了互换名片。

②微信是一款全＿＿＿＿＿的手机＿＿＿＿＿应用，用它可以连接全世界的亲朋好友，发送短信、语音或＿＿＿＿＿聊天，把自己生活＿＿＿＿＿的每一＿＿＿＿＿分享到朋友圈。

③现在微信已是中国最＿＿＿＿＿的手机通讯应用，它在全球的＿＿＿＿＿账号数量今年已经＿＿＿＿＿了十亿。

④从2013年起以惊人的每年超过一亿新增用户的速度在＿＿＿＿＿式增长。

⑤微信正在＿＿＿＿＿＿＿＿＿＿人们的生活，除了用微信结识新朋友、一键购物、查看天下事、移动支付、做游戏以外，"建群"也是微信的魅力所在。

⑥人们在这些群里分享＿＿＿＿＿鸡汤，＿＿＿＿＿幸福，诉说烦恼，有老板＿＿＿＿＿＿＿＿＿＿有关工作或开会的通知，也有老师＿＿＿＿＿孩子在学校的表现，如果没有置身群中，通向＿＿＿＿＿的路就少了一条，所以很多人＿＿＿＿＿一睁眼，虽还没离开＿＿＿＿＿，已＿＿＿＿＿打开手机看微信，＿＿＿＿＿地确认在自己沉睡的数个小时中，有谁＿＿＿＿＿了消息。

⑦在2018年公布的春节相关数据中，除夕到＿＿＿＿＿初五的短短几天，人们使用微信共发了2297亿条微信消息，其中以祝福对方新年＿＿＿＿＿如意的内容居多。

⑧28亿条朋友圈，还有7.68亿用户使用微信红包表达新年祝福，一个赴黑龙江出差的父亲可以＿＿＿＿＿间把红包发给远在北京的女儿，距离已＿＿＿＿＿不了亲情的传递。

⑨目前，微信可以说是腾讯公司乃至中国互联网范围内的第一大服务应用，是人们生活的＿＿＿＿＿助手。

⑩媒体＿＿＿＿＿的一项问卷调查显示，几乎一半的微信用户平均每天要花费超过90分钟的时间在这个应用程序上，预计今后对微信"＿＿＿＿＿"的用户还会＿＿＿＿＿。

⑪微信正在＿＿＿＿＿地取代生活中的一些必需品，有一次，当我在商场被一个＿＿＿＿＿的名片盒所吸引，想付款买下时，一旁来自北京的朋友＿＿＿＿＿地问："现在还有人用名片吗？"

❶ 赤いシートを当てて、本文を見ながら聞き、見えない箇所の単語をチェックしてください。
❷ 赤いシートを外して、本文を見ながら聞き、聞き取った単語が合っているか、確認してください。
❸ 本文を見ないで聞き、全体の意味が把握できるか確認してください。

微信

　　加个微信吧。在社交场合，这个举动如今已代替了互换名片。

　　微信是一款全方位的手机通讯应用，用它可以连接全世界的亲朋好友，发送短信、语音或视频聊天，把自己生活动态的每一瞬间分享到朋友圈。

　　现在微信已是中国最盛行的手机通讯应用，它在全球的用户账号数量已经突破了十亿。从 2013 年起以惊人的每年超过一亿新增用户的速度在飞跃式增长。

　　微信正在逐年渗透人们的生活，除了用微信结识新朋友、一键购物、查看天下事、移动支付、做游戏以外，"建群"也是微信的魅力所在。使用微信的人都会有很多"群"，老同学群、公司的老板同事群、孩子学校里的同学家长老师群、远亲近邻群等等不一而足。人们在这些群里分享心灵鸡汤，直播幸福，诉说烦恼，有老板助理传达有关工作或开会的通知，也有老师汇报孩子在学校的表现，如果没有置身群中，通向外界的路就少了一条，所以很多人清晨一睁眼，虽还没离开枕头，已随即打开手机看微信，迫不及待地确认在自己沉睡的数个小时中，有谁更新了消息。

　　在 2018 年公布的春节相关数据中，除夕到正月初五的短短几天，人们使用微信共发了 2297 亿条微信消息，其中以祝福对方新年吉祥如意的内容居多。28 亿条朋友圈，还有 7.68 亿用户使用微信红包表达新年祝福，一个赴黑龙江出差的父亲可以刹那间把红包发给远在北京的女儿，距离已阻碍不了亲情的传递。

　　目前，微信可以说是腾讯公司乃至中国互联网范围内的第一大服务应用，是人们生活的得力助手。媒体引用的一项问卷调查显示，几乎一半的微信用户平均每天要花费超过 90 分钟的时间在这个应用程序上，预计今后对微信"上瘾"的用户还会与日俱增。

　　微信正在潜移默化地取代生活中的一些必需品，有一次，当我在商场被一个精致的名片盒所吸引，想付款买下时，一旁来自北京的朋友惊讶地问："现在还有人用名片吗？"

应用 ：（携帯通信の）アプリケーション
朋友圈 ：モーメンツ
"建群" ：「グループ作成」（機能）
腾讯公司 ：テンセント（企業名）

ウィーチャット

　ウィーチャットを交換しよう。交際の場では、この行為は今では既に名刺交換に取って代わっている。

　ウィーチャットは多機能の携帯通信アプリケーションで、これを使えば全世界にいる親戚や友人とつながることができ、メッセージを送信し、音声チャットやビデオチャットで自分の生活のあらゆる瞬間をモーメンツにアップして仲間と共有することができる。

　現在、ウィーチャットは中国で最も流行している携帯通信アプリケーションで、全世界の登録ユーザー数は既に10億人を突破した。2013年から新規ユーザー毎年1億人以上というめざましいスピードで飛躍的に増加している。

　ウィーチャットは年々人々の生活に浸透している。ウィーチャットを使用して新しい友達を作り、ワンクリックでオンラインショッピングができ、世界のニュースを検索でき、現金決済ができ、ゲームができる。それだけでなく、「グループ作成」機能もウィーチャットの魅力的なところである。ウィーチャットを利用している人はみな多くの「グループ」を持つようになる。古い学友のグループ、職場の上司・同僚のグループ、子供の学校の保護者・先生のグループ、遠くに住む親戚・近くの隣人のグループ等々一つだけではない。人々はこのようなグループの中で心の栄養を分け合い、幸せを直接伝達し、悩みを打ち明ける。社長のアシスタントは仕事や会議の知らせを伝え、先生は学校での児童の行動を報告する。もしグループの仲間に入らないと外部に通じる道が一つ少なくなってしまう。そのため、多くの人は朝目を覚まし、まだ枕から離れないうちに、矢も盾もたまらず携帯を開いてウィーチャットを見て、自分が寝ている数時間の間に誰が情報を更新したかを確認している。

　2018年に発表された春節関連のデータでは、大晦日から旧暦1月5日までのわずか数日の間に人々はウィーチャットを利用して2297億件のメッセージを発信した。その内容は新年を祝福し万事めでたしと伝えるものが多数を占めた。28億件のモーメンツ、また7.68億のユーザーがウィーチャットでお年玉を送り新年を祝福している。例えば黒竜江省に出張中のある父親は瞬時に遠く北京にいる娘にお年玉を送った。距離はもう肉親の情の伝達を妨げることはできなくなった。

　現在、ウィーチャットはテンセント社あるいは中国インターネット圏内の一番大きなサービスアプリケーションで、人々の生活の有能な助手であると言える。メディアが引用したアンケート調査は、ウィーチャットユーザーのほぼ半数が毎日平均90分以上の時間をこのアプリケーションプログラムに費やしていることを明らかにしており、今後、ウィーチャット「中毒」になるユーザーはさらに日増しに増えると予測している。

　ウィーチャットは知らず知らずのうちに、生活の中の必需品に取って代わっている。私がデパートで手の込んだ名刺入れに引き付けられて買おうとしたとき、一緒にいた北京からきた友達が「まだ名刺を使っている人がいるの」と不思議そうに尋ねた。

李贺 李賀

[STEP 1 単語] 今日習得すべき単語を、聞き取れるまで繰り返し聞いてください。 **003**

颇 pō
(副) かなり

主义 zhǔyì
(名) 主義

派别 pàibié
(名) 流派、分派、学派

人间 rénjiān
(名) 世間、この世

风土人情 fēngtǔ rénqíng
風土と人情

歌颂 gēsòng
(动) 賛美する、ほめたたえる

统治 tǒngzhì
(动) 統治する、支配する

势力 shìlì
(名) 勢力

创作 chuàngzuò
(动) 創作する

题材 tícái
(名) 題材

本人 běnrén
(代) 本人

民间 mínjiān
(名) 民間

挖掘 wājué
(动) 掘り出す

时事 shíshì
(名) 時事

漫长 màncháng
(形) 長々とした、とても長い

岁月 suìyuè
(名) 歳月

沉淀 chéndiàn
(动) 沈殿する、蓄積する

抱负 bàofù
(名) 抱負

前景 qiánjǐng
(名) 未来図、将来

包袱 bāofu
(名) (精神的な) 負担

一帆风顺 yìfān-fēngshùn
順風満帆

绝望 juéwàng
(动) 絶望する

处境 chǔjìng
(名) 境遇

流露 liúlù
(动) にじみ出る、あらわれる

弥漫 mímàn
(动) 充満する、みなぎる

开辟 kāipì
(动) 切り開く

衰老 shuāilǎo
(形) 老衰している

死亡 sǐwáng
(动) 死亡する

本事 běnshi
(名) 才能

得天独厚 détiāndúhòu
とりわけ恵まれている

天才 tiāncái
(名) 天才

风气 fēngqì
(名) 気風

耗费 hàofèi
(动) 費やす、消耗する

心血 xīnxuè
(名) 心血

代价 dàijià
(名) 代価

版本 bǎnběn
(名) 版、版本

收藏 shōucáng
(动) 収集する、収蔵する

[STEP 2 センテンス] STEP1 の単語を上から順番に、発音しながら＿＿＿＿に書き入れてください。センテンスの意味を把握することも学習目標の一つです。

①李贺是中国唐朝一位＿＿＿＿＿具浪漫＿＿＿＿＿色彩的诗人，他的诗在文学史上被划入咏物诗的＿＿＿＿＿里。

②他的诗不重在描写＿＿＿＿＿的＿＿＿＿＿，也不重在＿＿＿＿＿当时的＿＿＿＿＿者或权贵宦官等有＿＿＿＿＿的人，他＿＿＿＿＿的＿＿＿＿＿大多都是李贺＿＿＿＿＿从＿＿＿＿＿而来，有的直陈＿＿＿＿＿，有的借古讽今。

③经过＿＿＿＿＿的＿＿＿＿＿＿＿＿＿，他为数不多的诗篇好像陈酒，越来越有味道，越来越被世人所喜爱。

④李贺也曾有远大＿＿＿＿＿，期待美好的＿＿＿＿＿，但因一件小事不能参加进士考试，青年时代的仕途失意，加上妻子早逝，李贺自己虚弱多病的身体也成了他精神上的＿＿＿＿＿，＿＿＿＿＿的生活似乎和他无缘。

⑤这样令人＿＿＿＿＿的＿＿＿＿＿促成了他的世界观，使他酷爱用老、死、哭、悲等字眼，很多诗篇中＿＿＿＿＿出花无百日好的情绪，＿＿＿＿＿着淡淡的感伤，这给他的诗风＿＿＿＿＿了一条与众不同的道路，刻画＿＿＿＿＿＿＿＿＿＿的意象也成了李贺诗歌的一大特色。

⑥李贺作诗的＿＿＿＿＿非一般文人能比，打小就有着＿＿＿＿＿的诗才，他 7 岁时的诗作已令大诗人韩愈赞赏不已，从那以后被人视作＿＿＿＿＿。

⑦和当时其他文人写作的＿＿＿＿＿不同，他从不用俗套来写诗，写二月不提柳树，写三月不提桃李，写重阳节不提登高，在他之后，世上再也没有第二个人能写出这样创意清奇，文字华美的诗篇。

⑧创作＿＿＿＿＿了李贺的＿＿＿＿＿，＿＿＿＿＿是诗人年仅 27 岁就去世了。

⑨现在可以在书店买到不同的＿＿＿＿＿，人们纷纷＿＿＿＿＿他的诗集，以此来纪念这位流星一般滑过、瞬间照亮世间的诗人。

❶ 赤いシートを当てて、本文を見ながら聞き、見えない箇所の単語をチェックしてください。
❷ 赤いシートを外して、本文を見ながら聞き、聞き取った単語が合っているか、確認してください。
❸ 本文を見ないで聞き、全体の意味が把握できるか確認してください。

李贺

　　李贺是中国唐朝一位颇具浪漫主义色彩的诗人，他的诗在文学史上被划入咏物诗的派别里。他的诗不重在描写人间的风土人情，也不重在歌颂当时的统治者或权贵宦官等有势力的人，他创作的题材大多都是李贺本人从民间挖掘而来，有的直陈时事，有的借古讽今。经过漫长的岁月沉淀，他为数不多的诗篇好像陈酒，越来越有味道，越来越被世人所喜爱。著名作家鲁迅就曾经说过，"年轻时较爱读唐朝李贺的诗"。

　　李贺也曾有远大抱负，期待美好的前景，但因一件小事不能参加进士考试，青年时代的仕途失意，加上妻子早逝，李贺自己虚弱多病的身体也成了他精神上的包袱，一帆风顺的生活似乎和他无缘。这样令人绝望的处境促成了他的世界观，使他酷爱用老、死、哭、悲等字眼，很多诗篇中流露出花无百日好的情绪，弥漫着淡淡的感伤，这给他的诗风开辟了一条与众不同的道路，刻画衰老死亡的意象也成了李贺诗歌的一大特色。

　　李贺作诗的本事非一般文人能比，打小就有着得天独厚的诗才，他 7 岁时的诗作已令大诗人韩愈赞赏不已，从那以后被人视作天才。和当时其他文人写作的风气不同，他从不用俗套来写诗，写二月不提柳树，写三月不提桃李，写重阳节不提登高，在他之后，世上再也没有第二个人能写出这样创意清奇，文字华美的诗篇。

　　创作耗费了李贺的心血，代价是诗人年仅 27 岁就去世了。他为世人留下了 220 篇旷世之作。现在可以在书店买到不同的版本，人们纷纷收藏他的诗集，以此来纪念这位流星一般滑过、瞬间照亮世间的诗人。

登高：重陽節（旧暦 9 月 9 日）に高い山に登って菊酒を飲む風習

李賀

　　李賀は中国唐代のロマン主義の色彩を色濃く備えた詩人で、彼の詩は文学上、詠物詩派に区分されている。彼の詩はこの世の風土や人情を描写することを重視するものではなく、また、当時の統治者或いは権勢のある宦官等勢力を持つ人を賛美することを重視するものでもない。彼の作品の題材の多くは、李賀本人が民間から掘り出したもので、時事を率直に述べるものもあれば、昔の事を借りて今の時代を風刺するものもある。長い歳月を経たことで、数としては多くない彼の詩はまるで年代物の古酒のように、ますます旨みが増し、一層世間の人に愛されるようになった。有名な作家の魯迅はかつて「若い時、唐代の李賀の詩を読むのがわりあい好きだった」と言ったことがある。

　　李賀にもかつて遠大な抱負があり、美しい将来を夢見ていたが、ささいな事で科挙の試験を受けることができなかった。青年時代に官途に就くも志を得ず、そして妻も早世し、李賀自身の虚弱で病気がちの体も彼の精神的な負担となり、順風満帆な生活とは縁がなかったようである。このような絶望的な境遇が李賀の世界観の形成を促し、老いる、死ぬ、泣く、悲しむ等の言葉を熱愛させ、多くの詩の中には美しいものも長くは続かないという情感がにじみ出て、淡い感傷がみなぎっている。これは李賀の詩風に他に類を見ない道を切り開かせた。老い衰え命尽きるという境地を描くことも李賀詩歌の大きな特色となった。

　　李賀の作詩の才能は普通の文人とは比べものにならない。小さい時からひときわ恵まれた作詩の才能を持ち、7歳の時の詩作は、既に大詩人韓愈が賞賛してやまなかった。その時以来人々から天才であると見なされた。当時の他の文人の創作気風とは異なり、李賀は古くさいしきたりに従わず、2月を描写するのに柳を、3月を描写する時は桃や李を、重陽節を描写するには登高を題材に取り上げることはなかった。李賀の後の世には、このような独創性と気品に富んだ、華麗な（文章の）詩を書ける人はもう現れなかった。

　　創作は李賀の心血を消耗させ、その代価として詩人はわずか27歳でこの世を去ることとなった。彼は世の人々のために220篇の世に比類のない作品を残した。今は、書店で様々な版本を手に入れることができ、人々は次々と李賀の詩集を集めている。そして流れ星のように消え去り、この世に束の間の明かりを灯してくれたこの詩人を忘れることはない。

东来顺 東来順

[STEP 1 単語] 今日習得すべき単語を、聞き取れるまで繰り返し聞いてください。 **005**

饮食 yǐnshí
（名）飲食

铜 tóng
（名）銅

可口 kěkǒu
（形）口に合う

丰盛 fēngshèng
（形）（物が）豊富である

调料 tiáoliào
（名）調味料

番 fān
（量）回、度

不由得 bùyóude
（副）思わず

舒畅 shūchàng
（形）心地よい

严寒 yánhán
（形）非常に寒い

美妙 měimiào
（形）すばらしい、うるわしい

无比 wúbǐ
（动）比べるものがない

家喻户晓 jiāyù-hùxiǎo
だれもがよく知っている

皆 jiē
（副）みな、すべて

正宗 zhèngzōng
（形）本場の、正真正銘の

清真 qīngzhēn
（形）イスラム教の

对联 duìlián
（名）対聯、
対句を書いた掛け物

佳肴 jiāyáo
（名）ごちそう、上等な料理

美观 měiguān
（形）美しい

即便 jíbiàn
（连）たとえ…としても

不愧 búkuì
（副）さすが…だけのことはある

络绎不绝 luòyì bùjué
（人や車の流れが）絶え間なく
続く、途切れない

精心 jīngxīn
（形）心がこもっている

柔和 róuhé
（形）柔らかい

毫无 háowú
少しも…ない

奠定 diàndìng
（动）定める、打ち立てる

变迁 biànqiān
（动）移り変わる

动荡 dòngdàng
（形）不安定である

兴隆 xīnglóng
（形）盛んである

倘若 tǎngruò
（连）もしも…ならば

预先 yùxiān
（副）あらかじめ

奢侈 shēchǐ
（形）ぜいたくである

时常 shícháng
（副）しょっちゅう

元首 yuánshǒu
（名）元首

领袖 lǐngxiù
（名）指導者、リーダー

连锁 liánsuǒ
（形）連鎖している

东道主 dōngdàozhǔ
（名）客を招待する主人役、
ホスト役

不妨 bùfáng
（副）差し支えない、
妨げない

飞禽走兽 fēiqín zǒushòu
鳥獣類の総称

散发 sànfā
（动）発散する

①寒冷的冬季来临，京城百姓的＿＿＿＿＿＿中自然少不了涮羊肉这道菜。

②朋友家人围坐在一起，＿＿＿＿＿＿火锅里炭火烧得正旺，羊肉片鲜美＿＿＿＿＿＿，就着＿＿＿＿＿＿的＿＿＿＿＿＿边吃边热热闹闹聊上一＿＿＿＿＿＿，＿＿＿＿＿＿心情＿＿＿＿＿＿，忘记了门外的＿＿＿＿＿＿，这种感觉真是＿＿＿＿＿＿ ＿＿＿＿＿＿。

③提起涮羊肉的名店，当数＿＿＿＿＿＿、老少＿＿＿＿＿＿知的东来顺。

④它坐落于北京王府井大街的东安市场，始创于民国初年，是＿＿＿＿＿＿的＿＿＿＿＿＿餐厅。

⑤在店内最醒目的位置有这样一副＿＿＿＿＿＿："涮烤＿＿＿＿＿＿名远播，烹调美味誉东来"。

⑥东来顺羊肉切得薄而＿＿＿＿＿＿是一绝。

⑦据说＿＿＿＿＿＿码放在盘子上也可以透过薄薄的羊肉隐隐看到盘子上的花纹，＿＿＿＿＿＿是经营了百年的老字号。

⑧东来顺独有的调料特色，终年吸引着＿＿＿＿＿＿的食客。

⑨羊都是经过＿＿＿＿＿＿挑选的内蒙古大尾巴绵羊，肉质鲜嫩＿＿＿＿＿＿，＿＿＿＿＿＿膻气，口感独特。

⑩这三绝＿＿＿＿＿＿了东来顺在同类专营涮羊肉店铺里的老大地位。

⑪东来顺在漫长的时代＿＿＿＿＿＿中，也曾经历过＿＿＿＿＿＿，但一直保持着生意＿＿＿＿＿＿。

⑫＿＿＿＿＿＿想到东来顺就餐，一定要＿＿＿＿＿＿订位，它虽非经营鲍鱼、燕窝等＿＿＿＿＿＿食材，却＿＿＿＿＿＿宾客爆满，一席难求，甚至要排队拿号，才能获取一尝美味的权利。

⑬东来顺的客人里有平民，也有国家＿＿＿＿＿＿和＿＿＿＿＿＿。

⑭现在它已经有了 66 家＿＿＿＿＿＿店，把"涮"的艺术渗透到了全国各地。

⑮如果你想当＿＿＿＿＿＿宴请宾客，＿＿＿＿＿＿带他们去尝尝东来顺的涮羊肉。

⑯虽然各种餐厅数不胜数，＿＿＿＿＿＿皆可入味，但东来顺所＿＿＿＿＿＿的独特饮食文化气氛值得体验。

❶ 赤いシートを当てて、本文を見ながら聞き、見えない箇所の単語をチェックしてください。
❷ 赤いシートを外して、本文を見ながら聞き、聞き取った単語が合っているか、確認してください。
❸ 本文を見ないで聞き、全体の意味が把握できるか確認してください。

东来顺

　　北风起，雪花飘。寒冷的冬季来临，京城百姓的饮食中自然少不了涮羊肉这道菜。朋友家人围坐在一起，铜火锅里炭火烧得正旺，羊肉片鲜美可口，就着丰盛的调料边吃边热热闹闹聊上一番，不由得心情舒畅，忘记了门外的严寒，这种感觉真是美妙无比。

　　提起涮羊肉的名店，当数家喻户晓、老少皆知的东来顺。它坐落于北京王府井大街的东安市场，始创于民国初年，是正宗的清真餐厅。在店内最醒目的位置有这样一副对联："涮烤佳肴名远播，烹调美味誉东来"。东来顺羊肉切得薄而美观是一绝。据说即便码放在盘子上也可以透过薄薄的羊肉隐隐看到盘子上的花纹，不愧是经营了百年的老字号。东来顺的调料美味是第二绝。用酱油、虾油、韭菜花、辣椒油、芝麻酱、糖蒜、姜、葱等，把咸、辣、卤、糟、香各种味道汇为一体，形成了东来顺独有的调料特色，终年吸引着络绎不绝的食客。羊肉鲜美是东来顺的第三绝。羊都是经过精心挑选的内蒙古大尾巴绵羊，肉质鲜嫩柔和，毫无膻气，口感独特。这三绝奠定了东来顺在同类专营涮羊肉店铺里的老大地位。

　　东来顺在漫长的时代变迁中，也曾经历过动荡，但一直保持着生意兴隆。倘若想到东来顺就餐，一定要预先订位，它虽非经营鲍鱼、燕窝等奢侈食材，却时常宾客爆满，一席难求，甚至要排队拿号，才能获取一尝美味的权利。东来顺的客人里有平民，也有国家元首和领袖。邓小平、田中角荣等中外名人都曾是它的座上客。现在它已经有了66家连锁店，把"涮"的艺术渗透到了全国各地。

　　如果你想当东道主宴请宾客，不妨带他们去尝尝东来顺的涮羊肉。虽然各种餐厅数不胜数，飞禽走兽皆可入味，但东来顺所散发的独特饮食文化气氛值得体验。

东来顺	：東来順（店名）
涮羊肉	：羊の肉のしゃぶしゃぶ
虾油	：エビでつくったソース
韭菜花	：花ニラ
辣椒油	：ラー油
糖蒜	：ニンニクの砂糖漬け
大尾巴绵羊	：ビックテール綿羊

東来順

　北風が吹き、雪が舞っている。寒い冬がやって来ると、北京の庶民の飲食には自然と羊の肉のしゃぶしゃぶ、この料理が欠かせなくなる。友達や家族が車座になって座り、銅の火鍋には炭火が燃え盛っている。羊の肉は新鮮美味で、口に合い、さまざまな味の調味料を付け、食べながらにぎやかにおしゃべりをすると、思わず気持ちが愉快になり、外の厳しい寒さも忘れてしまう。この感覚はこの上もなくすばらしい。

　しゃぶしゃぶの名店と言えば、当然、津々浦々に知れわたり、老若誰もが知っている東来順が一番である。東来順は北京王府井大通りの東安市場に位置している。民国初年に創業した、本場のイスラムレストランである。店内で最も目立つところにこのような一対の対聯がある。「うまししゃぶしゃぶ、その名は遠くに伝わり、美味なる料理は、東来の誉れ」。東来順の羊の肉は薄く切られていて、その見た目の美しさは一つ目の絶技である。もし、皿に肉を（平らに）乗せたら、薄い羊の肉を通して皿の模様が透けて見えるということだ。さすがは（経営）100年の老舗である。東来順の調味料の美味しさはその二つ目の絶技である。醤油、エビで作ったソース、花ニラ、ラー油、ゴマソース、ニンニクの砂糖漬け、生姜、ネギ等を使って塩辛い、辛い、苦い、酸っぱい、香ばしい等、いろいろな味を一つに合わせて、東来順独特の調味料を作り上げ、一年中絶え間なく客を引きつけている。羊の肉の味がよいのが東来順の三つ目の絶技である。羊はすべて念入りに選んだ内モンゴル産のビックテール綿羊である。肉質は新鮮で柔らかく、少しも羊の肉の生臭いにおいがせず、口当たりが独特である。この三つの絶技によって東来順は同類のしゃぶしゃぶ専門店の中でナンバーワンの地位を築いた。

　東来順は長い時代の変遷の中で、不安定な時期も経てきたが、商売はつねに繁盛していた。もし東来順で食事をしようとするならば、必ず事前に予約しなければならない。アワビ、ツバメの巣等の贅沢な食材を取り扱っているわけではないが、いつも客が大入り満員で、一席でも求め難い。時には列に並んで番号をとって、やっと美味しい料理を食べる権利を獲得できるということさえある。東来順の客には庶民もいれば、国家元首や指導者もいる。鄧小平、田中角栄等国内外の有名人もここの賓客となったことがある。今では既に66のチェーン店を持ち、「しゃぶしゃぶ」の芸術を全国各地に浸透させている。

　主人役として宴席を設けて客を接待することがあったら、東来順のしゃぶしゃぶにするといい。いろいろなレストランが数えきれないほどあって、どの料理もみんなとても美味しいが、東来順が発する独特の飲食文化の雰囲気は体験してみる価値がある。

圆明园 円明園

[STEP 1 単語] 今日習得すべき単語を、聞き取れるまで繰り返し聞いてください。 **007**

人工 réngōng
（形）人工の

园林 yuánlín
（名）園林、庭園

体系 tǐxì
（名）体系、体制、システム

精华 jīnghuá
（名）精華、エッセンス

岩石 yánshí
（名）岩石

兜 dōu
（名 / 动）ポケット／
めぐる

向导 xiàngdǎo
（名）案内人、ガイド

亭子 tíngzi
（名）亭、あずまや

茂盛 màoshèng
（形）繁茂している

气势 qìshì
（名）勢い

庞大 pángdà
（形）膨大である

宏伟 hóngwěi
（形）雄大である

辉煌 huīhuáng
（形）光り輝いている

别致 biézhì
（形）奇抜である

光彩 guāngcǎi
（名 / 形）彩り、輝き／
光栄である

华丽 huálì
（形）華麗である

饱经沧桑 bǎojīng-cāngsāng
世の移り変わりを
嫌と言うほど経験する

腐败 fǔbài
（形）腐敗している

侵略 qīnlüè
（动）侵略する

掠夺 lüèduó
（动）略奪する

砸 zá
（动）壊す、砕く

文物 wénwù
（名）文物、文化財、
文化遺産

昔日 xīrì
（名）昔、以前

繁华 fánhuá
（形）（町や市街などが）
にぎやかである

荒凉 huāngliáng
（形）荒れ果てている

孤独 gūdú
（形）孤独である

共和国 gònghéguó
（名）共和国

动员 dòngyuán
（动）動員する

人士 rénshì
（名）人士

修复 xiūfù
（动）修復する

复活 fùhuó
（动）復活する

嘈杂 cáozá
（形）騒がしい

寂静 jìjìng
（形）ひっそりと
静まり返っている

稠密 chóumì
（形）密集している

难得 nándé
（形）得がたい、貴重である

沉重 chénzhòng
（形）重い、甚だしい

往事 wǎngshì
（名）昔のこと

风光 fēngguāng
（名）風光、風景

相差 xiāngchà
（动）相違がある

淡水 dànshuǐ
（名）淡水

壮观 zhuàngguān
（形）壮観である

瞻仰 zhānyǎng
(动) うやうやしく眺める、仰ぎ見る

夕阳 xīyáng
(名) 夕日

霞 xiá
(名) 朝焼け、夕焼け

染 rǎn
(动) 染める

震撼 zhènhàn
(动) 揺り動かす

永恒 yǒnghéng
(形) 永久不変である

[STEP 2 センテンス] STEP1の単語を上から順番に、発音しながら＿＿＿＿＿に書き入れてください。センテンスの意味を把握することも学習目標の一つです。

①圆明园建于清朝康熙年间，占地347公顷，完全靠＿＿＿＿＿造成，是康熙帝赐给第四个儿子的＿＿＿＿＿，它与畅春园、香山静宜园、玉泉山静明园等同属于皇家园林＿＿＿＿＿。

②它在北方园林传统的基础上，汲取了江南园林的＿＿＿＿＿，园中河道绕着＿＿＿＿＿叠砌而成的假山缓缓流动，沿河＿＿＿＿＿上一圈，就是没有＿＿＿＿＿也不会迷路。

③岸边有供人休憩的小＿＿＿＿＿，树木＿＿＿＿＿，一步一景。

④从整体上看，＿＿＿＿＿，＿＿＿＿＿；从细节上看，＿＿＿＿＿精美，＿＿＿＿＿＿＿＿＿＿。

⑤在漫长的时间长河里，这座园林＿＿＿＿＿，由于清政府的＿＿＿＿＿，它在1860年和1900年两次遭到英法＿＿＿＿＿军的洗劫和＿＿＿＿＿，建筑被＿＿＿＿＿烂，＿＿＿＿＿被破坏，整个园子被放火烧毁。

⑥＿＿＿＿＿的＿＿＿＿＿不再，到处是残墙断瓦，一片＿＿＿＿＿。

⑦这座园林带着满身的伤痕＿＿＿＿＿地等到了中华人民＿＿＿＿＿成立的1949年。

⑧经过政府＿＿＿＿＿各界＿＿＿＿＿多年的大规模植树绿化和园林＿＿＿＿＿工程，它又渐渐＿＿＿＿＿，恢复了美丽的容颜。

⑨园里没有＿＿＿＿＿的人声，＿＿＿＿＿而安逸，湖水清清，山色葱茏，在人口＿＿＿＿＿的大都市，能有这样一个清净的去处很＿＿＿＿＿。

⑩虽然当年被毁掉的建筑物残骸还在诉说着令人感到＿＿＿＿＿的＿＿＿＿＿，但美景已大半恢复，和一百多年前的园内＿＿＿＿＿＿＿＿＿＿不远。

⑪其中以占地55公顷的＿＿＿＿＿湖——福海最为＿＿＿＿＿，很多人来圆明园，就是为了＿＿＿＿＿它的风采。

⑫如果此时正赶上＿＿＿＿＿西下，晚＿＿＿＿＿把园中的山水＿＿＿＿＿成金色，那种＿＿＿＿＿人心的美，会使人觉得它不愧被称为"万园之园"。

⑬但愿这座巨型园林能把中国古典园林之美持续到＿＿＿＿＿。

❶ 赤いシートを当てて、本文を見ながら聞き、見えない箇所の単語をチェックしてください。
❷ 赤いシートを外して、本文を見ながら聞き、聞き取った単語が合っているか、確認してください。
❸ 本文を見ないで聞き、全体の意味が把握できるか確認してください。

圆明园

　　圆明园建于清朝康熙年间，占地347公顷，完全靠人工造成，是康熙帝赐给第四个儿子的园林，它与畅春园、香山静宜园、玉泉山静明园等同属于皇家园林体系。它在北方园林传统的基础上，汲取了江南园林的精华，园中河道绕着岩石叠砌而成的假山缓缓流动，沿河兜上一圈，就是没有向导也不会迷路。岸边有供人休憩的小亭子，树木茂盛，一步一景。从整体上看，气势庞大，宏伟辉煌；从细节上看，别致精美，光彩华丽。

　　在漫长的时间长河里，这座园林饱经沧桑，由于清政府的腐败，它在1860年和1900年两次遭到英法侵略军的洗劫和掠夺，建筑被砸烂，文物被破坏，整个园子被放火烧毁。昔日的繁华不再，到处是残墙断瓦，一片荒凉。这座园林带着满身的伤痕孤独地等到了中华人民共和国成立的1949年。经过政府动员各界人士多年的大规模植树绿化和园林修复工程，它又渐渐复活，恢复了美丽的容颜。

　　今天，当人们踏进圆明园，好像来到了世外桃源。园里没有嘈杂的人声，寂静而安逸，湖水清清，山色葱茏，在人口稠密的大都市，能有这样一个清净的去处很难得。虽然当年被毁掉的建筑物残骸还在诉说着令人感到沉重的往事，但美景已大半恢复，和一百多年前的园内风光相差不远。其中以占地55公顷的淡水湖——福海最为壮观，很多人来圆明园，就是为了瞻仰它的风采。如果此时正赶上夕阳西下，晚霞把园中的山水染成金色，那种震撼人心的美，会使人觉得它不愧被称为"万园之园"。

　　但愿这座巨型园林能把中国古典园林之美持续到永恒。

江南园林：江南庭園

円明園

　円明園は清朝康熙年間に造営され、敷地が 347 ヘクタールに及ぶ、完全に人工的に造られた、康熙帝が四番目の息子に下賜した庭園で、暢春園、香山の静宜園、玉泉山の静明園等と同じ皇室園林の系統に属する。円明園は北方庭園の伝統を基礎に、江南庭園の精華を取り入れている。庭園の中には岩を積み上げた築山をめぐって川が緩やかに流れている。その流れに沿って一周すると、ガイドがいなくても道に迷うことはない。岸辺には（人が）休憩できる小さなあずまやがある。樹木が繁茂し、一歩歩くごとに景色が変わる。全体的に見ると、壮大で迫力があり、堂々たる輝きを放っている。細部から見ると、ユニークな美観をたたえ、彩りも華麗である。

　長い時間の流れの中で、この円明園は世の移り変わりをつぶさに経験している。清政府の腐敗により、1860 年と 1900 年の 2 回にわたってイギリス・フランス侵略軍の徹底的な略奪に遭い、建物は跡形もなく破壊し尽くされ、文化財も壊され、庭園全体が放火により焼失してしまった。昔の華やかさはもはや失われ、至るところに崩れた壁や壊れた瓦が散らばり、荒れ果てた姿となった。この円明園は満身創痍、一人寂しく中華人民共和国が成立する 1949 年を待つことになった。政府が各界の人々を動員して長年にわたる大規模な植樹や緑化と庭園修復工事を行ったことにより、次第に息を吹き返し、もとの美しい姿を取り戻した。

　今日、人々が円明園に足を踏み入れると、まるでこの世を離れた桃源郷にきたような気持ちになる。庭園の中には騒がしい声は聞こえず、静かでのんびりしている。湖水は澄みきっていて、山の景色は青々としている。人口が密集している大都市にこのような閑静な場所があるのは貴重なことである。当時破壊された建物の残骸は今なお人々の気持ちを重苦しくする昔の出来事を訴えているが、美しい景色はほとんどもとに戻り、百年以上前の園内の景色と大して違いがない。その中でも、55 ヘクタール（の敷地）を占める淡水湖——福海の眺めは最も壮観で、多くの人が円明園に来るのはほかならずその景観をうやうやしく眺めるためである。もし、ちょうど夕日が西に沈む時ならば夕焼けが園内の山水を金色に染め、人の心を揺り動かすその美しさは、さすが円明園は「万園の園」と称されるに恥じないと思わせる。

　この大きな庭園が中国古典庭園の美を永久に保ち続けられるよう願う。

朋友 友人

[STEP 1 単語] 今日習得すべき単語を、聞き取れるまで繰り返し聞いてください。 **009**

热门 rèmén
（名）人気がある方面・分野・領域、ブーム

联络 liánluò
（動）連絡する

照样 zhàoyàng
（副）いつものように

容貌 róngmào
（名）容貌

乌黑 wūhēi
（形）真っ黒い

视力 shìlì
（名）視力

眯 mī
（動）目を細める

伶俐 línglì
（形）賢い、利発である

灵敏 língmǐn
（形）鋭い

舞蹈 wǔdǎo
（名）舞踊、踊り

绣 xiù
（動）刺繍する、縫い取りをする

相声 xiàngsheng
（名）漫才

书籍 shūjí
（名）書籍

吝啬 lìnsè
（形）けちけちしている

首饰 shǒushì
（名）アクセサリー、ジュエリー

无动于衷 wúdòng-yúzhōng
いささかも心を動かされない

无偿 wúcháng
（形）無償の

资助 zīzhù
（動）経済的に援助する

贫困 pínkùn
（形）貧しい

倾听 qīngtīng
（動）耳を傾ける

融洽 róngqià
（形）融和する、打ち解ける

增添 zēngtiān
（動）加える、添える

释放 shìfàng
（動）釈放する、放出する

旷课 kuàngkè
（動）講義をサボる

容忍 róngrěn
（動）容赦する、我慢する

责怪 zéguài
（動）とがめる

沾光 zhānguāng
（動）おかげをこうむる

走漏 zǒulòu
（動）漏らす

挨 ái
（動）…を受ける、…される（悪い意味で用いられることが多い）

晴朗 qínglǎng
（形）晴れ渡っている

埋怨 mányuàn
（動）愚痴をこぼす

清晰 qīngxī
（形）はっきりしている

障碍 zhàng'ài
（名）障害、妨げ

疏远 shūyuǎn
（動）疏遠にする、遠ざける

不禁 bùjīn
（副）思わず

热泪盈眶 rèlèi yíngkuàng
感情が高ぶり、熱い涙が目にあふれる

羽绒服 yǔróngfú
（名）ダウンジャケット

情节 qíngjié
（名）いきさつ、経緯

请帖 qǐngtiě
（名）招待状

谅解 liàngjiě
（動）了承する

真挚 zhēnzhì
（形）真摯である、偽りのない

①我在大学时代读的不是＿＿＿＿＿专业，但结交了一位好友，毕业后失去＿＿＿＿＿，虽然很多年过去，我＿＿＿＿＿记得她的＿＿＿＿＿和爱好。

②她有一头＿＿＿＿＿的长发，因为酷爱读书，把眼睛看坏了，＿＿＿＿＿不太好，总喜欢＿＿＿＿＿着眼睛看东西。

③她聪明＿＿＿＿＿，动作＿＿＿＿＿。

④不仅篮球打得好，＿＿＿＿＿也像模像样，堪比专业演员。

⑤还有一双巧手，会＿＿＿＿＿花。

⑥她喜欢听＿＿＿＿＿，人很幽默，也喜欢收藏各种＿＿＿＿＿，买起书来毫不＿＿＿＿＿，对女生们都感兴趣的＿＿＿＿＿却＿＿＿＿＿，从不在这上面花一分钱。

⑦她很善良，用打工的钱＿＿＿＿＿ ＿＿＿＿＿一名＿＿＿＿＿儿童上学。

⑧我们在一起时，我喜欢诉说，她喜欢＿＿＿＿＿，配合得很＿＿＿＿＿。

⑨对我来说，和她的交往给我平淡的生活＿＿＿＿＿了无比的快乐，也＿＿＿＿＿了很多精神上的压力。

⑩一次，我＿＿＿＿＿去看电影，身为班长的她不能＿＿＿＿＿我的行为，把这件事告诉了班主任。

⑪当时我不理解她的初衷是为我好，只一味地＿＿＿＿＿她不够朋友，非但没让我＿＿＿＿＿，还＿＿＿＿＿消息，让我 ＿＿＿＿＿了老师一通骂。

⑫记得那是一个＿＿＿＿＿的秋日，在操场上对她＿＿＿＿＿不停的我，忽然＿＿＿＿＿地看到两颗眼泪顺着她的脸颊滑落下来。

⑬虽然我马上停止了对她的抱怨，但这件事最终成为我们友谊道路上的＿＿＿＿＿，我和她的关系＿＿＿＿＿了，直到学业结束，我们彼此之间再也没有说过一句话。

⑭隔着岁月，执手相看，＿＿＿＿＿ ＿＿＿＿＿。

⑮她穿着一件颜色鲜艳的＿＿＿＿＿，和大学时代一样，留着长发。

⑯我们都争着向对方描述这些年生活中的各种＿＿＿＿＿，还相互抱怨没有收到参加对方婚礼的＿＿＿＿＿。

⑰言谈中，我们＿＿＿＿＿了对方，那＿＿＿＿＿的感情又回来了。

❶ 赤いシートを当てて、本文を見ながら聞き、見えない箇所の単語をチェックしてください。
❷ 赤いシートを外して、本文を見ながら聞き、聞き取った単語が合っているか、確認してください。
❸ 本文を見ないで聞き、全体の意味が把握できるか確認してください。

朋友

　　我在大学时代读的不是热门专业，但结交了一位好友，毕业后失去联络，虽然很多年过去，我照样记得她的容貌和爱好。

　　她有一头乌黑的长发，因为酷爱读书，把眼睛看坏了，视力不太好，总喜欢眯着眼睛看东西。她聪明伶俐，动作灵敏。不仅篮球打得好，舞蹈也像模像样，堪比专业演员。还有一双巧手，会绣花。她喜欢听相声，人很幽默，也喜欢收藏各种书籍，买起书来毫不吝啬，对女生们都感兴趣的首饰却无动于衷，从不在这上面花一分钱。她很善良，用打工的钱无偿资助一名贫困儿童上学。

　　我们在一起时，我喜欢诉说，她喜欢倾听，配合得很融洽。对我来说，和她的交往给我平淡的生活增添了无比的快乐，也释放了很多精神上的压力。

　　一次，我旷课去看电影，身为班长的她不能容忍我的行为，把这件事告诉了班主任。当时我不理解她的初衷是为我好，只一味地责怪她不够朋友，非但没让我沾光，还走漏消息，让我挨了老师一通骂。记得那是一个晴朗的秋日，在操场上对她埋怨不停的我，忽然清晰地看到两颗眼泪顺着她的脸颊滑落下来。虽然我马上停止了对她的抱怨，但这件事最终成为我们友谊道路上的障碍，我和她的关系疏远了，直到学业结束，我们彼此之间再也没有说过一句话。

　　岁月匆匆，弹指间十几年过去了。昨天，在超市买东西时，我竟然和她不期而遇。隔着岁月，执手相看，不禁热泪盈眶。她穿着一件颜色鲜艳的羽绒服，和大学时代一样，留着长发。我们都争着向对方描述这些年生活中的各种情节，还相互抱怨没有收到参加对方婚礼的请帖。言谈中，我们谅解了对方，那真挚的感情又回来了。

友人

　私が大学時代に学んだのは人気のある専攻ではなかったが、一人の仲の良い友達ができた。卒業後は、連絡が途絶えてしまった。長い年月が経ったが、私は今でもその人の顔と趣味を覚えている。

　彼女は長く真っ黒な髪をしていた。読書が大好きだったので、視力が落ち、いつも目を細めて物を見るくせがあった。利発そのもので、動作が機敏だった。バスケットボールが上手いだけではなく、踊りも様になっていて、プロの踊り手に匹敵するものだった。また手先が器用で刺繍もできる。彼女は漫才を聞くのが好きで、人柄もとてもユーモアがあり、また、いろいろな書籍を収集するのも好きで、本を買うことには少しもお金を惜しまなかった。女子学生の誰もが興味を持つアクセサリーにはむしろまったく無関心で、そういった面には、これまで一円もお金をかけたことがない。彼女は善意の人で、アルバイトをしたお金で一人の貧しい児童が学校に通えるよう無償の援助をしていた。

　一緒にいると、私は話をするのが好きで、彼女の方は話を聞くのを好み、私達はすっかり意気投合した。私にとって、彼女との付き合いは単調な私の生活にこの上ない楽しさを添えてくれたし、多くの精神的なプレッシャーも解きほぐしてくれた。

　ある時、私は授業をサボって映画を見に行った。クラス委員だった彼女は私の行為を許さず、このことをクラス担任に報告した。当時、私は彼女の本心が私を思うものであったことが理解できず、一途に、彼女は友達がいがないと恨んだ。私は彼女から恩恵を受けられなかったばかりか、情報を漏らされて、先生からもひどく怒られたのだった。忘れもしない、あれは晴れ渡った秋の日だった。グラウンドでしきりに恨み言を言っていた私は、突然二筋の涙が彼女の頬を伝って落ちてくるのをはっきりと見た。私はすぐに恨み言を言うのを止めたが、このことはついに私達の友情の道を妨げることとなり、私と彼女の関係は疎遠になった。学業が終わるまでずっと、私達は互いに二度と一言も話をすることはなかった。

　歳月は慌ただしく流れ、またたく間に十数年が過ぎ去った。昨日、スーパーで買い物をしていた時、なんと彼女と偶然に出会った。歳月をへて、手を取り合い、相手を眺めていると、思わず熱い涙がこみあげてきた。彼女は色鮮やかなダウンジャケットを着ていて、大学時代と変わらず長い髪をしていた。私達は共にこの何年間の生活に起こったさまざまな事柄をわれがちに語り、お互いの結婚式の招待状をもらえなかったと文句を言い合った。話をしているうちに、私達は相手を許し合い、あのかつてのうそ偽りのない感情がまたよみがえってきたのだった。

勇敢的妈妈 勇気ある母親

[STEP 1 単語] 今日習得すべき単語を、聞き取れるまで繰り返し聞いてください。 011

疾病 jíbìng
（名）疾病

临床 línchuáng
（动）臨床

丧失 sàngshī
（动）喪失する、失う

生育 shēngyù
（动）お産をする、子供を産む

屈服 qūfú
（动）屈服する

仍旧 réngjiù
（副）依然として

锲而不舍 qiè'érbùshě
粘り強く物事を行う

斯文 sīwen
（形）優雅である

慎重 shènzhòng
（形）慎重である

媳妇 xífù
（名）嫁

使命 shǐmìng
（名）使命

让步 ràngbù
（动）譲歩する

圆满 yuánmǎn
（形）円満である

试图 shìtú
（动）たくらむ

忍耐 rěnnài
（动）我慢する

惋惜 wǎnxī
（形）悲しみ惜しむ

受罪 shòuzuì
（动）苦しい目にあう

苏醒 sūxǐng
（动）よみがえる、息を吹き返す

守护 shǒuhù
（动）見守る

全力以赴 quánlìyǐfù
全力をもって対処する

亲热 qīnrè
（动／形）親しくする／
非常に仲がよい

挣扎 zhēngzhá
（动）なんとかしようと必死に
なる、懸命にもがく

抢救 qiǎngjiù
（动）応急手当をする、
緊急措置を施す

清醒 qīngxǐng
（形）冷静である、
意識を取り戻す

胜负 shèngfù
（名）勝ち負け、勝敗

欣慰 xīnwèi
（形）うれしくてほっとする

花蕾 huālěi
（名）花のつぼみ

拳头 quántou
（名）握りこぶし

融化 rónghuà
（动）溶解する、溶ける、
溶かす

强迫 qiǎngpò
（动）強いる

权衡 quánhéng
（动）はかる

授予 shòuyǔ
（动）授ける

神圣 shénshèng
（形）神聖である

忍受 rěnshòu
（动）堪え忍ぶ

情理 qínglǐ
（名）人情と道理

钦佩 qīnpèi
（动）敬服する

俗话 súhuà
（名）ことわざ

灌溉 guàngài
（动）灌漑する

[STEP 2　センテンス]　STEP1の単語を上から順番に、発音しながら＿＿＿＿に書き入れてください。センテンスの意味を把握することも学習目標の一つです。

①这位年轻的妈妈吴莹因自身的＿＿＿＿，经＿＿＿＿诊断，早已被医生宣告＿＿＿＿了＿＿＿＿的权利，但她没有＿＿＿＿，＿＿＿＿执意要当上妈妈。

②凭着＿＿＿＿的精神，在两次流产后再次怀孕，她那相貌＿＿＿＿的丈夫出于＿＿＿＿考虑，反对妻子产子，并表明完全可以不要孩子。

③公公婆婆也非常开通，没有要求儿＿＿＿＿一定要完成传宗接代的＿＿＿＿。

④可是，吴莹没有＿＿＿＿，因为她觉得没有孩子的人生不是＿＿＿＿的人生。

⑤她没有听从任何＿＿＿＿阻止她当妈妈的建议，在＿＿＿＿了十个月各种孕期不适后，终于如愿以偿地产下一个男孩儿。

⑥令人感到＿＿＿＿的是，孩子体重只有1005克出头，一出生就被送到了小儿重症监护室。

⑦＿＿＿＿了很多＿＿＿＿，终于＿＿＿＿过来的妈妈没能＿＿＿＿自己＿＿＿＿生下的小宝贝，甚至没能和孩子＿＿＿＿一下。（"受罪"は離合詞）

⑧她自己在重症监护室＿＿＿＿了两个星期，虽然医生全力＿＿＿＿，她最终还是不幸离世。

⑨在病床上，每当吴莹＿＿＿＿的时候，身边的家人就给她看一眼手机里孩子的照片，这可能是用生命和命运一决＿＿＿＿的妈妈感到最＿＿＿＿的时刻，看着＿＿＿＿般的孩子握着小＿＿＿＿仰躺在小床上的可爱样子，吴莹的心都快要被幸福＿＿＿＿了。

⑩有人说，没有人＿＿＿＿吴莹生子，在孩子和生命之间应该好好＿＿＿＿，因为生命只有一次。

⑪还有人说，生育是老天爷＿＿＿＿女人的＿＿＿＿权利，这个妈妈＿＿＿＿了常人不能忍受的痛苦、以命搏命的行为符合＿＿＿＿，令人＿＿＿＿。

⑫＿＿＿＿说："父母恩，重如山"。

⑬世上最伟大的爱莫过于母爱，母爱是＿＿＿＿心灵的沃土，是人世间最无私的情怀。

❶ 赤いシートを当てて、本文を見ながら聞き、見えない箇所の単語をチェックしてください。
❷ 赤いシートを外して、本文を見ながら聞き、聞き取った単語が合っているか、確認してください。
❸ 本文を見ないで聞き、全体の意味が把握できるか確認してください。

勇敢的妈妈

　　近日，一个患有先天性心脏病产妇拼死产子后死亡的新闻登上了微博热搜。这位年轻的妈妈吴莹因自身的疾病，经临床诊断，早已被医生宣告丧失了生育的权利，但她没有屈服，仍旧执意要当上妈妈。凭着锲而不舍的精神，在两次流产后再次怀孕，她那相貌斯文的丈夫出于慎重考虑，反对妻子产子，并表明完全可以不要孩子。公公婆婆也非常开通，没有要求儿媳妇一定要完成传宗接代的使命。可是，吴莹没有让步，因为她觉得没有孩子的人生不是圆满的人生。她没有听从任何试图阻止她当妈妈的建议，在忍耐了十个月各种孕期不适后，终于如愿以偿地产下一个男孩儿。

　　令人感到惋惜的是，孩子体重只有1005克出头，一出生就被送到了小儿重症监护室。受了很多罪，终于苏醒过来的妈妈没能守护自己全力以赴生下的小宝贝，甚至没能和孩子亲热一下。她自己在重症监护室挣扎了两个星期，虽然医生全力抢救，她最终还是不幸离世。在病床上，每当吴莹清醒的时候，身边的家人就给她看一眼手机里孩子的照片，这可能是用生命和命运一决胜负的妈妈感到最欣慰的时刻，看着花蕾般的孩子握着小拳头仰躺在小床上的可爱样子，吴莹的心都快要被幸福融化了。

　　吴莹的故事也引发了人们的讨论。有人说，没有人强迫吴莹生子，在孩子和生命之间应该好好权衡，因为生命只有一次。还有人说，生育是老天爷授予女人的神圣权利，这个妈妈忍受了常人不能忍受的痛苦、以命博命的行为符合情理，令人钦佩。

　　俗话说："父母恩，重如山"。世上最伟大的爱莫过于母爱，母爱是灌溉心灵的沃土，是人世间最无私的情怀。愿这位勇敢的妈妈一路走好。

微博 ：ウェイボー
热搜 ：人気検索

勇気ある母親

　最近、先天性の心臓病を持つある妊婦が命をかけて子供を産んだその後、死亡したというニュースがウェイボーの人気検索にのぼった。この若い母親・呉瑩は、自分の病気のために、臨床診断を受けてまもなく、医者より子供を産む権利を失ったと告げられていた。しかし、彼女は屈することなくどうしても母親になろうとした。粘り強い精神をもって、2回の流産の後、再び妊娠した。上品な顔立ちの彼女の夫は慎重に考えた上で妻の出産に反対し、全く子供を持たなくていいとはっきり言った。夫の両親もとても物わかりがよく、息子の嫁に先祖代々の血統を継ぐ使命を必ず全うするよう要求することはなかった。しかし呉瑩は譲らず、子供がいない人生は円満な人生とは言えないとの考えから、母親になることを止めさせようとするどんな意見にも耳を貸さず、10カ月に及ぶさまざまな妊娠期の不快を堪え忍び、やっと願いがかなって、男の子を出産した。

　惜しいことに、子供の体重はわずか1005グラムで、産まれるとすぐに新生児集中治療室に送られた。さんざん苦しんだ末にようやく意識を回復した母親は、自分が全力を振り絞って産んだかわいい息子を見守ることもできず、子供をやさしくかわいがることさえできなかった。彼女自身も集中治療室で2週間もがき苦しみ、医者も全力で緊急措置を施したが、それでもやはり彼女はついに不幸にもこの世を去った。病床で呉瑩が意識を取り戻すたびに、付き添う家族は携帯電話に入れた子供の写真を彼女に見せた。それは、命と運命が一気に勝敗を決めようとしている母親にとっては最もほっとする瞬間だったかもしれない。花のつぼみのような子供が小さなこぶしを握りしめ、小さなベッドで仰向けに寝ているかわいい姿を眺めると、呉瑩の心はすっかりやわらぎ幸せな気持ちになっていくのだった。

　呉瑩の話は人々の議論も巻き起こした。ある人は、誰も呉瑩に強いたわけではない、子供か自分の命かというのはよくよく考えなければならない、命は一回限りのものなのだからという。またある人は、子供を産むことは神様が女性に授けた神聖な権利である、この母親がふつうの人にはおよそ耐えられない苦しみを乗り越え、命がけの行為をしたことは人情と道理に合っていて、人を敬服させるという。

　ことわざに「父母の恩は山より重い」という。この世で最も偉大な愛は母性愛にほかならない。母性愛は心を潤す沃土であり、世の中で最も私心のない心情である。この勇気ある母親が安らかな旅路をたどるよう祈る。

不吃晚餐危害大　晩ご飯を食べないと害が大きい

[STEP 1 単語] 今日習得すべき単語を、聞き取れるまで繰り返し聞いてください。 **013**

发誓 fāshì
（動）誓う

炊烟 chuīyān
（名）炊事の煙

脆弱 cuìruò
（形）脆弱である

器官 qìguān
（名）器官

摧残 cuīcán
（動）打ち壊す、
（政治・経済・文化・身体・精神
などに）重大な損害を与える

饥饿 jī'è
（形）飢えている

典型 diǎnxíng
（名）典型、モデル

得不偿失 débùchángshī
得よりも損のほうが大きい

抵制 dǐzhì
（動）拒む、ボイコットする

凑合 còuhe
（動）我慢する、間に合わせる

凡是 fánshì
（副）すべて、およそ

储存 chǔcún
（動）貯蔵する

能量 néngliàng
（名）エネルギー

消耗 xiāohào
（動）消耗する

指标 zhǐbiāo
（名）指標、指数

反常 fǎncháng
（形）ふだんと違う、異常な

动脉 dòngmài
（名）動脈

蛋白质 dànbáizhì
（名）タンパク質

处置 chǔzhì
（動）処置する、処理する

怠慢 dàimàn
（動）そっけなくする、
おろそかにする

分泌 fēnmì
（動）分泌する

额外 éwài
（形）一定の数量を超過した

膜 mó
（名）膜

动力 dònglì
（名）動力

遏制 èzhì
（動）抑制する

持久 chíjiǔ
（形）長い間持ちこたえる

反抗 fǎnkàng
（動）反抗する

储备 chǔbèi
（動）備蓄する

挫折 cuòzhé
（名）挫折、失敗

丢三落四 diūsān-làsì
よく物忘れをする、忘れっぽい

防止 fángzhǐ
（動）防止する

荤 hūn
（名）魚や肉などの動物性
食品、肉料理

搭配 dāpèi
（動）組み合わせる

稻谷 dàogǔ
（名）もみ（脱穀していない
米）、穀類

纤维 xiānwéi
（名）繊維

橙 chéng
（名）ダイダイ

维生素 wéishēngsù
（名）ビタミン

而已 éryǐ
（助）…にすぎない

发觉 fājué
（動）気がつく

恶化 èhuà
（動）悪化する

平行 píngxíng
（形）平行である

对立 duìlì
（動）対立する、対抗する

[STEP 2 センテンス] STEP1の単語を上から順番に、発音しながら＿＿＿＿に書き入れてください。センテンスの意味を把握することも学習目標の一つです。

①不吃或少吃晚饭，是比较简单易行的方法之一，很多人＿＿＿＿不吃晚饭，到了傍晚，厨房没有＿＿＿＿升起的人家越来越多。

②其实不吃晚饭会给我们＿＿＿＿的身体＿＿＿＿带来伤害，长此以往，我们的健康会受到＿＿＿＿，靠＿＿＿＿来减重是＿＿＿＿的减肥误区，这种方法是＿＿＿＿的，应该受到＿＿＿＿。

③晚饭不能＿＿＿＿，一定要吃好。

④因为＿＿＿＿长期不吃晚饭的人，因得不到必要的营养补充，身体会把＿＿＿＿的＿＿＿＿ ＿＿＿＿掉，时间一长，会使人出现低血糖现象，当血糖＿＿＿＿严重超常时，会使身体各器官出现＿＿＿＿，影响健康。

⑤很多人知道高血糖会引起＿＿＿＿硬化，殊不知低血糖的危害也不容小觑。

⑥另外，不吃晚饭的人，＿＿＿＿相对缺乏，会产生肌肉无力、脱发等现象，如果得不到及时＿＿＿＿，人逐渐会变得面黄肌瘦，对什么都打不起精神来。

⑦长期＿＿＿＿晚饭的人，还会因零进食时间过长而使胃部＿＿＿＿ ＿＿＿＿的胃酸，侵蚀胃黏＿＿＿＿，造成胃病。

⑧而且一个长时间处于饥饿的人，学习和工作都会缺乏＿＿＿＿，创造力也会受到＿＿＿＿。

⑨这样让胃空着的状况如果＿＿＿＿不变，身体还会自动＿＿＿＿，把本应消化的食物作为不时之需＿＿＿＿起来，使减肥遇到＿＿＿＿，不仅不会减重，反而引起肥胖，这就是人们常说的"喝口水都会胖"的原因。

⑩如果睡眠时间持续不够，会使人白天困倦，注意力降低，＿＿＿＿。

⑪为了＿＿＿＿上述有害现象发生，一定要重视晚饭的质量。

⑫餐桌上尽量做好＿＿＿＿素＿＿＿＿，摄取＿＿＿＿等食物，注意搭配＿＿＿＿丰富的蔬菜，还应多吃像＿＿＿＿子柑橘这些富含＿＿＿＿C的水果。

⑬如果你的晚饭仅仅是喝一杯酸奶＿＿＿＿，就应该赶紧调整饮食结构。

⑭否则，当你＿＿＿＿身体出现各种毛病甚至已经开始＿＿＿＿时，就为时已晚了。

⑮要知道，健康和瘦身是两条＿＿＿＿线，不能把两者＿＿＿＿起来，更不能顾此失彼。

❶ 赤いシートを当てて、本文を見ながら聞き、見えない箇所の単語をチェックしてください。
❷ 赤いシートを外して、本文を見ながら聞き、聞き取った単語が合っているか、確認してください。
❸ 本文を見ないで聞き、全体の意味が把握できるか確認してください。

不吃晚餐危害大

现代人为了追求纤瘦细长的体型，想尽各种办法减肥瘦身。不吃或少吃晚饭，是比较简单易行的方法之一，很多人发誓不吃晚饭，到了傍晚，厨房没有炊烟升起的人家越来越多。其实不吃晚饭会给我们脆弱的身体器官带来伤害，长此以往，我们的健康会受到摧残，靠饥饿来减重是典型的减肥误区，这种方法是得不偿失的，应该受到抵制。

晚饭不能凑合，一定要吃好。因为凡是长期不吃晚饭的人，因得不到必要的营养补充，身体会把储存的能量消耗掉，时间一长，会使人出现低血糖现象，当血糖指标严重超常时，会使身体各器官出现反常，影响健康。很多人知道高血糖会引起动脉硬化，殊不知低血糖的危害也不容小觑。另外，不吃晚饭的人，蛋白质相对缺乏，会产生肌肉无力、脱发等现象，如果得不到及时处置，人逐渐会变得面黄肌瘦，对什么都打不起精神来。

长期怠慢晚饭的人，还会因零进食时间过长而使胃部分泌额外的胃酸，侵蚀胃黏膜，造成胃病。而且一个长时间处于饥饿的人，学习和工作都会缺乏动力，创造力也会受到遏制。这样让胃空着的状况如果持久不变，身体还会自动反抗，把本应消化的食物作为不时之需储备起来，使减肥遇到挫折，不仅不会减重，反而引起肥胖，这就是人们常说的"喝口水都会胖"的原因。

长期不吃晚饭，还会让人因饥饿失眠。如果睡眠时间持续不够，会使人白天困倦，注意力降低，丢三落四。

为了防止上述有害现象发生，一定要重视晚饭的质量。餐桌上尽量做好荤素搭配，摄取稻谷等食物，注意搭配纤维丰富的蔬菜，还应多吃像橙子柑橘这些富含维生素 C 的水果。如果你的晚饭仅仅是喝一杯酸奶而已，就应该赶紧调整饮食结构。否则，当你发觉身体出现各种毛病甚至已经开始恶化时，就为时已晚了。要知道，健康和瘦身是两条平行线，不能把两者对立起来，更不能顾此失彼。

晩ご飯を食べないと害が大きい

　現代人はすらりとした体型を求め考えを尽くしていろいろな方法のダイエットを試している。晩ご飯を食べない、あるいは少なくするというのは比較的実行しやすい方法の一つで、多くの人が晩ご飯を食べないと誓い、夕方になっても台所に炊事の煙が立たない家がますます多くなっている。実は、晩ご飯を食べないと私達の脆弱な体の器官を傷つけることになり、長くこの状態が続けば健康に重大な損害を与える。お腹を空かすことで体重を減らすのはダイエットに関する典型的な誤りで、この方法は得るものよりも失うもののほうが多く、拒否するべきだ。

　晩ご飯は適当にすませてはならず、必ずしっかり食べなければならない。というのもおよそいつも晩ご飯を食べない人は必要な栄養を補充することができず、体が貯蓄したエネルギーを消耗してしまい、それが長く続くと低血糖現象を起こしてしまう。血糖値が通常の値から大幅にはずれると、体の各器官に異常が生じ、健康に影響を及ぼす。多くの人は高血糖が動脈硬化を引き起こすことは知っているが、実は低血糖の害も見くびってはならないことは分かっていない。それから、晩ご飯を食べない人はタンパク質が不足しがちになるため、筋力の低下、脱毛等の症状が現れる。もしすぐに処置を受けられなかったら、人は次第にやつれてしまい、何かしようにも力が出ない。

　長い間、晩ご飯をおろそかにしてきた人は、食事の間隔が長くなるため胃に余分な胃酸の分泌が起こり、胃の粘膜が侵食され胃病になるおそれもある。しかも、長時間飢餓状態にある人は勉強にも仕事にも意欲が足りず、想像力も制限されてしまう。このように胃が空の状態が長い間続いたままだと、体もおのずから反抗し、消化すべき食物をもしものために蓄えるようになり、ダイエットを挫折させ、減量できないどころかかえって肥満となるのである。これが人々がよく言う「水を飲んでも太る」原因である。

　長い間、晩ご飯を食べずにいると、飢餓による不眠を引き起こすこともある。睡眠不足が長く続くと昼間眠くてたまらず、注意力も鈍り、よく物忘れをするようになる。

　上述の有害な症状の発生を防ぐためには、晩ご飯の質を重視しなければならない。食卓には極力肉料理と野菜料理を組み合わせてきちんとそろえ、穀類（の食物）を摂取し、食物繊維の多い野菜の組み合わせに気を配り、それから例えばオレンジ、かんきつ類のようなビタミンＣを豊富に含む果物をたくさん食べるべきである。もし、あなたの晩ご飯がわずか１杯のヨーグルトを飲むだけなのであれば、早く飲食の構成を調整すべきである。そうでなければ、体に現れたいろいろな不具合に気づいた時、更には悪化し始めた時には、もう手遅れなのである。健康とダイエットは２本の平行線であり、両者を対立させてはならず、更に一方に気を取られて、他方がおろそかになってはいけないことを知っておくべきだ。

巧用生姜 生姜を上手に使おう

[STEP 1 単語] 今日習得すべき単語を、聞き取れるまで繰り返し聞いてください。 **015**

普及 pǔjí
（动）普及する

烹饪 pēngrèn
（动）料理を作る

外表 wàibiǎo
（名）見た目、外見

平凡 píngfán
（形）平凡である

神奇 shénqí
（形）非常に不思議である

特长 tècháng
（名）特技、特長

功效 gōngxiào
（名）効果

停滞 tíngzhì
（动）停滞する

舌头 shétou
（名）舌

清除 qīngchú
（动）除去する

调节 tiáojié
（动）調節する

实惠 shíhuì
（名／形）実益／実用的である

循环 xúnhuán
（动）循環する

调和 tiáohé
（动）調和している

疲惫 píbèi
（形）疲れきっている

实力 shílì
（名）実力

频繁 pínfán
（形）頻繁である

气色 qìsè
（名）顔色、血色

四肢 sìzhī
（名）四肢、両手と両足

神经 shénjīng
（名）神経

剧烈 jùliè
（形）激しい

特意 tèyì
（副）わざわざ

缺陷 quēxiàn
（名）欠陥、不備

涂抹 túmǒ
（动）塗る、塗りつける

局部 júbù
（名）局部、一部分

土壤 tǔrǎng
（名）土壌

斑 bān
（名）斑点、まだら

秃 tū
（形）はげている

清理 qīnglǐ
（动）徹底的に整理する

口腔 kǒuqiāng
（名）口腔

消除 xiāochú
（动）除去する

奇妙 qímiào
（形）奇妙である、
不思議である

施展 shīzhǎn
（动）発揮する

十足 shízú
（形）十分である

天生 tiānshēng
（形）生まれつきの

势必 shìbì
（副）必然的に

期限 qīxiàn
（名）期限

[STEP 2 センテンス] STEP1の単語を上から順番に、発音しながら_____に書き入れてください。センテンスの意味を把握することも学習目標の一つです。

①姜和葱蒜一样，是一种非常_____的_____调料，虽然它_____ _____，却有着_____的_____与_____。

②当人体内湿气_____时，_____的颜色就会发暗，还会感到头晕眼花，胸中郁闷。

③做为祛湿法宝，运用生姜来_____湿气，_____脾脏，是个既_____又有效的好方法。

④生姜性热味辛，不仅可以增进人体血液_____，帮助人体降温排汗，还可以起到_____肠胃，杀菌消炎的作用。

⑤生姜在体内能产生抗氧化酶，这种物质具有延缓身体衰老、抗_____的_____，在_____食用生姜后，你也许将变得_____红润，_____灵敏，步履轻盈。

⑥生姜里含有的姜辣素有缓解头疼、_____疼的作用。

⑦如果不是_____的疼痛，不用_____去求医问药，食用生姜就可以起到止痛作用，又不会有"是药三分毒"的_____，可以放心大胆地吃，何乐而不为。

⑧常用生姜_____头皮，可以增进_____血液循环，改善头发生长的"_____"，治疗脱发及_____ _____。

⑨生姜还可以帮助人们_____ _____，用生姜水漱口，能预防牙周炎，_____异味。

⑩生姜很_____，别看只是小小的一块儿，却能_____出各种解数，力量_____，简直就是一个_____的保健医，在崇尚自然、无添加、重视健康的现代社会，_____会越来越受到人们的欢迎。

⑪但在食用生姜时千万注意保质_____，过了期的生姜对身体有百害无一利。

❶ 赤いシートを当てて、本文を見ながら聞き、見えない箇所の単語をチェックしてください。
❷ 赤いシートを外して、本文を見ながら聞き、聞き取った単語が合っているか、確認してください。
❸ 本文を見ないで聞き、全体の意味が把握できるか確認してください。

巧用生姜

　　姜和葱蒜一样，是一种非常普及的烹饪调料，虽然它外表平凡，却有着神奇的特长与功效。

　　第一，生姜有非常好的除湿效果。当人体内湿气停滞时，舌头的颜色就会发暗，还会感到头晕眼花，胸中郁闷。做为祛湿法宝，运用生姜来清除湿气，调节脾脏，是个既实惠又有效的好方法。

　　第二，生姜性热味辛，不仅可以增进人体血液循环，帮助人体降温排汗，还可以起到调和肠胃，杀菌消炎的作用。因此自古民间就流传着"夏吃萝卜冬吃姜，不用医生开药方"的说法。

　　第三，生姜在体内能产生抗氧化酶，这种物质具有延缓身体衰老、抗疲惫的实力，在频繁食用生姜后，你也许将变得气色红润，四肢灵敏，步履轻盈。

　　第四，生姜里含有的姜辣素有缓解头疼、神经疼的作用。如果不是剧烈的疼痛，不用特意去求医问药，食用生姜就可以起到止痛作用，又不会有"是药三分毒"的缺陷，可以放心大胆地吃，何乐而不为。

　　第五，常用生姜涂抹头皮，可以增进局部血液循环，改善头发生长的"土壤"，治疗脱发及斑秃。

　　第六，生姜还可以帮助人们清理口腔，用生姜水漱口，能预防牙周炎，消除异味。

　　生姜很奇妙，别看只是小小的一块儿，却能施展出各种解数，力量十足，简直就是一个天生的保健医，在崇尚自然、无添加、重视健康的现代社会，势必会越来越受到人们的欢迎。但在食用生姜时千万注意保质期限，过了期的生姜对身体有百害无一利。

抗氧化酶：抗酸化酵素
姜辣素　：ジンゲロール
解数　　：腕前、技

生姜を上手に使おう

生姜はネギ、ニンニクと同様、広く普及している（料理の）調味料である。生姜の見た目は平凡であるが、非常に不思議な特長と効能を持っている。

第一、生姜は除湿効果が大きい。人体に湿気がこもると舌（の色）が黒ずみ、頭がくらくらして目がかすみ、気分が憂鬱になる。除湿の必殺技に、生姜を使って湿気を除去し、脾臓を整えるというのがあるが、これは実用的かつ有効な良い方法である。

第二、生姜は熱性が強く味が辛いため、人体の血液循環を促し、体温を下げ、発汗を助け、胃腸を整え、殺菌消炎にも効果がある。そのため、昔から民間では広く「夏に大根を食べ、冬に生姜を食べると、医者の処方は要らない」と言われている。

第三、生姜は体内で抗酸化酵素を発生させる。この物質は体の老化を遅らせ、疲労を防ぐ効力を持っている。頻繁に生姜を食べると、血色がよく（肌が）つやつやになり、四肢も機敏になり、歩行も軽やかになる。

第四、生姜に含まれているジンゲロールには頭痛や神経痛を緩和する作用がある。激しい痛みでなければわざわざ病院に行って薬を処方してもらう必要はなく、生姜を食べるだけで痛み止めの効果があり、また「薬には副作用がつきもの」という欠陥もなく、安心して大胆に食べることができるので当然喜んで実行しない人はない。

第五、日頃から生姜を頭皮に塗っていると、局部の血液循環が促され、髪が生える「土壌」が改善され、抜け毛や円形脱毛症を治療することができる。

第六、生姜は口腔衛生に役立つ。生姜水でうがいをすると歯周病を予防することができ、嫌なにおいを取り除くことができる。

生姜は本当に不思議で、ちっぽけな塊にすぎないけれど、いろいろな技を発揮することができ、力が満ち満ちている。まるで天性の保健医そのもので、自然、無添加を尊び、健康を重視する現代社会ではきっとますます人々に歓迎されるにちがいない。しかし生姜を食べる時は、必ず賞味期限に注意を払わなければならない。賞味期限が切れた生姜は体にとって、百害あって一利なしである。

机器人 ロボット

[STEP 1 単語] 今日習得すべき単語を、聞き取れるまで繰り返し聞いてください。 **017**

博览会 bólǎnhuì
（名）博覧会

伴随 bànsuí
（动）伴う

步伐 bùfá
（名）足並み、歩調

创新 chuàngxīn
（动）古いものを捨てて新しい
ものをつくりだす、
イノベーションする

产业 chǎnyè
（名）産業

岗位 gǎngwèi
（名）持ち場、職場、部署

便利 biànlì
（形）便利である

潮流 cháoliú
（名）流れ、成り行き

冲击 chōngjī
（动）突き当たる、ぶつかる

憋 biē
（动）抑える

方言 fāngyán
（名）方言

哄 hǒng
（动）あやす、機嫌をとる、騙す

不可思议 bùkě-sīyì
不思議である、理解できない

辩解 biànjiě
（动）弁解する

表态 biǎotài
（动）態度を表明する

诧异 chàyì
（形）不思議に思う

包庇 bāobì
（动）かばう

正经 zhèngjing
（形）まじめである、
まともである

智能 zhìnéng
（形）知能的な

导航 dǎoháng
（动）ナビゲーションする

充当 chōngdāng
（动）担当する、務める

智力 zhìlì
（名）知力

不相上下 bùxiāng-shàngxià
差がない

伺候 cìhou
（动）世話をする

婴儿 yīng'ér
（名）嬰児、赤ちゃん

保姆 bǎomǔ
（名）お手伝い、家政婦

栏目 lánmù
（名）記事、コラム、番組

雷达 léidá
（名）レーダー

助手 zhùshǒu
（名）助手、手伝い、
アシスタント

尝试 chángshì
（动）試してみる

摆脱 bǎituō
（动）（束縛・困難などから）
抜けだす

吃苦 chīkǔ
（动）苦労をする

便于 biànyú
（动）…に便利である

操纵 cāozòng
（动）操縦する

不言而喻 bùyán'éryù
言わなくても明らかである

超越 chāoyuè
（动）超える

插座 chāzuò
（名）コンセント

并非 bìngfēi
（动）決して…ではない

问世 wènshì
（动）（新しい製品や商品が）
市場に出る、発売される

弊病 bìbìng
（名）弊害、欠点

濒临 bīnlín
（动）臨む、瀕する

裁员 cáiyuán
(动) リストラする

冲突 chōngtū
(动) 衝突する

拥有 yōngyǒu
(动) 持つ

[STEP 2 センテンス] STEP1 の単語を上から順番に、発音しながら＿＿＿＿に書き入れてください。センテンスの意味を把握することも学習目標の一つです。

① 2019 年 8 月在北京亦创国际会展中心举办了世界机器人＿＿＿＿，会场里人山人海，热闹非凡。

② 近年来，＿＿＿＿着互联网快速发展的＿＿＿＿、科技的不断＿＿＿＿，机器人这个新兴＿＿＿＿也越来越火爆，许多＿＿＿＿上的人正逐渐被机器人所代替，机器人在给我们的生活带来＿＿＿＿的同时，也影响着时代的发展＿＿＿＿，＿＿＿＿着人类旧有的生活方式。

③ 大妈＿＿＿＿不住对业务员办事效率的不满，操着一口东北＿＿＿＿向机器人抱怨说："你们的工作人员在里面＿＿＿＿孩子，怎么不出来办公呢？"

④ 令人＿＿＿＿的一幕发生了，机器人＿＿＿＿说："哥哥姐姐都在很努力地办业务呢。"

⑤ 大妈听到机器人这样＿＿＿＿，有点儿＿＿＿＿，轻轻把机器人的头转向柜台，"你不要＿＿＿＿他们，往里看看，是不是哄孩子呢？"

⑥ 两人一本＿＿＿＿的对话把周围的人逗得哈哈大笑。

⑦ 据说，这个服务在银行里的＿＿＿＿机器人可以迎宾，业务＿＿＿＿，和客人交流互动，一人＿＿＿＿多个角色，其＿＿＿＿简直和人＿＿＿＿。

⑧ 机器人的种类繁多，有可以＿＿＿＿老人和＿＿＿＿的＿＿＿＿机器人、清扫机器人、机场导航机器人等等，最近央视《生活圈》＿＿＿＿迎来智能机器人当主持人，无独有偶，纽约的一家公司也推出了激光＿＿＿＿的机器人＿＿＿＿。

⑨ 总之，机器人正被＿＿＿＿着使用在各行各业中，它们使人们＿＿＿＿了很多繁重的劳动。

⑩ 机器人＿＿＿＿耐劳，＿＿＿＿＿＿＿＿，在各个领域中发挥的效果是＿＿＿＿的，其工作能力有时甚至＿＿＿＿了人类。

⑪ 很多机器人被设计成可以自己走到充电＿＿＿＿那里自动回充，不需要人帮忙，非常便于使用。

⑫ 但机器人的存在也＿＿＿＿十全十美，它们的＿＿＿＿也带来了＿＿＿＿，比如使很多岗位的工作人员＿＿＿＿被＿＿＿＿的危险，还有过分聪明的机器人有时会和人发生＿＿＿＿，不听从人的指挥，如果控制不好，将会酿成大祸。

⑬ 也许，家家都＿＿＿＿智能机器人的一天已经离我们不远了。

机器人

2019 年 8 月在北京亦创国际会展中心举办了世界机器人博览会，会场里人山人海，热闹非凡。

近年来，伴随着互联网快速发展的步伐、科技的不断创新，机器人这个新兴产业也越来越火爆，许多岗位上的人正逐渐被机器人所代替，机器人在给我们的生活带来便利的同时，也影响着时代的发展潮流，冲击着人类旧有的生活方式。

近日，一个大妈在吉林某银行和机器人对话的视频在网上火了起来。大妈憋不住对业务员办事效率的不满，操着一口东北方言向机器人抱怨说："你们的工作人员在里面哄孩子，怎么不出来办公呢？"令人不可思议的一幕发生了，机器人辩解说："哥哥姐姐都在很努力地办业务呢。"大妈听到机器人这样表态，有点儿诧异，轻轻把机器人的头转向柜台，"你不要包庇他们，往里看看，是不是哄孩子呢？"机器人大声说："你不要触碰我，跟我说话就可以了。"大妈马上认错说："我不碰你了。"两人一本正经的对话把周围的人逗得哈哈大笑。据说，这个服务在银行里的智能机器人可以迎宾，业务导航，和客人交流互动，一人充当多个角色，其智力简直和人不相上下。

机器人的种类繁多，有可以伺候老人和婴儿的保姆机器人、清扫机器人、机场导航机器人等等，最近央视《生活圈》栏目迎来智能机器人当主持人，无独有偶，纽约的一家公司也推出了激光雷达的机器人助手。总之，机器人正被尝试着使用在各行各业中，它们使人们摆脱了很多繁重的劳动。机器人吃苦耐劳，便于操纵，在各个领域中发挥的效果是不言而喻的，其工作能力有时甚至超越了人类。很多机器人被设计成可以自己走到充电插座那里自动回充，不需要人帮忙，非常便于使用。

但机器人的存在也并非十全十美，它们的问世也带来了弊病，比如使很多岗位的工作人员濒临被裁员的危险，还有过分聪明的机器人有时会和人发生冲突，不听从人的指挥，如果控制不好，将会酿成大祸。

虽说有利有弊，但毕竟利大于弊。也许，家家都拥有智能机器人的一天已经离我们不远了。

纽约 ：ニューヨーク

ロボット

　2019年8月、北京の亦創国際展示センターで世界ロボット博覧会が開催され、会場は人で埋まり、非常に盛況だった。

　最近、インターネットの急速な発展（のテンポ）、科学技術の絶え間ないイノベーションに伴い、ロボットというこの新興の産業もますます人気があがり、多くの職場で人間が次第にロボットに取って代わられているところだ。ロボットはわれわれの生活に便利をもたらすと同時に時代の発展の流れに影響を及ぼし、人類の旧来の生活スタイルと衝突している。

　最近、ある老婦人が吉林省の某銀行でロボットと会話している動画がネット上で人気を集めた。老婦人は銀行員の事務効率に対する不満を我慢できず、東北方言でロボットに「ここの職員は中で子供をあやしているのよ、なぜ出て来て仕事をしないの」と文句を言った。ここで不思議な一幕が発生した。ロボットは「お兄さんもお姉さんもみんな一生懸命仕事をしていますよ」と弁解した。老婦人はロボットの示した態度をいぶかしく思い、そっとロボットの頭をカウンターのほうに向けた。「彼らをかばわないでよ。ちょっと中を見て、子供をあやしているじゃないの」。すると、ロボットは大声で「私に触らないでください。話をするのはいいですよ」と言った。老婦人はすぐに「もう触らないよ」と謝った。二人のまじめなやりとりは周りの人を大笑いさせた。この銀行で勤務している知能ロボットは案内係をしたり、業務を紹介したり、お客と交流したりと、一人で多くの業務を担当し、その知力は人とほとんど差がないそうだ。

　ロボットの種類は極めて多く、年寄りや赤ちゃんの世話をするお手伝いロボット、清掃ロボット、空港の案内ロボット等があり、最近中国中央テレビの番組『生活圏』では、知能ロボットのキャスターを迎えた。これだけではなく、ニューヨークのある会社もレーザーレーダーのロボットアシスタントを発表した。とにかく、ロボットはいろいろな業界で使用が試みられているところだ。ロボットにより人々は多くのきつい労働から解放された。ロボットは苦しいなどと文句も言わず、操作も簡単、各領域で発揮している効果は言わずもがなで、その仕事の能力は時には人類を超えることさえある。多くのロボットは自分で充電コンセントまで行って、自動的に充電するように設計されており、人の助けは必要なく、非常に使いやすい。

　しかし、ロボットの存在も決して完全無欠ではなく、ロボットが世に出たことは弊害ももたらしている。例えば、多くの職場の従業員がリストラの危険に瀕し、聡明すぎるロボットが時として人と衝突する可能性もあり、人の指図に従わず、うまくコントロールができなかったら大きな災いを引き起こすことになるだろう。

　益もあれば害もあるが、結局は、利益のほうが弊害より大きい。もしかしたら、どの家にも知能ロボットが存在する日は（私たちから）もう遠くないのかもしれない。

歌舞剧《猫》 ミュージカル『Cats』

[STEP 1 単語] 今日習得すべき単語を、聞き取れるまで繰り返し聞いてください。 **019**

捧 pěng
（動）おだてる、持ち上げる

曲子 qǔzi
（名）歌、曲

千方百计 qiānfāng-bǎijì
あらゆる手段を講じる

浓厚 nónghòu
（形）（興味が）深い、強い

期望 qīwàng
（動）期待する

配套 pèitào
（動）組み合わせて1セットにする

挪 nuó
（動）動かす、移す

动静 dòngjing
（名）物音

纳闷儿 nàmènr
（動）わけがわからない

魄力 pòlì
（名）迫力、気迫

塑造 sùzào
（動）形作る、描き出す

配备 pèibèi
（動）配備する

皮革 pígé
（名）皮、皮革

歧视 qíshì
（動）差別する

擅长 shàncháng
（動）堪能である、得意とする

神态 shéntài
（名）顔色、表情と態度

凄凉 qīliáng
（形）もの寂しい、惨めである

清澈 qīngchè
（形）透き通っている

恰到好处 qiàdào-hǎochù
ちょうどよい程度である

音响 yīnxiǎng
（名）音響、音、声

时而 shí'ér
（副）ときどき

深沉 shēnchén
（形）考えや感情を顔に出さない

目光 mùguāng
（名）視線、まなざし

凝视 níngshì
（動）じっと見つめる

渴望 kěwàng
（動）切に望む

凝聚 níngjù
（動）凝集する

凝固 nínggù
（動）凝固する

场面 chǎngmiàn
（名）場面、シーン

拿手 náshǒu
（形）得意である

疲倦 píjuàn
（形）疲れている

敏捷 mǐnjié
（形）敏捷である、すばしこい

疏忽 shūhu
（動）おろそかにする

审美 shěnměi
（動）美を理解する

排练 páiliàn
（動）練習をする、
リハーサルをする

[STEP 2 センテンス] STEP1 の単語を上から順番に、発音しながら_____に書き入れてください。センテンスの意味を把握することも学習目標の一つです。

①歌舞剧《猫》自 1981 年在英国伦敦首场公演后，受到剧迷们的持续追_____，已成为全世界票房最高的舞台剧。

②剧中反复出现的_____《记忆》更是家喻户晓，广为传唱。

③上周，我_____地买到了一张非常抢手的《猫》剧门票，是由日本四季剧团公演的第 9958 场。

④满怀着对名剧_____的兴趣和_____，我早早来到《猫》剧的专用剧场，在这里，所有的舞台布景都是和《猫》的剧情_____的，平时也同样摆放，不_____动地方。

⑤开场是在一片黑暗中，舞台上也静悄悄的，没有任何_____。

⑥观众们正在_____为什么熄灯，从黑暗中突然闪现出许多猫的眼睛，随后，灯光大亮，具有_____的音乐声响起，演员们载歌载舞，_____出一只只性格各异的"猫"。

⑦猫的服装都按各个猫的形象特征来_____，_____质地居多，上面有不同的毛色花纹，非常讲究。

⑧我最喜欢剧中的老猫，她因贫困和年老色衰受到猫群的_____，演老猫的女演员非常_____表演，她_____中流露出的_____感，深深打动了观众的心。

⑨当她唱起那首脍炙人口的《记忆》时，声音_____婉转，高低音把握得_____，剧场超棒的_____设备把她的声音烘托得更甜美，她_____用_____的_____台下的观众，时而用美妙的舞姿表现出老猫对归家的_____，全场观众的目光都_____在她的身上，时间好像_____了一样。

⑩剧中的舞蹈_____也非常有气势，既有轻松的踢踏舞，又有华丽的芭蕾舞，我觉得演员们跳得最_____的是现代舞，他们可以一口气跳上十分钟甚至更长的时间而不知_____，动作_____，身体也非常柔软，还能把脚高高地举过头顶。

⑪最令人惊喜的是剧中经常有演员直接跑到台下来和观众互动，有时还会邀请观众站起来一起跳舞，就连坐在最后一排的观众也没有被_____，真让人感动。

⑫通过看这个音乐剧，我觉得自己的_____观得到了提高。

⑬演员们表演得这么好，一定和他们平时的刻苦_____分不开。

歌舞剧《猫》

　　歌舞剧《猫》自 1981 年在英国伦敦首场公演后，受到剧迷们的持续追捧，已成为全世界票房最高的舞台剧。剧中反复出现的曲子《记忆》更是家喻户晓，广为传唱。

　　上周，我千方百计地买到了一张非常抢手的《猫》剧门票，是由日本四季剧团公演的第 9958 场。满怀着对名剧浓厚的兴趣和期望，我早早来到《猫》剧的专用剧场，在这里，所有的舞台布景都是和《猫》的剧情配套的，平时也同样摆放，不挪动地方。

　　开场是在一片黑暗中，舞台上也静悄悄的，没有任何动静。观众们正在纳闷儿为什么熄灯，从黑暗中突然闪现出许多猫的眼睛，随后，灯光大亮，具有魄力的音乐声响起，演员们载歌载舞，塑造出一只只性格各异的"猫"。猫的服装都按各个猫的形象特征来配备，皮革质地居多，上面有不同的毛色花纹，非常讲究。

　　我最喜欢剧中的老猫，她因贫困和年老色衰受到猫群的歧视，演老猫的女演员非常擅长表演，她神态中流露出的凄凉感，深深打动了观众的心。而当她唱起那首脍炙人口的《记忆》时，声音清澈婉转，高低音把握得恰到好处，剧场超棒的音响设备把她的声音烘托得更甜美，她时而用深沉的目光凝视台下的观众，时而用美妙的舞姿表现出老猫对归家的渴望，全场观众的目光都凝聚在她的身上，时间好像凝固了一样，直到她曲终舞尽，观众才缓过神来，剧场里响起惊天动地的掌声。

　　剧中的舞蹈场面也非常有气势，既有轻松的踢踏舞，又有华丽的芭蕾舞，我觉得演员们跳得最拿手的是现代舞，他们可以一口气跳上十分钟甚至更长的时间而不知疲倦，动作敏捷，身体也非常柔软，还能把脚高高地举过头顶。最令人惊喜的是剧中经常有演员直接跑到台下来和观众互动，有时还会邀请观众站起来一起跳舞，就连坐在最后一排的观众也没有被疏忽，真让人感动。

　　通过看这个音乐剧，我觉得自己的审美观得到了提高。演员们表演得这么好，一定和他们平时的刻苦排练分不开。谢幕时，我大力为演员们鼓掌，久久不愿起身离去。

ミュージカル『Cats』

　ミュージカル『Cats』は1981年イギリスのロンドンでの初公演以来、演劇ファンの途切れることのない支持を得て、興業成績が世界で最も高いミュージカルとなった。劇の中に繰り返し現れる曲『メモリー』は誰もが知っており、広く歌い継がれている。

　先週、私はあらゆる策を講じて非常に人気が高い『Cats』の観劇チケットを1枚購入した。日本の劇団四季の第9958回公演である。著名な劇に対する深い興味と期待を胸いっぱいに抱き、私は早々に『Cats』の専用劇場に着いた。ここではあらゆる舞台背景が全て『Cats』のストーリーと一体化しており、普段から同じようにセッティングされ、動かされることはない。

　暗闇の中で幕が開き、舞台も静まり返っていて何の物音もしなかった。観客がなぜ明かりが消えているのか不思議に思っているその時に、闇の中に突然多くの猫の目がきらめいた。続いて照明がぱっと明るくなり、迫力ある音楽がひびきわたり、役者たちは歌い踊りながら、性格がそれぞれ異なる「猫」を表現していく。猫の服装はそれぞれの猫の姿や特徴に従って振り分けられており、レザーが多用されている。衣裳の表面にはそれぞれ異なる毛色の柄がつけられており、それがとても凝っている。

　私は劇の中の年老いた猫が一番好きである。その猫は貧困と老いによる容色の衰えのため、猫たちから差別を受けていた。年老いた猫を演じる女優の演技は特に優れていて、その表情からにじみ出る寂しさは観客の心を深く打った。その役者が人口に膾炙する、あの曲『メモリー』を歌い始めると、透き通った声は耳に心地よく、高音も低音も安定しており、劇場の大変優れた音響設備は彼女の声をさらに美しく際立たせていた。時にはクールなまなざしで舞台下の観客をじっと見つめ、時にはすばらしいダンスで、帰る家を渇望する年老いた猫を演じると、満場の観客の視線がその全身に集中し、まるで時が止まったかのようだった。曲が止み、踊りが終わって観客はようやく我に返り、劇場には天地がとどろくほどの拍手が鳴りわたった。

　劇の中の舞踏シーンも非常に勢いがあり、軽やかなステップダンスもあれば、華やかなバレエもあり、私は役者たちが最も得意とするのは、現代舞踊なのだと思った。役者たちは休みなしで十分間、さらにはもっと長い時間でも踊ることができ、それでも疲れを知らない。動作が敏捷で、体もとても柔軟で、足を頭の上まで高々と上げる。なにより驚くのは、演技中に常に役者が直接舞台下まで降りて来て観客とともに行動することだ。時には、観客を招いて立ち上がらせ、一緒に踊り、たとえ最後列にいる観客でもおろそかにしないのは、感動的である。

　この音楽劇の鑑賞を通して、私は自分の美意識が向上したと感じる。役者たちがこんなにみごとに演じるのは、きっと彼らの日頃の苦労をいとわない稽古の賜物であろう。カーテンコールの時に、私は力をこめて役者たちに拍手を送り、いつまでも立ち去りたくなかった。

衣服 ファッション

[STEP 1 単語] 今日習得すべき単語を、聞き取れるまで繰り返し聞いてください。 **021**

称心如意 chènxīn-rúyì
思いどおりになって満足する

出卖 chūmài
（动）裏切る、売り渡す

粉色 fěnsè
（名）ピンク

纯洁 chúnjié
（形）純潔である、清らかである

城堡 chéngbǎo
（名）砦

防御 fángyù
（动）防御する

敞开 chǎngkāi
（动）大きく広げる

风度 fēngdù
（名）風格

冲动 chōngdòng
（形）興奮する、激する

棕色 zōngsè
（名）茶褐色

分寸 fēncùn
（名）程合い

封闭 fēngbì
（动）密封する、密閉する、
閉ざす

断定 duàndìng
（动）断定する

迟疑 chíyí
（形）ためらう

视线 shìxiàn
（名）視線

顿时 dùnshí
（副）直ちに

浑身 húnshēn
（名）全身

尴尬 gāngà
（形）ばつが悪い、
不自然である

充沛 chōngpèi
（形）満ちあふれている

呈现 chéngxiàn
（动）現れる

多元化 duōyuánhuà
（形）多様な

层出不穷 céngchū-bùqióng
次々と現れて尽きない

当代 dāngdài
（名）この時代、現代

媒介 méijiè
（名）媒介するもの、媒介者、
メディア

样品 yàngpǐn
（名）サンプル、見本品

激发 jīfā
（动）呼び起こす、発奮させる

乐趣 lèqù
（名）おもしろみ、楽しみ

过度 guòdù
（形）過度の

泛滥 fànlàn
（动）悪いことがはびこる

过于 guòyú
（副）あまりにも

狭窄 xiázhǎi
（形）狭い

高明 gāomíng
（形）すぐれている、賢明な

秤 chèng
（名）はかり

规划 guīhuà
（动）計画する、企画する

定期 dìngqī
（形）定期の

革命 gémìng
（动）改革する

果断 guǒduàn
（形）断固としている、
思い切りがよい

处分 chǔfèn
（动）処分する

归根到底 guīgēn-dàodǐ
結局、つまるところ

恭敬 gōngjìng
（形）うやうやしい、
礼儀正しい

衬托 chèntuō
（动）引き立てる

①想买到一件_____的衣服，除了样式，颜色一定也是你选择这件衣服时要考虑的主要因素吧。

②据说，颜色会_____你的性格和心理特点。

③喜欢_____，内心_____，天真又善良。

④喜欢黑色，内心有一座_____，随时处在_____他人的状态，不容易_____心扉。

⑤喜欢白色，高贵端庄，_____十足。

⑥喜欢红色，热情大方，但有时会_____。

⑦喜欢深_____，说话很有_____，内心比较_____。

⑧早上当你站在衣柜前，如果马上能_____自己要穿的衣服是哪件，那么恭喜你，你会少了很多抉择的烦恼。

⑨但大多数人不会这么顺利，常常_____着选了又选，还是举棋不定。

⑩当你花费了很多时间，最终挑了一件自己觉得不太满意的衣服时，一旦置身于别人的_____中，_____会觉得_____不自在，表情也会很_____，甚至做事都会缺乏自信。

⑪相反，如果你选择了一件自己认为对的衣服，那么一整天里都会精力_____，心情愉快。

⑫爱美是女人的天性，现在时尚_____出_____的趋势，各种服装样式_____，_____设计师们擅于用硅胶、聚氨酯等多种_____，巧妙地打造出充满现代感的服装。而穿在模特身上的_____衣，也_____着人们的购买欲。

⑬买衣服对很多女人来说已经成为了一种_____。

⑭但_____沉迷于买衣服，会使家里的衣服_____成灾，存放衣服的空间变得_____。

⑮最_____的做法莫过于心里有一杆_____，有_____地购买衣服，并_____给家里的衣柜来一次彻底的"_____"，把不穿的衣服_____ _____掉。

⑯_____，衣服是每个人的必需品。

⑰穿衣打扮，除了体现一个人的精神状态以外，对他人_____与否也能从衣品上窥知一二，所以人们在面试时，穿的衣服十有八九会中规中矩。

⑱选好衣服的样式和颜色，让它把你_____得更加完美吧。

❶ 赤いシートを当てて、本文を見ながら聞き、見えない箇所の単語をチェックしてください。
❷ 赤いシートを外して、本文を見ながら聞き、聞き取った単語が合っているか、確認してください。
❸ 本文を見ないで聞き、全体の意味が把握できるか確認してください。

衣服

　　想买到一件称心如意的衣服，除了样式，颜色一定也是你选择这件衣服时要考虑的主要因素吧。据说，颜色会出卖你的性格和心理特点。比如：喜欢粉色，内心纯洁，天真又善良。喜欢黑色，内心有一座城堡，随时处在防御他人的状态，不容易敞开心扉。喜欢白色，高贵端庄，风度十足。喜欢红色，热情大方，但有时会冲动。喜欢深棕色，说话很有分寸，内心比较封闭。

　　早上当你站在衣柜前，如果马上能断定自己要穿的衣服是哪件，那么恭喜你，你会少了很多抉择的烦恼。但大多数人不会这么顺利，常常迟疑着选了又选，还是举棋不定。当你花费了很多时间，最终挑了一件自己觉得不太满意的衣服时，一旦置身于别人的视线中，顿时你觉得浑身不自在，表情也会很尴尬，甚至做事都会缺乏自信。相反，如果你选择了一件自己认为对的衣服，那么一整天里都会精力充沛，心情愉快。

　　爱美是女人的天性，现在时尚呈现出多元化的趋势，各种服装样式层出不穷，当代设计师们擅于用硅胶、聚氨酯等多种媒介，巧妙地打造出充满现代感的服装。而穿在模特身上的样品衣，也激发着人们的购买欲。买衣服对很多女人来说已经成为了一种乐趣。但过度沉迷于买衣服，会使家里的衣服泛滥成灾，存放衣服的空间变得过于狭窄。最高明的做法莫过于心里有一杆秤，有规划地购买衣服，并定期给家里的衣柜来一次彻底的"革命"，把不穿的衣服果断处分掉。

　　归根到底，衣服是每个人的必需品。穿衣打扮，除了体现一个人的精神状态以外，对他人恭敬与否也能从衣品上窥知一二，所以人们在面试时，穿的衣服十有八九会中规中矩。选好衣服的样式和颜色，让它把你衬托得更加完美吧。

硅胶 ：シリカゲル
聚氨酯 ：ポリウレタン

ファッション

　気に入った服を買おうとするとき、デザインのほかに、色も服を選ぶ時に必ず考慮するポイントになるだろう。聞くところによると色は人の性格や心理的な特徴をさらけ出してしまうそうだ。例えば、ピンクが好きな人は心が清らかで、悪意がなく善良である。黒が好きな人は内に砦を築き、常に他人の侵入を防御する状態にあり、容易に心を開かない。白が好きな人は高貴で威厳があり、とても風格がある。赤が好きな人は情に厚く心が広いが、時には激することがある。茶褐色が好きな人は節度を守った話し方をし、心もやや閉ざし気味だ。

　朝、洋服だんすの前に立って、あなたがどの服を着るかをすぐに決めることができるならば、それはまずおめでたいことで、あれこれ選ぶ悩みを減らしたことになる。しかし、ほとんどの人はそんなにスムーズではなく、いつもあれかこれかと選んではためらって決めかねる。長い時間をかけた末にあまり気に入らない服を選んでしまった時は、ひとたび他人の視線に触れたとたん、すっかり不愉快な気持ちになる。そして表情も不自然になり、すべてに対して自信をなくしてしまうことさえある。反対に、自分にぴったりだと思う服を選んだ時は、一日中気力が充実し、気持ちも愉快になる。

　おしゃれを好むのは女性の天性と言える。現在の流行は多様化する傾向にあり、多様なファッションが次々に現れて尽きることがない。現代のデザイナーはシリカゲル、ポリウレタン等の様々なものを媒介とするのが得意で、巧みに現代感覚に溢れた衣服を作り上げる。そして、モデルが着ているサンプルも人々の購買意欲をかきたてている。服を買うことは多くの女性にとって、既に一種の楽しみとなっている。しかし、服を買うことに熱中しすぎると家の中に服が溢れるという災いと化し、服をしまう場所が足らなくなる（あまりにも狭くなる）。最も賢明なやり方は心の中にはかりを持ち、計画的に服を購入し、そして定期的に家のたんすに徹底的な「改革」を行い、着なくなった服を思い切って処分することである。

　結局、服は人（それぞれ）の必需品である。服装身なりは人の精神状態を表すだけではない。（他人に）礼儀正しい人間なのかどうかも服装の品格から垣間見ることができる。だから、面接の時、人々が着ている服は十中八九きちんとしているのだ。服のデザインや色をしっかり選んで、そうしてあなたをもっと完璧に引き立たせよう。

旅行新趋势 旅行の新しい傾向

[STEP 1 単語] 今日習得すべき単語を、聞き取れるまで繰り返し聞いてください。 `023`

据悉 jùxī
(动) 聞くところでは

理所当然 lǐsuǒdāngrán
理の当然である

注重 zhùzhòng
(动) 重要視する、重んじる

日益 rìyì
(副) 日に日に

探索 tànsuǒ
(动) 探索する、探求する

委托 wěituō
(动) 委託する

盲目 mángmù
(形) 盲目的である

留念 liúniàn
(动) 記念として残す

凌晨 língchén
(名) 夜明け、早朝

拼搏 pīnbó
(动) 苦闘して目的を達成する

片刻 piànkè
(名) ほんの短い時間、一刻

忙碌 mánglù
(形) 忙しい、せわしい

束缚 shùfù
(动) 束縛する

伤脑筋 shāng nǎojīn
頭を悩ます

筛选 shāixuǎn
(动) 選別する、選び出す

前提 qiántí
(名) 前提

水泥 shuǐní
(名) セメント

包围 bāowéi
(动) 包囲する

认可 rènkě
(动) 認可する、許可する、承諾する

捎 shāo
(动) ついでに持って行く

排放 páifàng
(动) 排出する

品尝 pǐncháng
(动) 味わう

神仙 shénxiān
(名) 仙人

迄今为止 qìjīn wéizhǐ
いままでのところ

夫妇 fūfù
(名) 夫妻

支流 zhīliú
(名) 支流

瀑布 pùbù
(名) 滝

失踪 shīzōng
(动) 失踪する

拾 shí
(动) 拾う

美满 měimǎn
(形) 円満である、満ち足りている

时光 shíguāng
(名) 時間、月日

数额 shù'é
(名) 一定の数

连年 liánnián
(动) 連年

倾向 qīngxiàng
(动 / 名) 味方する／傾向

面子 miànzi
(名) メンツ

帐篷 zhàngpeng
(名) テント

历来 lìlái
(副) これまでずっと、一貫して

明智 míngzhì
(形) 賢明である

[STEP 2 センテンス] STEP1 の単語を上から順番に、発音しながら＿＿＿＿に書き入れてください。センテンスの意味を把握することも学習目標の一つです。

①＿＿＿＿，随着经济的进一步发展，人们的旅行理念和旅行方式也发生着＿＿＿＿的变化，＿＿＿＿个性体验和文化体验的人＿＿＿＿增多，自然＿＿＿＿、户外运动、美食体验等旅行方式正在增加，而＿＿＿＿代购、＿＿＿＿消费、拍照＿＿＿＿等走马观花型旅行正在逐渐消失。

②小李说："我们夫妻俩每天＿＿＿＿起床，在外面＿＿＿＿一天，天黑才能回家，几乎没有＿＿＿＿的休息，就这样＿＿＿＿了一年。

③难得有个长假让我们放松一下，好不容易从平时工作、家务的＿＿＿＿中解脱出来，去哪里享受自由的时间让我们挺＿＿＿＿，两个人在网上查找了很多地方，做了很多＿＿＿＿。

④我挑选前去旅游地点的＿＿＿＿是远离现代化建筑，因为每天生活在钢筋＿＿＿＿、高楼大厦的＿＿＿＿中，已经看腻了。

⑤我的想法得到了妻子的＿＿＿＿，最终我们一致同意去古色古香的京都，体验一下那里的传统文化。

⑥有朋友托我们＿＿＿＿东西的，这次一概拒绝了。

⑦我们不想逛商店，只想远离有汽车＿＿＿＿废气的地方，安静地看看风景，＿＿＿＿一下当地的美食，过过＿＿＿＿般静养休息的日子。"

⑧＿＿＿＿已去过三十多个国家的小王＿＿＿＿，打算去打帮河的＿＿＿＿里＿＿＿＿群中规模最大的黄果树瀑布旅游，小王表示："虽然现在不是丰水期，但看不看瀑布不那么重要，重要的是夫妻一起从日常生活里"＿＿＿＿"几天，重＿＿＿＿二人世界＿＿＿＿幸福的＿＿＿＿。国内旅游比海外旅游相对便宜一些，消费＿＿＿＿不那么大，虽然我们夫妻俩的收入＿＿＿＿增长，但物价也有逐渐上涨的＿＿＿＿，我们不需要住豪华酒店撑＿＿＿＿，希望能节约旅游开销。"

⑨最后小王开玩笑地说："只要和妻子去旅游，哪怕住不起旅馆，天天住＿＿＿＿也是幸福的。"

⑩和＿＿＿＿的旅游购物消费、参加旅游团队消费相比，最近旅游文化体验消费和个人自由行消费呈明显上升趋势。

⑪小李和小王两对夫妇，在旅行上，都做出了比较的＿＿＿＿选择。

❶ 赤いシートを当てて、本文を見ながら聞き、見えない箇所の単語をチェックしてください。
❷ 赤いシートを外して、本文を見ながら聞き、聞き取った単語が合っているか、確認してください。
❸ 本文を見ないで聞き、全体の意味が把握できるか確認してください。

旅行新趋势

　　据悉，随着经济的进一步发展，人们的旅行理念和旅行方式也发生着理所当然的变化，注重个性体验和文化体验的人日益增多，自然探索、户外运动、美食体验等旅行方式正在增加，而委托代购、盲目消费、拍照留念等走马观花型旅行正在逐渐消失。

　　今年春节假期，小李打算用年终奖金和妻子一起去日本京都体验和服文化，参加寿司制作，观赏日本传统祭典。小李说："我们夫妻俩每天凌晨起床，在外面拼搏一天，天黑才能回家，几乎没有片刻的休息，就这样忙碌了一年。难得有个长假让我们放松一下，好不容易从平时工作、家务的束缚中解脱出来，去哪里享受自由的时间让我们挺伤脑筋，两个人在网上查找了很多地方，做了很多筛选。我挑选前去旅游地点的前提是远离现代化建筑，因为每天生活在钢筋水泥、高楼大厦的包围中，已经看腻了。我的想法得到了妻子的认可，最终我们一致同意去古色古香的京都，体验一下那里的传统文化。有朋友托我们捎东西的，这次一概拒绝了。我们不想逛商店，只想远离有汽车排放废气的地方，安静地看看风景，品尝一下当地的美食，过过神仙般静养休息的日子。"

　　迄今为止已去过三十多个国家的小王夫妇，打算去打帮河的支流里瀑布群中规模最大的黄果树瀑布旅游，小王表示："虽然现在不是丰水期，但看不看瀑布不那么重要，重要的是夫妻一起从日常生活里"失踪"几天，重拾二人世界美满幸福的时光。国内旅游比海外旅游相对便宜一些，消费数额不那么大，虽然我们夫妻俩的收入连年增长，但物价也有逐渐上涨的倾向，我们不需要住豪华酒店撑面子，希望能节约旅游开销。"最后小王开玩笑地说："只要和妻子去旅游，哪怕住不起旅馆，天天住帐篷也是幸福的。"

　　和历来的旅游购物消费、参加旅游团队消费相比，最近旅游文化体验消费和个人自由行消费呈明显上升趋势。小李和小王两对夫妇，在旅行上，都做出了比较明智的选择。

代购 ：委託代理購入
打帮河 ：打帮河（地名）
黄果树瀑布：黄果树瀑布（地名）

旅行の新しい傾向

　聞くところによると、経済の更なる発展に伴い、人々の旅行に対する考え方やスタイルにも必然的に変化が生じている。個別体験や文化体験を重んじる人が日に日に増え、自然探索、野外活動、グルメ体験等の旅行スタイルが増加している一方で、（旅行先での）委託代理購入、盲目的消費、記念撮影など、通り一遍型の旅行は次第に姿を消しているという。

　今年の春節休暇に李さんは年末のボーナスを使って妻と一緒に日本の京都で和服文化を体験し、寿司作りに参加し、日本の伝統的な祭を楽しもうと思っている。李さんは言う。「私達夫婦は二人とも毎日朝早く起きて外で一日一生懸命仕事をし、日が暮れてやっと家に帰る。ほんのいっとき休む暇もほとんどなく、こうして一年間忙しく働いてきた。私達をリラックスさせてくれる長期休暇がようやく取れて、やっと普段の仕事や家事の束縛から逃げられる。どこに行って自由な時間を楽しむかがかなり私達を悩ませた。二人でネットでいろいろな所を調べてひたすら選別した。私が観光地を選ぶ前提は現代建築を遠ざけることである。なぜなら毎日鉄筋コンクリート、ビルディングに取り囲まれてすっかり見飽きたからである。私の考えが妻の承諾を得、最後に私達は古色蒼然とした京都に行ってそこの伝統文化を体験することに意見が一致した。ある友達が私達に買い物を頼んできたが、今回はすべて断った。私達は店を見て回るつもりはなく、ただ車が排気ガスを出すところから遠く離れ、静かに風景を見て、その土地のグルメを味わい、仙人のように静かに休息をとる日々を過ごしてみたいのだ」。

　今までに既に三十数か国に行ったことがある王さん夫婦は打邦河の支流にある瀑布群の中で規模の最も大きい黄果樹瀑布に旅行する予定だ。王さんは「現在は豊水期ではないが、滝を見るかどうかはそんなに重要ではなく、重要なのは夫婦がいっしょに数日、日常生活から『失踪』して、もう一度二人だけの満ち足りた幸せな時間を拾い上げることにある。国内旅行は海外旅行に比べてわりあいに安く、消費する全額もそんなに大きくない。私達夫婦二人の収入は毎年増えているが、物価も次第に上昇する傾向にあるから、私達は豪華なホテルに泊まって見栄を張る必要はなく、旅行の出費を節約したいのだ」と言った。最後に、王さんは「妻と一緒に旅行に行ければたとえ旅館に泊まれず、毎日テントに泊まることになっても幸せである」と冗談を言った。

　これまでのショッピング旅行やツアーに参加する場合に比べると、最近の文化体験旅行や個人の自由旅行は、消費金額において明らかに上昇傾向を示している。李さんと王さんの二組の夫婦はどちらも旅行で比較的賢明な選択をしたのだ。

喝水的学问 水を飲む知恵

[STEP 1 単語] 今日習得すべき単語を、聞き取れるまで繰り返し聞いてください。 **025**

抗议 kàngyì
（動）抗議する

意识 yìshí
（名／動）意識／意識する

根深蒂固 gēnshēndìgù
根が深く張っていて容易に
動揺しない

本身 běnshēn
（代）それ自身、それ自体

需求 xūqiú
（名）需要、求め

合并 hébìng
（動）合併する、一括する

生理 shēnglǐ
（名）生理

陷阱 xiànjǐng
（名）落とし穴

嘴唇 zuǐchún
（名）唇

性命 xìngmìng
（名）命

地步 dìbù
（名）境地、事態

克制 kèzhì
（動）抑える

宣扬 xuānyáng
（動）広く宣伝する、言いふらす

督促 dūcù
（動）実行するように促す

服从 fúcóng
（動）従う

相应 xiāngyìng
（動）相応する

足以 zúyǐ
（動）十分足りる

况且 kuàngqiě
（連）その上

过滤 guòlǜ
（動）濾過する

负担 fùdān
（動／名）負担する／
負担、重荷

损坏 sǔnhuài
（動）損なう

着想 zhuóxiǎng
（動）…のためを思う

遵循 zūnxún
（動）従う

反之 fǎnzhī
（連）反対に

提示 tíshì
（動）ヒントを与える、
思いつかせる、助言する

感染 gǎnrǎn
（動）感染する

发炎 fāyán
（動）炎症を起こす

滋润 zīrùn
（動）潤いがある

堆积 duījī
（動）積み上げる

割 gē
（動）切る

大不了 dàbuliǎo
（副）せいぜい、たかだか

功劳 gōngláo
（名）功労、功績

扛 káng
（動）担ぐ、我慢する

供不应求 gōngbúyìngqiú
供給が需要に応じきれない

可行 kěxíng
（形）実行可能である

防治 fángzhì
（動）予防治療する

[STEP 2 センテンス] STEP1の単語を上から順番に、発音しながら_____に書き入れてください。センテンスの意味を把握することも学習目標の一つです。

①我这么说，肯定会有人_____："活了这么大，难道还不会喝水？"那我们就一起来看看正确喝水的方法。

②人们_____中_____的"一天应该喝两公升水"的理论_____就是错误的。

③最开始提出这个理论的人实际上说的是人体所_____的大部分水分来自食物，只有不到一升的水靠喝来补充，显然后来人们误传了这个理论。

④把本来靠"饮""食"_____摄取的两公升变成了只靠"饮"来补充的两公升。

⑤美国_____学杂志曾发表一篇论文，指出一天喝两公升水的做法很可能让热衷于补充水分的人掉进得不偿失的_____，因为这样过度补水，会使人得上低钠血症，轻者会使人头晕眼花，重者会使人_____发紫，呼吸困难，甚至能到要人_____的_____。

⑥因此，应该_____饮水量，不要盲目补水，也不要过分_____水的好处，没完没了地_____家人喝水。

⑦_____身体的需要最重要，当感到口渴时适当补充_____的水分_____。

⑧_____，人身体中的水是需要肾脏_____后排出的，过量喝水，势必增加肾脏的消耗量，加重肾脏_____，长此以往就会_____肾脏。

⑨所以为肾脏_____，也应该_____渴了再喝水的原则。

⑩过量喝水有害，_____，医生_____，喝水太少，会引起肌肤_____ _____，还会使眼部干涩，缺乏_____，增加得上干眼症的风险。

⑪另外，缺水同样会给肾脏增加压力，导致有毒物质的_____。

⑫人体的68%都是由水分构成的，人们的生活和水_____舍不开。

⑬不要觉得喝水这件事没什么_____的，水对人体的_____非常大。

⑭_____着不喝水，导致身体里的水_____，当然不_____，每天"牛饮"很多杯，导致水中毒，更不可行。

⑮合理补充水分，才可以_____疾病，起到保持身体健康的作用。

❶ 赤いシートを当てて、本文を見ながら聞き、見えない箇所の単語をチェックしてください。
❷ 赤いシートを外して、本文を見ながら聞き、聞き取った単語が合っているか、確認してください。
❸ 本文を見ないで聞き、全体の意味が把握できるか確認してください。

喝水的学问

关于喝水，很多人都喝错了。我这么说，肯定会有人抗议："活了这么大，难道还不会喝水？"那我们就一起来看看正确喝水的方法。

人们意识中根深蒂固的"一天应该喝两公升水"的理论本身就是错误的。最开始提出这个理论的人实际上说的是人体所需求的大部分水分来自食物，只有不到一升的水靠喝来补充，显然后来人们误传了这个理论。把本来靠"饮""食"合并摄取的两公升变成了只靠"饮"来补充的两公升。美国生理学杂志曾发表一篇论文，指出一天喝两公升水的做法很可能让热衷于补充水分的人掉进得不偿失的陷阱，因为这样过度补水，会使人得上低钠血症，轻者会使人头晕眼花，重者会使人嘴唇发紫，呼吸困难，甚至能到要人性命的地步。因此，应该克制饮水量，不要盲目补水，也不要过分宣扬水的好处，没完没了地督促家人喝水。服从身体的需要最重要，当感到口渴时适当补充相应的水分足以。

况且，人身体中的水是需要肾脏过滤后排出的，过量喝水，势必增加肾脏的消耗量，加重肾脏负担，长此以往就会损坏肾脏。所以为肾脏着想，也应该遵循渴了再喝水的原则。

过量喝水有害，反之，医生提示，喝水太少，会引起肌肤感染发炎，还会使眼部干涩，缺乏滋润，增加得上干眼症的风险。另外，缺水同样会给肾脏增加压力，导致有毒物质的堆积。

人体的68%都是由水分构成的，人们的生活和水割舍不开。不要觉得喝水这件事没什么大不了的，水对人体的功劳非常大。扛着不喝水，导致身体里的水供不应求，当然不可行，每天"牛饮"很多杯，导致水中毒，更不可行。合理补充水分，才可以防治疾病，起到保持身体健康的作用。

低钠血症 ：低ナトリウム血症
牛饮 ：牛飲する
水中毒 ：水毒（中医学の用語）

水を飲む知恵

　水を飲むことについては、多くの人が皆飲み方を間違っている。私がこんなことを言うと、必ず「この年になってまさか水の飲み方がわからないなんて」と抗議する人がいるはずである。それでは、一緒に水を正しく飲む方法を見てみよう。

　人々の意識の中に根強く染み込んでいる「一日2リットルの水を飲むべきだ」という理論それ自体が間違っている。最初にこの理論を提起した人が実際に言ったのは、大部分の水分は食べ物から摂取されていて、飲むことによって補給する水分は1リットル足らずにすぎないということだった。明らかにその後、人々がこの理論を誤って伝えたのである。本来「飲」「食」一括摂取による2リットルが、「飲」だけで補給する2リットルとなったのだ。アメリカの生理学雑誌にかつて発表された論文は、一日2リットル水を飲むことによって、水分補給に夢中になっている人は損得が引き合わない落とし穴にはまる可能性があると指摘した。なぜなら、このように過度に水分を補給すると低ナトリウム血症を発症する可能性があり、症状が軽い人はめまいを起こし、重い人は唇が紫になって、呼吸困難を起こし、ひいては命が奪われる事態に至るのだ。従って、水を飲む量を抑え、盲目的に水分補給をせず、また水のメリットを過度に宣伝せず、家族にとめどなく水を飲むよう促してはいけない。体の要求に従うのが最も重要で、口の渇きを感じた時に、相応の水分を適度に補給すれば十分なのである。

　しかも、人の体内の水は腎臓が濾過した後に排出されるので、水を飲みすぎると、必然的に腎臓の消耗が激しくなり、腎臓に重い負担がかかり、それが長引けば腎臓を損なうことになる。従って、腎臓のためを思えば、喉が渇いたら水を飲むという原則に従うべきである。

　水を飲み過ぎると体に害があるが、反対に水を飲むのが少なすぎても、肌が菌に感染して炎症を起こし、更に目が乾燥して潤いが足りなくなり、ドライアイにかかるおそれが高まると医師が助言している。また、水分不足の場合も同様に腎臓への負担が増し、有毒物質の蓄積を招く。

　人体の68％は水によって構成されている。人間の生活は水と切り離すことができない。水を飲むというのは別にたいしたことではないと思ってはいけない。水の人体に対する功績は非常に大きい。水を飲むのを我慢すると、体の中の水分の供給が需要に追い付かなくなるから、それは当然やってはいけない。毎日何杯も「牛飲」するのは、水毒を起こすので、なおやってはいけないことである。合理的に水分を補給してこそ病気を予防、治療し、体の健康を保つ効果を上げることができる。

母爱　母の愛情

[STEP 1 単語] 今日習得すべき単語を、聞き取れるまで繰り返し聞いてください。 **027**

系列 xìliè
（名）系列、シリーズ

雕塑 diāosù
（名）彫刻と塑像

祖国 zǔguó
（名）祖国

众所周知 zhòngsuǒ-zhōuzhī
周知のように

逢 féng
（动）出会う

巷 xiàng
（名）路地

烟花爆竹 yānhuā bàozhú
花火や爆竹

团圆 tuányuán
（动）一家団欒する

专程 zhuānchéng
（副）わざわざ行く（来る）

探望 tànwàng
（动）尋ねる

家常 jiācháng
（名）日常のもの

喜悦 xǐyuè
（形）喜ばしい

向来 xiànglái
（副）いままでずっと

压岁钱 yāsuìqián
（名）お年玉

习俗 xísú
（名）風俗習慣

延续 yánxù
（动）引き続く

和蔼 hé'ǎi
（形）優しい、穏やかである

朴素 pǔsù
（形）素朴である、質素である

皱纹 zhòuwén
（名）しわ

掏 tāo
（动）手を突っ込んで取り出す

注视 zhùshì
（动）じっと見る

眼神 yǎnshén
（名）まなざし、目つき

心甘情愿 xīngān-qíngyuàn
心から願う

索取 suǒqǔ
（动）請求する、求める

回报 huíbào
（动）報いる

起伏 qǐfú
（动）上がり下がりする

评论 pínglùn
（动／名）評論する／評論（文）

依旧 yījiù
（副）依然として、相変わらず

辛勤 xīnqín
（形）懸命である

珍贵 zhēnguì
（形）貴重である

衷心 zhōngxīn
（形）心からの

拄 zhǔ
（动）（杖・手などを）つく

拐杖 guǎizhàng
（名）杖

蕴藏 yùncáng
（动）埋蔵する、隠されている

预料 yùliào
（动）予想する

①以《母与子》为题材创作了＿＿＿＿青铜＿＿＿＿的韩美林曾说过："我轻易不落泪，但有三件事能牵动我的眼圈打转继而流泪，一是＿＿＿＿，二是母爱，三是老师。"

②＿＿＿＿，春节是中国的传统节日，也是中国最盛大的节日。

③每＿＿＿＿春节，大街小＿＿＿＿的＿＿＿＿声里，到处是一片喜气洋洋的景象。

④人们为了和家人＿＿＿＿，＿＿＿＿从各个地方赶回老家，除了＿＿＿＿父母以外，还会去走亲访友。

⑤吃不尽的美味佳肴，说不完的＿＿＿＿话，久别重逢后的＿＿＿＿，都给春节添上了喜庆的色彩。

⑥春节＿＿＿＿就有长辈给晚辈＿＿＿＿的＿＿＿＿，一直＿＿＿＿至今。

⑦只见＿＿＿＿可亲，衣着＿＿＿＿，满脸＿＿＿＿的百岁老母亲，从兜里＿＿＿＿出压岁钱塞到已然高龄的女儿手里，而女儿像个小孩子一样乖乖收下钱，母女俩轻声交谈着什么，老母亲＿＿＿＿女儿的＿＿＿＿里充满了欣慰。

⑧母亲，总是＿＿＿＿为孩子付出心血，却从不向孩子＿＿＿＿任何＿＿＿＿。

⑨这个只有短短几秒的视频，让众多网友看得心潮＿＿＿＿，大家纷纷写下＿＿＿＿，有人说："孩子不管多大，在妈妈眼里＿＿＿＿是孩子，好羡慕这位74岁的女儿，这么大年纪还能拥有妈妈的爱。"

⑩也有人说："一看就知道是一位＿＿＿＿劳作的母亲，这个记录了伟大母爱的视频太＿＿＿＿了，＿＿＿＿祝愿老妈妈健康长寿。"

⑪还有人说："虽然老妈妈年过百岁，却没有＿＿＿＿ ＿＿＿＿，真为身体硬朗的老妈妈感到高兴。"

⑫他说："看到姥姥给二姨压岁钱，这个简单的动作里＿＿＿＿着深深的母爱，那一刻内心被感动了，就随手拍下了视频，完全没＿＿＿＿到会引起这么大的反响。"

❶ 赤いシートを当てて、本文を見ながら聞き、見えない箇所の単語をチェックしてください。
❷ 赤いシートを外して、本文を見ながら聞き、聞き取った単語が合っているか、確認してください。
❸ 本文を見ないで聞き、全体の意味が把握できるか確認してください。

母爱

以《母与子》为题材创作了系列青铜雕塑的韩美林曾说过："我轻易不落泪，但有三件事能牵动我的眼圈打转继而流泪，一是祖国，二是母爱，三是老师。"

众所周知，春节是中国的传统节日，也是中国最盛大的节日。每逢春节，大街小巷的烟花爆竹声里，到处是一片喜气洋洋的景象。人们为了和家人团圆，专程从各个地方赶回老家，除了探望父母以外，还会去走亲访友。吃不尽的美味佳肴，说不完的家常话，久别重逢后的喜悦，都给春节添上了喜庆的色彩。

春节向来就有长辈给晚辈压岁钱的习俗，一直延续至今。近日，一段摄于江苏连云港的视频在网上热传，视频中105岁的老母亲给74岁女儿压岁钱的画面感动了千万人。只见和蔼可亲，衣着朴素，满脸皱纹的百岁老母亲，从兜里掏出压岁钱塞到已然高龄的女儿手里，而女儿像个小孩子一样乖乖收下钱，母女俩轻声交谈着什么，老母亲注视女儿的眼神里充满了欣慰。

母亲，总是心甘情愿为孩子付出心血，却从不向孩子索取任何回报。这个只有短短几秒的视频，让众多网友看得心潮起伏，大家纷纷写下评论，有人说："孩子不管多大，在妈妈眼里依旧是孩子，好羡慕这位74岁的女儿，这么大年纪还能拥有妈妈的爱。"也有人说："一看就知道是一位辛勤劳作的母亲，这个记录了伟大母爱的视频太珍贵了，衷心祝愿老妈妈健康长寿。"还有人说："虽然老妈妈年过百岁，却没有拄拐杖，真为身体硬朗的老妈妈感到高兴。"

视频拍摄者是74岁女儿的外甥。他说："看到姥姥给二姨压岁钱，这个简单的动作里蕴藏着深深的母爱，那一刻内心被感动了，就随手拍下了视频，完全没预料到会引起这么大的反响。"

江苏连云港：江蘇省連雲港市（地名）

母の愛情

　『母と子』を題材に一連のブロンズ像を創作した韓美林はかつて「私は簡単に涙を流さない。だが、三つのことが私の目の周りに浮かんでくるとたちまち涙が流れる。一つ目は祖国であり、二つ目は母の愛であり、三つ目は先生である」と言ったことがある。

　周知のように、春節は中国伝統の祝日で、中国の最も盛大な祝日でもある。春節のたびごとに、大通りにも路地にも花火や爆竹の音が鳴り響き、至る所でめでたい雰囲気に満ちている。人々は家族と団らんするためわざわざ各地から故郷に戻ってくる。両親を訪ねるほかに、親戚回りをし、友達にも会いに行く。食べきれないほどの美味しいごちそう、尽きることのない他愛ないおしゃべり、久しぶりの再会の喜び、どれもこれも春節にめでたい彩りを添える。

　昔から春節には年長者が下の世代にお年玉を贈る風習があり、今日までずっと続いている。最近、江蘇省の連雲港市で撮られた動画がネット上で人気となって広く伝わっている。動画には 105 歳の年老いた母親が 74 歳の娘にお年玉を贈るシーンがあり、多くの人を感動させた。それは穏やかで親しみがあるもので、服装が素朴で顔はしわだらけの 100 歳の年老いた母親がポケットからお年玉を取り出して、もう高齢になっている娘に手渡すというものだ。娘は小さな子供のようにおとなしくお金を受け取り、親子は低い声で何か言葉を交わした。年老いた母親の娘を見つめる目には喜びと安堵の情があふれていた。

　母親は、いつも子供のために心血を注ごうと心から願うが、子供には何の見返りも求めない。このわずか数秒の動画が、多くのネットユーザーの気持ちを揺さぶり、みな次々とコメントを書き始めた。ある人はこう言った。「子供がどんなに大きくなってもお母さんの目には相変わらず子供なのだ。この 74 歳の娘が本当に羨ましい。こんなに年を取ってもまだお母さんから愛情をもらえるなんて」。またこう言う人もいる。「動画を見たら一生懸命働いた母親だとすぐわかった。偉大な母の愛情を記録したこの動画は、本当に貴重なものである。お年を召したお母さんのご健康とご長寿を心よりお祈りいたします」。更にこう言う人もいる。「お母さんは 100 歳を超えているのに、杖をついていない。お母さんの体がしゃんとしているのは本当に喜ばしいことだ」。

　動画を撮ったのは 74 歳の娘の甥である。甥はこう言う。「おばあちゃんがおばさんにお年玉をあげる、この簡単なしぐさに深い母の愛が隠されていた。その瞬間、心が動かされ思わず動画を撮った。こんなに大きな反響を呼ぶとは全く思いも寄らなかった」。

可怜的北极熊 哀れな北極熊

[STEP 1 単語] 今日習得すべき単語を、聞き取れるまで繰り返し聞いてください。 **029**

北极 běijí
（名）北極

发布 fābù
（動）発表する

覆盖 fùgài
（動）覆う

罕见 hǎnjiàn
（形）めったにない

队伍 duìwu
（名）隊列

居民 jūmín
（名）住民

方圆 fāngyuán
（名）周囲、周り

居住 jūzhù
（動）居住する

干扰 gānrǎo
（動）邪魔する、妨害する

恐惧 kǒngjù
（形）恐れる

对应 duìyìng
（動）対応する、相応する

攻击 gōngjī
（動）攻撃する

犬 quǎn
（名）犬

巡逻 xúnluó
（動）パトロールする

报警 bàojǐng
（動）通報する、警報を出す

防守 fángshǒu
（動）守る

对策 duìcè
（名）対策

渣 zhā
（名）かす、くず

武器 wǔqì
（名）武器

对付 duìfu
（動）対処する、取り扱う

家伙 jiāhuo
（名）こいつ、やつ

分明 fēnmíng
（副/形）はっきりと／
明らかである

事件 shìjiàn
（名）事件

断绝 duànjué
（動）断絶する

斗争 dòuzhēng
（動）闘争する、対立する

发射 fāshè
（動）発射する、打ち出す

火箭 huǒjiàn
（名）ロケット

卫星 wèixīng
（名）衛星、人工衛星

石油 shíyóu
（名）石油

天然气 tiānránqì
（名）天然ガス

故乡 gùxiāng
（名）故郷、ふるさと

违背 wéibèi
（動）背く、違反する

反思 fǎnsī
（動）反省する

和睦 hémù
（形）むつまじい

繁殖 fánzhí
（動）繁殖する

供给 gōngjǐ
（動）供給する

坟墓 fénmù
（名）墓

后代 hòudài
（名）後代、子孫

归还 guīhuán
（動）返す、返却する

恩怨 ēnyuàn
（名）恩と恨み

举足轻重 jǔzú-qīngzhòng
重要な地位にあって一挙手
一投足が全局面に影響する
こと

[STEP 2 センテンス] STEP1 の単語を上から順番に、発音しながら＿＿＿＿に書き入れてください。センテンスの意味を把握することも学習目標の一つです。

①可怜的＿＿＿＿熊。

②最近，BBC ＿＿＿＿了一则新闻，因地球温暖化导致冰层＿＿＿＿率越来越小，北极熊被迫到处觅食，在俄罗斯发生了＿＿＿＿的 52 头北极熊"＿＿＿＿"出没新地岛＿＿＿＿区的现象，对当地＿＿＿＿十几公里以内＿＿＿＿的市民造成了＿＿＿＿，市民们非常＿＿＿＿，不知道该如何＿＿＿＿闯入他们生活中的不速之客。

③为防止北极熊＿＿＿＿居民，当地增加了巡警、警＿＿＿＿进行＿＿＿＿，并安装了＿＿＿＿器。

④但北极熊已渐渐习惯这些＿＿＿＿ ＿＿＿＿，为了获取垃圾站堆积的食物残＿＿＿＿，它们有时会在光天化日下出现在人们的视线中，甚至追赶正在大街上行走的市民。

⑤当地政府希望在不动用＿＿＿＿的条件下＿＿＿＿这些令人头疼的大＿＿＿＿，但这＿＿＿＿不是一件容易的事，北极熊影响当地居民生活的＿＿＿＿频繁发生，难以＿＿＿＿。

⑥不知道这场人与熊的＿＿＿＿还会持续多久。

⑦现代科技无所不能，＿＿＿＿ ＿＿＿＿、＿＿＿＿上天。

⑧科学带来经济发展，＿＿＿＿和＿＿＿＿的能源供应也在连年增长，但资源过度开发，势必引起环境退化。

⑨北极熊离开风光美丽的＿＿＿＿，被迫进入嘈杂的人类生活领域，这种＿＿＿＿自然规律的现象不能不引起人们的＿＿＿＿。

⑩人类如果再不保护环境，和动物们＿＿＿＿相处将会成为永远的过去式。

⑪现在，北极熊的＿＿＿＿量已锐减，可以想象，环境如果继续恶化，没有足够的冰层＿＿＿＿北极熊生活的话，北极圈最终会变成北极熊的＿＿＿＿，人类的＿＿＿＿今后也将见不到活着的北极熊。

⑫人类只有积极改善环境，进行环境保护，才能把北极熊的故乡＿＿＿＿给它们。

⑬这不仅仅是人和动物之间的＿＿＿＿问题，也是关系到人类自身存亡的＿＿＿＿的问题。

❶ 赤いシートを当てて、本文を見ながら聞き、見えない箇所の単語をチェックしてください。
❷ 赤いシートを外して、本文を見ながら聞き、聞き取った単語が合っているか、確認してください。
❸ 本文を見ないで聞き、全体の意味が把握できるか確認してください。

可怜的北极熊

最近，BBC 发布了一则新闻，因地球温暖化导致冰层覆盖率越来越小，北极熊被迫到处觅食，在俄罗斯发生了罕见的 52 头北极熊"队伍"出没新地岛居民区的现象，对当地方圆十几公里以内居住的市民造成了干扰，市民们非常恐惧，不知道该如何对应闯入他们生活中的不速之客。

为防止北极熊攻击居民，当地增加了巡警、警犬进行巡逻，并安装了报警器。但北极熊已渐渐习惯这些防守对策，为了获取垃圾站堆积的食物残渣，它们有时会在光天化日下出现在人们的视线中，甚至追赶正在大街上行走的市民。当地政府希望在不动用武器的条件下对付这些令人头疼的大家伙，但这分明不是一件容易的事，北极熊影响当地居民生活的事件频繁发生，难以断绝。不知道这场人与熊的斗争还会持续多久。

现代科技无所不能，发射火箭、卫星上天。科学带来经济发展，石油和天然气的能源供应也在连年增长，但资源过度开发，势必引起环境退化。北极熊离开风光美丽的故乡，被迫进入嘈杂的人类生活领域，这种违背自然规律的现象不能不引起人们的反思。人类如果再不保护环境，和动物们和睦相处将会成为永远的过去式。现在，北极熊的繁殖量已锐减，可以想象，环境如果继续恶化，没有足够的冰层供给北极熊生活的话，北极圈最终会变成北极熊的坟墓，人类的后代今后也将见不到活着的北极熊。

人类只有积极改善环境，进行环境保护，才能把北极熊的故乡归还给它们。这不仅仅是人和动物之间的恩怨问题，也是关系到人类自身存亡的举足轻重的问题。

新地岛 ：ノヴァヤゼムリャ（地名）

哀れな北極熊

　最近、BBC があるニュースを発表した。地球温暖化により、氷層が地表を覆う割合がどんどん減少し、そのため、北極熊が追いつめられてあちこちで餌を探している。ロシアでは 52 頭の北極熊の「隊列」がノヴァヤゼムリャの住宅地区に出没するというまれに見る現象が起きて、現地の周囲十数キロ以内に居住する市民（の生活）を妨害した。市民たちは非常に恐れ、彼らの生活に不意に入り込んできた招かざる客をどう扱えばいいかわからなかった。

　北極熊が住民を攻撃することを防ぐために、現地では警察官や、警察犬を増やしてパトロールを行い、警報機を取り付けた。しかし、北極熊は次第にこれらの警備対策に慣れ、ごみ収集所に山積みになった食べ物の残りをあさるために、時には白昼人々の（視線の）前に現れ、街を歩いている市民を追いかけることもある。現地の政府は武器を使わないという条件の下で、人を悩ませるこのでかい奴を何とかしたいと思っているが、これは明らかに容易なことではない。北極熊が現地住民の生活に影響を与える事件は頻繁に発生しており、断ち切るのが難しい。人と熊のこの戦いがあとどれぐらい続くかわからない。

　現代の科学技術でできないことはなく、ロケットを発射し、人工衛星を打ち上げる。科学は経済発展をもたらし、石油や天然ガスといったエネルギーの供給も毎年増えているが、過度の資源開発は、必然的に環境の悪化を引き起こす。北極熊は風光明媚な故郷を離れ、追いつめられて騒がしい人類の生活領域に進入しているが、このような自然の法則に反する現象は人々に反省を促さないわけにはいかない。人類がもしこれ以上環境を保護しなければ、動物との仲睦まじい付き合いは永遠に過去のものとなるだろう。現在、北極熊の繁殖数は既に激減している。想像に難くないが、もし環境の悪化が続き、北極熊の生活に十分な氷層を供給できなくなれば、北極圏は最後には北極熊の墓場と化し、人類の子孫は今後、生きている北極熊を見ることができなくなるだろう。

　人類が積極的に環境を改善し、環境保護を進めてはじめて北極熊の故郷を彼らに返してやることができるのである。これはただ単に人と動物との恩と仇の問題ではなく、人類自身の存亡にかかわり、物事の全体を左右する重大な問題でもある。

一头坚强的猪 粘り強い豚

[STEP 1 単語] 今日習得すべき単語を、聞き取れるまで繰り返し聞いてください。 **031**

废墟 fèixū
（名）廃墟

恐怖 kǒngbù
（形）恐ろしい

折磨 zhémó
（动）苦しめる

执着 zhízhuó
（形）執着する

出身 chūshēn
（动）（の）出身である

饲养 sìyǎng
（动）飼育する

遭遇 zāoyù
（动／名）出あう／境遇

灾难 zāinàn
（名）災難

畜牧 xùmù
（名）牧畜

宰 zǎi
（动）（家畜・家禽を）殺す、
屠畜する

馅儿 xiànr
（名）あん、中身

蔑视 mièshì
（动）蔑視する、軽蔑する

刊登 kāndēng
（动）掲載する

刊物 kānwù
（名）刊行物

顽强 wánqiáng
（形）頑強である、粘り強い

苦尽甘来 kǔjìn-gānlái
苦労をし尽くして楽な生活が
始まる

生存 shēngcún
（动）生存する

极端 jíduān
（名／形）極端／極端である

砖 zhuān
（名）れんが

支撑 zhīchēng
（动）支える

空隙 kòngxì
（名）すきま

干旱 gānhàn
（形）（土地が日照りで）乾燥
している、干ばつ

恰巧 qiàqiǎo
（副）都合よく、あいにく

确保 quèbǎo
（动）確保する

来源 láiyuán
（名／动）源／…から出てくる

啃 kěn
（动）かじる

脂肪 zhīfáng
（名）脂肪

意志 yìzhì
（名）意志

气魄 qìpò
（名）気迫、勢い

考验 kǎoyàn
（动）試練を与える

啦 la
（助）"了"と"啊"の合音で、
感嘆の意味を表す

瘸 qué
（动）足が不自由である

迟钝 chídùn
（形）鈍い

迟缓 chíhuǎn
（形）遅い、のろい

吃力 chīlì
（形）骨が折れる

标本 biāoběn
（名）標本

展示 zhǎnshì
（动）展示する

勉励 miǎnlì
（动）励ます

崇敬 chóngjìng
（动）崇敬する、尊敬する

れてください。センテンスの意味を把握することも学習目標の一つです。

① "猪坚强" 是人们送给一头猪的爱称，它在汶川大地震中被埋在_____下36天，历经绝望和_____的_____，却没有放弃对生的_____和渴望，终于活着被救出。

② 它的_____很普通，从小被一户普通农民_____，如果没有_____那场_____，它也许会为人类的_____业做出一点儿贡献——在自己最肥硕的时候被_____杀，成为人们餐桌上的饺子_____。

③ 即使活着，它也不过是一只被人们所_____的 "笨猪" 而已。

④ 但那场大地震改变了它的命运，它坚强求生的故事被_____在各种报纸_____上，电视台也做了大幅报道。

⑤ 人们惊讶于它_____的生命力，纷纷表示希望让这头大难不死的猪活下去。

⑥ 现在，它_____，被建川博物馆收留，每天过着饮食无忧的生活。

⑦ 有人分析了 "猪坚强" 能存活36天的原因，虽然当时_____条件_____恶劣，但万幸的是也有几个有利的条件存在。

⑧ 首先是地震时木梁砸下来的时候，被半面_____墙_____住，给猪坚强提供了一个相对宽松的_____。

⑨ 其次是没有赶上_____天气，_____下了几场雨，_____了它的饮水_____。

⑩ 另外当时周围有一些木炭，"猪坚强" 靠_____木炭填充了肚子，减少了一些饥饿感。

⑪ 再加上 "猪坚强" 比较肥胖，全身的_____也给它提供了生存的能量。

⑫ 当然，"猪坚强" 自身求生的_____和_____也帮助它度过了这场_____。

⑬ 今年 "猪坚强" 已经12岁高龄_____。

⑭ 除了腿有点儿_____，反应_____以外，身体还算健康。

⑮ 它每天早晨有散步的习惯，虽然行动_____，走起来很_____，但它很享受散步的快乐。

⑯ 建川博物馆馆长表示，如果 "猪坚强" 有一天死了，博物馆打算把它的遗体制成动物_____，_____给到馆参观的人，以此来_____众人，表达对生命的_____。

❶ 赤いシートを当てて、本文を見ながら聞き、見えない箇所の単語をチェックしてください。
❷ 赤いシートを外して、本文を見ながら聞き、聞き取った単語が合っているか、確認してください。
❸ 本文を見ないで聞き、全体の意味が把握できるか確認してください。

一头坚强的猪

　　"猪坚强"是人们送给一头猪的爱称，它在汶川大地震中被埋在废墟下 36 天，历经绝望和恐怖的折磨，却没有放弃对生的执着和渴望，终于活着被救出。它的出身很普通，从小被一户普通农民饲养，如果没有遭遇那场灾难，它也许会为人类的畜牧业做出一点儿贡献——在自己最肥硕的时候被宰杀，成为人们餐桌上的饺子馅儿。即使活着，它也不过是一只被人们所蔑视的"笨猪"而已。但那场大地震改变了它的命运，它坚强求生的故事被刊登在各种报纸刊物上，电视台也做了大幅报道。人们惊讶于它顽强的生命力，纷纷表示希望让这头大难不死的猪活下去。现在，它苦尽甘来，被建川博物馆收留，每天过着饮食无忧的生活。

　　有人分析了"猪坚强"能存活 36 天的原因，虽然当时生存条件极端恶劣，但万幸的是也有几个有利的条件存在。首先是地震时木梁砸下来的时候，被半面砖墙支撑住，给猪坚强提供了一个相对宽松的空隙。其次是没有赶上干旱天气，恰巧下了几场雨，确保了它的饮水来源。另外当时周围有一些木炭，"猪坚强"靠啃木炭填充了肚子，减少了一些饥饿感。再加上"猪坚强"比较肥胖，全身的脂肪也给它提供了生存的能量。当然，"猪坚强"自身求生的意志和气魄也帮助它度过了这场考验。

　　今年"猪坚强"已经 12 岁高龄啦。除了腿有点儿瘸，反应迟钝以外，身体还算健康。它每天早晨有散步的习惯，虽然行动迟缓，走起来很吃力，但它很享受散步的快乐。建川博物馆馆长表示,如果"猪坚强"有一天死了，博物馆打算把它的遗体制成动物标本，展示给到馆参观的人，以此来勉励众人，表达对生命的崇敬。

粘り強い豚

　「粘り強い豚」とは人々が1頭の豚につけた愛称である。この豚は四川省の汶川大地震の時に廃墟の下に、36日間閉じ込められ、絶望と恐怖の苦しみを味わったが、生きることへの執着と渇望を放棄せず、ついに生きて救出されたのである。この豚の出身はごくありきたりで、生まれた時から普通の農民に飼育された。もしあの災難に遭わなければ、人類の畜産業に少し貢献ができたかもしれない。自分が一番大きく太った時に屠殺され、ギョーザの中身になって人々の食卓に上るはずだったのだ。生きていても人々に軽蔑される「馬鹿な豚」にすぎなかった。だが、あの大地震がこの豚の運命を変えた。粘り強く生き抜こうとするこの豚の話は、各種の新聞や刊行物に掲載され、テレビ局も大々的に報道した。人々はこの豚の粘り強い生命力に驚き、大きな災難に遭いながら命をとりとめた豚に生き続けてほしいと願う声が続々とわき上がってきた。現在、この豚は苦しみ尽きれば楽が来る、となって四川省の建川博物館に引き取られ、毎日飲食に心配のない生活を送っている。

　ある人が「粘り強い豚」が36日間も生存できたその原因を分析した。当時の生存環境は極めて劣悪だったが、何より幸いだったのはいくつかの有利な条件が存在していたことだ。まず、地震で、木の梁が落ちて来た時に、レンガの壁の片側が支えとなって、「粘り強い豚」に比較的ゆったりした隙間を与えた。次に、乾燥した天気に遭うことなく、うまい具合に何回か雨が降り、豚の飲み水となる水源が確保された。また、その時周りには木炭が少しばかりあり、「粘り強い豚」は木炭をかじって腹を満たし、飢餓感をいくらか減らした。更に「粘り強い豚」はやや肥満気味だったので、全身の脂肪も豚に生存のエネルギーを与えた。もちろん、「粘り強い豚」自身の生き抜こうとする意志と気迫もこの試練を乗り越える助けとなった。

　今年、「粘り強い豚」も既に12歳の高齢となった。足が少し不自由で、反応が鈍いことを除いて、体はまだ健康だと言える。豚は毎朝散歩をする習慣があり、動きがにぶく、歩くのも骨が折れるが、散歩をとても楽しんでいる。建川博物館の館長は、「粘り強い豚」が亡くなったときには、博物館ではその遺体を動物標本にして、見学に来る人に展示し、そうして、多くの人を励まし、命に対する敬意を示したいと述べた。

颜真卿作品展 顔真卿の作品展

[STEP 1 単語] 今日習得すべき単語を、聞き取れるまで繰り返し聞いてください。 **033**

书法 shūfǎ
(名) 書道

珍稀 zhēnxī
(形) 貴重で数少ない

遥远 yáoyuǎn
(形) はるかに遠い

掀起 xiānqǐ
(动) 巻き起こす

争先恐后
zhēngxiān-kǒnghòu
遅れまいと先を争う

竖 shù
(形/动) 縦の/縦にする

兴致勃勃 xìngzhì bóbó
興味津々

自发 zìfā
(形) 自発的である

默默 mòmò
(副) 黙々としている、黙っている

兴高采烈 xìnggāo-cǎiliè
大喜びである

承办 chéngbàn
(动) 引き受ける

周密 zhōumì
(形) 綿密である

还原 huányuán
(动) 原状に復する

现场 xiànchǎng
(名) 現場

陈列 chénliè
(动) 陳列する

赞叹 zàntàn
(动) 賛嘆する

雄厚 xiónghòu
(形) (物資や人員などが)
十分である、大きく重みがある

扎实 zhāshi
(形) 着実である

潇洒 xiāosǎ
(形) しゃれている

熏陶 xūntáo
(动) 薫陶を受ける

悬挂 xuánguà
(动) 掛ける

祖先 zǔxiān
(名) 先祖

名副其实 míngfùqíshí
名実相伴う

向往 xiàngwǎng
(动) 憧れる

滞留 zhìliú
(动) 滞在する

黄昏 huánghūn
(名) たそがれ

荣幸 róngxìng
(形) 光栄である

明明 míngmíng
(副) 明らかに

鸦雀无声 yāquè-wúshēng
しんと静まりかえっているさま

小心翼翼 xiǎoxīn-yìyì
慎重である

喧哗 xuānhuá
(动) 騒ぐ

主办 zhǔbàn
(动) 主催する

意料 yìliào
(动) 予想する

世代 shìdài
(名) 代々

淹没 yānmò
(动) 埋もれる

耀眼 yàoyǎn
(形) まぶしい

光芒 guāngmáng
(名) 光線、光

着迷 zháomí
(动) 夢中になる

[STEP 2 センテンス] STEP1の単語を上から順番に、発音しながら＿＿＿＿に書き入れてください。センテンスの意味を把握することも学習目標の一つです。

①最近，颜真卿＿＿＿＿展在东京国立博物馆拉开序幕，其中有＿＿＿＿藏品《祭侄文稿》，它来自＿＿＿＿的台北故宫博物院，难得对外公开展出。

②消息一传出，马上＿＿＿＿了颜真卿热，大家＿＿＿＿购票，都想亲眼一睹国宝的风采。

③东京国立博物馆的开馆时间是九点半，门口＿＿＿＿着一块颜真卿展的大牌子。

④还不到九点，＿＿＿＿的参观者们已从四面八方赶来，＿＿＿＿地排起了长队，队伍中有人＿＿＿＿地等待，有人和朋友一起＿＿＿＿地聊着天，终于等到了博物馆开门。

⑤＿＿＿＿者在展览设计上做了＿＿＿＿的安排，对展品有相关的历史介绍和电子＿＿＿＿图，＿＿＿＿管制也十分严格。

⑥虽然很多展厅都＿＿＿＿着展品，但去一号展厅看《祭侄文稿》的人最多，需要再排一次队才能站到这幅被誉为"天下第二行书"的作品前，人们忍不住＿＿＿＿颜真卿的字体＿＿＿＿，功底＿＿＿＿有张力。

⑦这＿＿＿＿飘逸的行书让人们受到了美的＿＿＿＿。

⑧在这幅高高＿＿＿＿着的书法作品前，有人甚至激动地流下了热泪。

⑨真不愧是＿＿＿＿传下来的稀世珍品，＿＿＿＿的镇馆之宝。

⑩人群中有很多因＿＿＿＿一睹颜真卿真迹而特意从中国赶来的人，有人为了在展品前多＿＿＿＿一会儿，反复排了很多次队，反复观看。

⑪因为排队花的时间很长，清早进馆，＿＿＿＿才出馆的人也不在少数。

⑫虽然很辛苦，能一睹真迹的人们却都感到非常＿＿＿＿。

⑬参观时＿＿＿＿馆内人山人海，但却＿＿＿＿，大家都＿＿＿＿地欣赏着展品，没有人＿＿＿＿，也没有人违规拍照。

⑭书法展在上周圆满结束，＿＿＿＿方都没有＿＿＿＿到这次展览会获得如此巨大的成功。

⑮看来，＿＿＿＿相传的艺术作品不会＿＿＿＿在历史长河中，永远都会散发着＿＿＿＿的＿＿＿＿，永远都会让人＿＿＿＿。

❶ 赤いシートを当てて、本文を見ながら聞き、見えない箇所の単語をチェックしてください。
❷ 赤いシートを外して、本文を見ながら聞き、聞き取った単語が合っているか、確認してください。
❸ 本文を見ないで聞き、全体の意味が把握できるか確認してください。

颜真卿作品展

　　最近，颜真卿书法展在东京国立博物馆拉开序幕，其中有珍稀藏品《祭侄文稿》，它来自遥远的台北故宫博物院，难得对外公开展出。消息一传出，马上掀起了颜真卿热，大家争先恐后购票，都想亲眼一睹国宝的风采。

　　东京国立博物馆的开馆时间是九点半，门口竖着一块颜真卿展的大牌子。还不到九点，兴致勃勃的参观者们已从四面八方赶来，自发地排起了长队，队伍中有人默默地等待，有人和朋友一起兴高采烈地聊着天，终于等到了博物馆开门。承办者在展览设计上做了周密的安排，对展品有相关的历史介绍和电子还原图，现场管制也十分严格。

　　虽然很多展厅都陈列着展品，但去一号展厅看《祭侄文稿》的人最多，需要再排一次队才能站到这幅被誉为"天下第二行书"的作品前，人们忍不住赞叹颜真卿的字体雄厚，功底扎实有张力。这潇洒飘逸的行书让人们受到了美的熏陶。在这幅高高悬挂着的书法作品前，有人甚至激动地流下了热泪。真不愧是祖先传下来的稀世珍品，名副其实的镇馆之宝。

　　人群中有很多因向往一睹颜真卿真迹而特意从中国赶来的人，有人为了在展品前多滞留一会儿，反复排了很多次队，反复观看。因为排队花的时间很长，清早进馆，黄昏才出馆的人也不在少数。虽然很辛苦，能一睹真迹的人们却都感到非常荣幸。参观时明明馆内人山人海，但却鸦雀无声，大家都小心翼翼地欣赏着展品，没有人喧哗，也没有人违规拍照。

　　书法展在上周圆满结束，主办方都没有意料到这次展览会获得如此巨大的成功。看来，世代相传的艺术作品不会淹没在历史长河中，永远都会散发着耀眼的光芒，永远都会让人着迷。

祭侄文稿：祭姪文稿（さいてつぶんこう）

顔真卿の作品展

　最近、顔真卿書道特別展が東京国立博物館で幕を開けた。その中の貴重な所蔵品「祭姪文稿」は、遥か遠く台北故宮博物院からの出展品で、国外に公開展示されるのは珍しいことである。情報がひとたび広まるとたちまち顔真卿ブームを巻き起こした。誰もが先を争ってチケットを購入し、その目でじかに国宝の立派な風格を一目見たいものだと思った。

　東京国立博物館の開館時間は9時半であり、その入口には顔真卿展の大きな看板がまっすぐ立っている。まだ9時にもならないうちから興味津々の見学者たちがすでに四方八方から駆けつけてきていて、自らすすんで長い列を作り、黙々と待っている人もいれば、上機嫌で友達とおしゃべりをしている人もいる。ついに博物館の開館になった。展示作品は担当者によって綿密に配置されており、展示品に関する歴史の紹介や電子機器を使った復元図が設置されて、館内の警備も非常にしっかりしていた。

　多くの展示室にはすべて展示品が陳列されているが、一号展示室の『祭姪文稿』を見に行く人が最も多い。しばらく並んでやっと「天下第二の行書」とほめたたえられたこの作品の前に立つことができる。顔真卿の重厚な字体、揺るぎない技能、張りのある筆致に、人々は思わず称賛の声をあげる。この洒脱でゆったりとした行書は人々に美の薫陶を与える。高々と掲げられたこの書作品の前で、感動のあまり熱い涙を流す人さえいる。さすがに先祖伝来の世にも珍しい貴重品で、名実ともに最高の宝物である。

　来館者（人の群れの中）には顔真卿の真跡を一目見ようと思いをはせてわざわざ中国からやって来た人が多く、ある人は展示品の前に少しでも長くとどまろうと、繰り返し列に並び何回も鑑賞していた。列に並ぶ時間が長いため、朝早く入館し、夕方にやっと退出する人も少なくない。疲れて大変だが、それでも、真筆を一目見られた人たちはみんな非常に光栄に思う。見学の時、館内は明らかに黒山の人だかりなのに、しんと静まりかえっている。誰もが細心の注意を払って展示品を鑑賞していて、騒ぐ人も規則に違反して写真を撮る人もいない。

　書道特別展は先週滞りなく閉幕し、主催側も今回の展覧会がこんなに大きな成功を収めるとは予想もしなかったという。思うに、代々伝わってきた芸術作品は歴史の大河に埋没することなく、永遠にまぶしい光芒を放ち、いつまでも人をとりこにするものなのだろう。

王维 王維

[STEP 1 単語] 今日習得すべき単語を、聞き取れるまで繰り返し聞いてください。 **035**

给予 jǐyǔ
(动) 与える

呻吟 shēnyín
(动) 呻吟する

隧道 suìdào
(名) トンネル

记载 jìzǎi
(动) 記載する

急功近利 jígōng-jìnlì
目先の功利を求めるに急である

穿越 chuānyuè
(动) 通り抜ける

关照 guānzhào
(动) 声をかける、言づける

成天 chéngtiān
(副) 一日中

描绘 miáohuì
(动) 描く

固然 gùrán
(连) もとより、むろん

奔波 bēnbō
(动) 奔走する

考核 kǎohé
(动) 審査する、考査する

沐浴 mùyù
(动) 浴びる、浸る

儒家 Rújiā
(名) 儒家

从容 cóngróng
(形) 落ち着きはらっている

手法 shǒufǎ
(名) 手法

安宁 ānníng
(形) 穏やかである

继承 jìchéng
(动) 受け継ぐ、継承する

朝代 cháodài
(名) 王朝

技巧 jìqiǎo
(名) 技法、テクニック

崇拜 chóngbài
(动) 崇拝する

山脉 shānmài
(名) 山脈

畅销 chàngxiāo
(动) 売れ行きがよい

丘陵 qiūlíng
(名) 丘

启蒙 qǐméng
(动) 啓蒙する

格局 géjú
(名) 組み立て、構成

拼命 pīnmìng
(动) 命がけでやる

格式 géshì
(名) 書式、様式

安置 ānzhì
(动) 落ち着かせる、配置する

豪迈 háomài
(形) 豪胆である

场所 chǎngsuǒ
(名) 場所

[STEP 2 センテンス] STEP1 の単語を上から順番に、発音しながら＿＿＿＿に書き入れてください。センテンスの意味を把握することも学習目標の一つです。

①王维，唐代与李白杜甫齐名的大诗人，人们对他的诗作＿＿＿＿了十分高的评价。

②《唐人小说》里曾＿＿＿＿一个故事，说他状元及第，是因为有人欣赏他的才艺，＿＿＿＿考试官录取的他。

③真相＿＿＿＿无法＿＿＿＿，但他的多才多艺由此可见一斑。

④王维一生以＿＿＿＿圣贤的标准入仕出仕，在写作的＿＿＿＿上＿＿＿＿了陶渊明写诗的＿＿＿＿，把视线放在＿＿＿＿＿＿＿＿、草木河流上，诗的＿＿＿＿小巧玲珑，＿＿＿＿多以五言律诗为主。

⑤因为王维的思想基础来自佛教，所以他的诗风既不＿＿＿＿，也不无病＿＿＿＿，他大部分诗作的意境都清新淳朴。

⑥对＿＿＿＿、＿＿＿＿的现代人来说，读他的诗好像＿＿＿＿在春风里，感到＿＿＿＿、＿＿＿＿。

⑦虽然从唐代到现代更换了许多次＿＿＿＿，但直到今天，王维的诗作依然得到人们的＿＿＿＿，王维的诗集也依然是书店里的＿＿＿＿书。

⑧许多孩子的唐诗＿＿＿＿读物就是王维的诗作，他的那两句著名的"行到水穷处，坐看云起时"，使无数为了生存工作到＿＿＿＿而迷失了自我的人，找到了＿＿＿＿自己心灵的＿＿＿＿。

⑨如果有时光＿＿＿＿，可以＿＿＿＿回唐朝，能去亲身感受一下王维诗中＿＿＿＿的"明月松间照，清泉石上流"，或"江流天地外，山色有无空"，该有多好。

❶ 赤いシートを当てて、本文を見ながら聞き、見えない箇所の単語をチェックしてください。
❷ 赤いシートを外して、本文を見ながら聞き、聞き取った単語が合っているか、確認してください。
❸ 本文を見ないで聞き、全体の意味が把握できるか確認してください。

王维

　　王维，唐代与李白杜甫齐名的大诗人，人们对他的诗作给予了十分高的评价。王维熟悉佛教经典，擅长音乐。《唐人小说》里曾记载一个故事，说他状元及第，是因为有人欣赏他的才艺，关照考试官录取他。真相固然无法考核，但他的多才多艺由此可见一斑。

　　王维一生以儒家圣贤的标准入仕出仕，在写作的手法上继承了陶渊明写诗的技巧，把视线放在山脉丘陵、草木河流上，诗的格局小巧玲珑，格式多以五言律诗为主。因为王维的思想基础来自佛教，所以他的诗风既不豪迈，也不无病呻吟，他大部分诗作的意境都清新淳朴。对急功近利、成天奔波的现代人来说，读他的诗好像沐浴在春风里，感到从容、安宁。

　　虽然从唐代到现代更换了许多次朝代，但直到今天，王维的诗作依然得到人们的崇拜，王维的诗集也依然是书店里的畅销书。许多孩子的唐诗启蒙读物就是王维的诗作，他的那两句著名的"行到水穷处，坐看云起时"，使无数为了生存工作到拼命而迷失了自我的人，找到了安置自己心灵的场所。

　　有时候，读着王维的诗，不禁遐想：如果有时光隧道，可以穿越回唐朝，能去亲身感受一下王维诗中描绘的"明月松间照，清泉石上流"，或"江流天地外，山色有无中"，该有多好。

状元 ：状元、科挙の試験で「進士」の首席合格者

王維

　王維は唐代の李白、杜甫と並び称される大詩人である。人々は王維の詩に対して非常に高い評価を与えた。王維は仏教の経典を熟知しており、音楽に堪能である。『唐人小説』に記載されている逸話によると、王維が科挙で状元となったのは、その才能と技芸を高く評価した人が、試験官に王維を採用するよう声をかけたからだという。真偽はもとより調べることができないが、王維の多芸多才振りはここからもその一端を知ることができる。

　王維は一生儒家の聖賢を基準として官職に就いた。創作の手法は、陶淵明の作詩の技巧を受け継いでいる。視線を山脈や丘陵、草木や河川に置き、詩の構成は巧みで精緻であり、様式は五言律詩を主としている。王維の思想の基礎は仏教から来ているため、彼の詩風は豪胆でもなく、またいたずらに感傷的でもなく、王維のほとんどの詩作の境地はすべて清々しく純朴である。目先の利益を急いで求め、一日中奔走する現代人にとっては、王維の詩を読むことは、まるで春の風を受けているようで、悠然として、穏やかな気分になる。

　唐代から現代に至るまで何度も王朝が入れ替わったが、今日に至るまで王維の詩は依然として人々の崇拝を受け、その詩集も相変わらず書店のベストセラーである。多くの子供にとっては、唐詩の初心者向けの読み物が王維の詩なのである。その有名な「歩き回って水の流れが尽きる所まで行き、時には座って雲が湧き起こる様子を眺める」という二句は、生きるために命がけで働き、そのために自分を見失った無数の人々に心を落ち着かせる場所を見つけ出させたのである。

　王維の詩を読んでいると、時には思いを馳せずにはいられないことがある。もし、タイムトンネルがあってそれを通り抜け、唐の時代に帰ることができ、王維が詩の中に描いている「明るい月が松の間で輝き、清らかな水が岩の上を流れゆく」或いは「江流は天地の外、山色は有無の中」を身をもって感じ取れたら、どんなにすばらしいだろうかと。

安乐死 安楽死

[STEP 1 単語] 今日習得すべき単語を、聞き取れるまで繰り返し聞いてください。 037

家属 jiāshǔ
（名）家族

共鸣 gòngmíng
（動）共感する

遭受 zāoshòu
（動）（不幸・不運に）に遭う

煎 jiān
（動）苦しめられる、焦り苦しむ

缓和 huǎnhé
（動）緩和する

夫人 fūrén
（名）夫人

磋商 cuōshāng
（動）意見を交換する、
話し合いをする

达成 dáchéng
（動）成立する

筹备 chóubèi
（動）計画準備する

动身 dòngshēn
（動）出発する

乘 chéng
（動）乗る

执行 zhíxíng
（動）執行する、実施する

叮嘱 dīngzhǔ
（動）くれぐれも言い聞かせる

即将 jíjiāng
（副）まもなく…しようとしている

当事人 dāngshìrén
（名）当事者

胆怯 dǎnqiè
（形）臆病である

当场 dāngchǎng
（副）その場で、すぐに

接连 jiēlián
（副）引き続いて

回避 huíbì
（動）回避する

抚摸 fǔmō
（動）手でなでる

哭泣 kūqì
（動）しくしく泣く

镜头 jìngtóu
（名）（カメラなどの）レンズ

忠实 zhōngshí
（形/動）忠実な／忠実である

曝光 bàoguāng
（動）暴露する、明るみに出す

患者 huànzhě
（名）患者

当面 dāngmiàn
（副）面と向かって

刺 cì
（動）突き刺す

堤坝 dībà
（名）堤防、堰

缺口 quēkǒu
（名）割れ目、突破口

反面 fǎnmiàn
（名/形）反面、逆の面／
悪い、否定的である

充实 chōngshí
（形）充実している

福气 fúqi
（名）幸運、幸せ

宪法 xiànfǎ
（名）憲法

公民 gōngmín
（名）公民

公证 gōngzhèng
（動）公証する

监督 jiāndū
（動）監督する

尊严 zūnyán
（名）尊厳、尊さ

[STEP 2 センテンス] STEP1の単語を上から順番に、発音しながら_____に書き入れてください。センテンスの意味を把握することも学習目標の一つです。

①一个台湾主持人安乐死的画面由其_____公布于众，引起关注和_____。

②这位主持人姓傅，长期_____疾病的_____熬，由于身体上的痛苦得不到_____，他和_____进行了长期的_____后_____共识，经过各种_____，夫妇二人_____ _____飞机来到瑞士，在某家医院_____了安乐死。

③医生把药交到傅先生手中，_____他最好一口喝下去，在死亡_____来临的时刻，_____没有_____，和家人一一告别之后，_____喝下了手中的药。

④可能因为舍不得马上离开，他没有一口喝下去，而是_____喝了四口之后才一饮而尽。

⑤家人没有_____这令人心碎的死亡场面，儿子_____着爸爸的肩膀，不断鼓励他，妻子也没有_____，不但为丈夫鼓掌，还大赞丈夫好勇敢。

⑥_____ _____地记录下完整的过程。

⑦安乐死的画面_____后，这位_____的儿子在接受记者_____采访时表示，虽然那天没有流泪，但事情过后，只要一想起那天来，心就会感到_____痛，眼泪就会像_____出了_____一样地流下来。

⑧许多看了曝光视频的人纷纷表示，生的_____就是死，人皆有一死，如果一生过得很_____，那么像傅先生这样，有家人伴在身边结束生命的做法未尝不是一种_____。

⑨目前_____允许_____主动安乐死的国家包括荷兰、比利时等，要经过病人向法院提出申请，由_____人员当场制作公证书，再由法院工作人员在_____书上签字等程序。

⑩现在越来越多的人对安乐死持支持的态度，他们觉得能自由控制生命，才是做人最大的_____。

❶ 赤いシートを当てて、本文を見ながら聞き、見えない箇所の単語をチェックしてください。
❷ 赤いシートを外して、本文を見ながら聞き、聞き取った単語が合っているか、確認してください。
❸ 本文を見ないで聞き、全体の意味が把握できるか確認してください。

安乐死

一个台湾主持人安乐死的画面由其家属公布于众，引起关注和共鸣。

这位主持人姓傅，长期遭受疾病的煎熬，由于身体上的痛苦得不到缓和，他和夫人进行了长期的磋商后达成共识，经过各种筹备，夫妇二人动身乘飞机来到瑞士，在某家医院执行了安乐死。

医生把药交到傅先生手中，叮嘱他最好一口喝下去，在死亡即将来临的时刻，当事人没有胆怯，和家人一一告别之后，当场喝下了手中的药。可能因为舍不得马上离开，他没有一口喝下去，而是接连喝了四口之后才一饮而尽。家人没有回避这令人心碎的死亡场面，儿子抚摸着爸爸的肩膀，不断鼓励他，妻子也没有哭泣，不但为丈夫鼓掌，还大赞丈夫好勇敢。镜头忠实地记录下完整的过程。

安乐死的画面曝光后，这位患者的儿子在接受记者当面采访时表示，虽然那天没有流泪，但事情过后，只要一想起那天来，心就会感到刺痛，眼泪就会像堤坝出了缺口一样地流下来。他也表示，爸爸也给了他很大的勇气。

许多看了曝光视频的人纷纷表示，生的反面就是死，人皆有一死，如果一生过得很充实，那么像傅先生这样，有家人伴在身边结束生命的做法未尝不是一种福气。

目前宪法允许公民主动安乐死的国家包括荷兰、比利时等，要经过病人向法院提出申请，由公证人员当场制作公证书，再由法院工作人员在监督书上签字等程序。现在越来越多的人对安乐死持支持的态度，他们觉得能自由控制生命，才是做人最大的尊严。

瑞士 ：スイス
荷兰 ：オランダ
比利时 ：ベルギー

安楽死

　台湾のあるキャスターの安楽死の映像が家族により公開され、注目と共感を呼んだ。

　このキャスターは傳さんと言い、長い間病に苦しんでいた。体の痛みが緩和されなかったため、傳さんは奥さんと何度も話し合いを重ねた末、共通の認識に達した。いろいろな準備をして、夫婦二人で旅立ち、飛行機に乗ってスイスに行き、ある病院で安楽死の処置を受けた。

　医者は薬を傳さんの手に渡して、できるだけ一口で飲み込んで下さいと言い聞かせた。間もなく死が訪れようという時、本人はおびえもせず、家族一人一人に別れを告げると、すぐに手の中の薬を飲んだ。慌ただしく別れるのに耐えられなかったのだろうか、傳さんは一口で飲み込まず、四口続けて口に入れ、ようやく一気に飲み込み命が尽きた。家族は、この痛ましい場面に目を背けることなく、息子は父の肩をなでて、絶えず父を励まし、妻も涙をこらえ、夫に拍手を送った。そればかりか、夫はとても勇敢だったと褒めたたえた。カメラは忠実にその一部始終を記録した。

　安楽死の映像が世に出た後、この患者の息子が記者と対面して取材を受けた時、あの日涙は出なかったが、あの事があった後、その日のことを思い出すと、心がズキズキ痛み、涙が堰を切ったように溢れてくると言った。そして息子は、父は私に大きな勇気を残してくれたとも言った。

　公表された動画を見た多くの人が、生の反対が死であり、人は皆必ず死ぬ、もし、充実した生涯を過ごせたら、傳さんのように家族がそばに付き添って命を全うするという方法も幸せの一つだと言えなくもないと次々と発言した。

　現在、憲法で公民の自発的な安楽死を認める国にはオランダ、ベルギー等があるが、病人が裁判所に申請を出し、公証人がその場で公正証書を作成し、それから裁判所の職員が監督書にサインする等の手続きを踏まなければならない。現在ますます多くの人が安楽死を支持する態度を取っており、かれらは自由に命を制御できてはじめて、それが人としての最大の尊厳となると思っている。

你会刷牙吗？　歯をちゃんと磨いていますか？

[STEP 1 単語]　今日習得すべき単語を、聞き取れるまで繰り返し聞いてください。**039**

咀嚼 jǔjué
（动）咀嚼する、かみ砕く

固体 gùtǐ
（名）固体、固形

及早 jízǎo
（副）早いうちに

腐烂 fǔlàn
（动）腐る

压迫 yāpò
（动）圧迫する

茎 jīng
（名）茎、茎状のもの

加剧 jiājù
（动）激化する

被动 bèidòng
（形）受動的である、
受け身である

补救 bǔjiù
（动）埋め合わせる、挽回する

报复 bàofù
（动）報復する、仕返しする

保养 bǎoyǎng
（动）養生する、手入れをする

懒惰 lǎnduò
（形）怠惰である、無精である

仓促 cāngcù
（形）あわただしい

恨不得 hènbude
（动）…したくてたまらない

草率 cǎoshuài
（形）いいかげんである

粗鲁 cūlǔ
（形）荒っぽい

充足 chōngzú
（形）十分である

倡议 chàngyì
（动）提議する

将就 jiāngjiu
（动）間に合わせる、我慢する

敷衍 fūyǎn
（动）いいかげんにあしらう

纠正 jiūzhèng
（动）是正する

大意 dàyi
（形）うかつである、
不注意である

不顾 búgù
（动）顧みない

胡乱 húluàn
（副）いいかげんに

间隔 jiàngé
（动／名）隔絶する／間隔

借助 jièzhù
（动）助けを借りる

保管 bǎoguǎn
（动）保管する

不止 bùzhǐ
（副）…にとどまらない、
…を越している

遗传 yíchuán
（动）遺伝する

基因 jīyīn
（名）遺伝子

叼 diāo
（动）くわえる

树立 shùlì
（动）樹立する

榜样 bǎngyàng
（名）手本

[STEP 2 センテンス] STEP1の単語を上から順番に、発音しながら＿＿＿＿に書き入れてください。センテンスの意味を把握することも学習目標の一つです。

① 它担负着＿＿＿＿＿ ＿＿＿＿＿食品的任务，如果吃东西后不＿＿＿＿清理它，藏在牙缝里的食物＿＿＿＿后会产生异味，食物残渣还会增加牙结石，刺激牙周组织，＿＿＿＿牙龈、牙＿＿＿＿，最终使人患上牙周炎，病情＿＿＿＿后，就会造成牙齿松动。

② 到那时就＿＿＿＿了，再想＿＿＿＿也来不及了。

③ 所以说，护牙很重要，你不护牙，牙就会＿＿＿＿你。

④ ＿＿＿＿牙齿的第一步就是刷牙。

⑤ 很多人出于＿＿＿＿，刷牙的时候非常＿＿＿＿，＿＿＿＿一秒钟刷完，＿＿＿＿而＿＿＿＿地刷几下就完事了。

⑥ 牙齿没有＿＿＿＿的时间和牙膏接触，起不到保护牙齿的作用。

⑦ 牙科医生＿＿＿＿，尽量刷够两分钟的时间。

⑧ 有些人刷牙时为图省事，只刷局部牙齿，尤其是牙齿表面，牙齿背面＿＿＿＿着刷几下就＿＿＿＿了事。

⑨ 这样的刷法应该尽快＿＿＿＿，牙齿的每一面都得仔细刷到，不能＿＿＿＿马虎，顾前＿＿＿＿后，否则起不到清理牙齿的作用。

⑩ 一部分人刷牙的动作是左右＿＿＿＿刷，正确的做法应该是上下扫刷，牙刷与牙面呈45度角。

⑪ 吃完饭马上刷牙，这样反而不利于牙齿健康，应该＿＿＿＿半个小时以上再刷牙。

⑫ 如果食用了酸性食物，可以＿＿＿＿漱口来保持口腔卫生。

⑬ 牙刷＿＿＿＿不当，随便放置。

⑭ 是否拥有健康的牙齿＿＿＿＿是刷牙这么简单，＿＿＿＿ ＿＿＿＿也起着决定性的作用。

⑮ 另外，习惯也很重要，一个饭后马上＿＿＿＿起牙签，边走边抠牙的人，牙齿的缝隙也会越来越大。

⑯ 但无论有多少因素，刷牙都是必不可少的，请您正确刷牙，给孩子＿＿＿＿一个好＿＿＿＿。

❶ 赤いシートを当てて、本文を見ながら聞き、見えない箇所の単語をチェックしてください。
❷ 赤いシートを外して、本文を見ながら聞き、聞き取った単語が合っているか、確認してください。
❸ 本文を見ないで聞き、全体の意味が把握できるか確認してください。

你会刷牙吗?

牙齿虽小, 在我们的生活中却占着举足轻重的位置。它担负着咀嚼固体食品的任务, 如果吃东西后不及早清理它, 藏在牙缝里的食物腐烂后会产生异味, 食物残渣还会增加牙结石, 刺激牙周组织, 压迫牙龈、牙茎, 最终使人患上牙周炎, 病情加剧后, 就会造成牙齿松动。到那时就被动了, 再想补救也来不及了。所以说, 护牙很重要, 你不护牙, 牙就会报复你。

保养牙齿的第一步就是刷牙。你会刷牙吗? 看似简单的一件事, 其实许多人都做得不对。

误区一 : 刷牙的时间不够长。很多人出于懒惰, 刷牙的时候非常仓促, 恨不得一秒钟刷完, 草率而粗鲁地刷几下就完事了。牙齿没有充足的时间和牙膏接触, 起不到保护牙齿的作用。牙科医生倡议, 尽量刷够两分钟的时间。

误区二 : 有些人刷牙时为图省事, 只刷局部牙齿, 尤其是牙齿表面, 牙齿背面将就着刷几下就敷衍了事。这样的刷法应该尽快纠正, 牙齿的每一面都得仔细刷到, 不能大意马虎, 顾前不顾后, 否则起不到清理牙齿的作用。

误区三 : 一部分人刷牙的动作是左右胡乱刷, 正确的做法应该是上下扫刷, 牙刷与牙面呈 45 度角。

误区四 : 吃完饭马上刷牙, 这样反而不利于牙齿健康, 应该间隔半个小时以上再刷牙。如果食用了酸性食物, 可以借助漱口来保持口腔卫生。

误区五 : 牙刷保管不当, 随便放置。牙刷应放在通风处, 保持干爽状态。

是否拥有健康的牙齿不止是刷牙这么简单, 遗传基因也起着决定性的作用。另外, 习惯也很重要, 一个饭后马上叼起牙签, 边走边抠牙的人, 牙齿的缝隙也会越来越大。但无论有多少因素, 刷牙都是必不可少的, 请您正确刷牙, 给孩子树立一个好榜样。

牙周组织 : 歯のまわりの組織
牙茎 : 歯根

歯をちゃんと磨いていますか?

　歯は小さいものだが、我々の生活の中では重要な地位を占めている。歯は固形の食品を嚙み砕く役目を担っている。もし、物を食べた後、早いうちに歯をきれいにしなかったならば歯のすきまに詰まった食べ物が腐敗して、変なにおいがしてくる。食べ物の残りかすもまた歯石を増やし、歯のまわりの組織を刺激する。そして、歯茎や歯根を圧迫し、ついには歯周病にかかり、症状がひどくなると歯が緩んでぐらぐらする。そうなると、手の施しようがなく、もとにもどそうとしてももう手遅れである。だから、歯を守ることは大切で、歯を大事にしないと歯はあなたに仕返しをする。

　歯の手入れをする第一歩は、何と言っても歯を磨くことである。あなたは歯をちゃんと磨いていますか。簡単なことのようだが、実は多くの人がやり方を間違っている。

　誤ったやり方その一：歯を磨く時間が足りていない。多くの人は面倒くさがって、歯を磨く時、（動作が）非常に慌ただしい。できるなら１秒で磨き終えたいと言わんばかりに、適当で荒っぽく、何回か磨くとそれで終わりにする。十分な時間をかけ、たっぷりの歯磨き粉が歯に触れなければ、歯を保護する効果が表れない。歯科医はできる限り２分かけてしっかり歯を磨くよう勧めている。

　誤ったやり方その二：一部の人は歯を磨く時、手間を省こうとして、一部分の歯だけを磨き、特に歯の表面や歯の裏側をちょっと何回か適当に磨いて、おざなりに済ませてしまっている。このような磨き方はなるべく早く改めるべきである。歯のどの面も丁寧に磨きあげなくてはならず、大ざっぱでいいかげんな磨き方をしてはいけない。目先のことだけを考えて後のことを顧みないのはよくない。そうでないと歯をきれいにする効果が表れないのである。

　誤ったやり方その三：歯を左右に磨く人がいるが、それはいいかげんな磨き方で、正しいやり方は上下に磨き、歯ブラシと歯の表面の角度が 45 度になっていなければならない。

　誤ったやり方その四：食事をすませた後、すぐ歯を磨くとそれは却って歯の健康によくない、30分以上間隔をあけて磨くべきである。もし酸性の食べ物を食べたら、うがいをして口の中を衛生的にするといい。

　誤ったやり方その五：歯ブラシの保管が適切でなく、無造作に放置されている。歯ブラシは風通しのいい所に置いて乾いた清潔な状態にしておくべきである。

　健康な歯を保てるかどうかは、単純に歯磨きの問題にとどまらず、遺伝子も決定的な影響を及ぼす。そのほかに習慣も大事である。食後、すぐつまようじをくわえて、歩きながら歯をほじる人も、歯の隙間がどんどん大きくなっていく。しかし、さまざまな要因があるにしても、（歯を健康に保つために）歯を磨くのは必要不可欠なことである。どうか正しく歯を磨き、子供の良いお手本になってください。

鲸鱼与轮船相撞 クジラが汽船に衝突

[STEP 1 単語] 今日習得すべき単語を、聞き取れるまで繰り返し聞いてください。 **041**

轮船 lúnchuán
（名）汽船

哺乳 bǔrǔ
（动）乳を飲ませる

窜 cuàn
（动）走り回る

捣乱 dǎoluàn
（动）わざと迷惑をかける、
騒ぎを起こす

艘 sōu
（量）船を数える、隻、艘

港口 gǎngkǒu
（名）港

轰动 hōngdòng
（动）沸き立たせる、巻き起こす

事故 shìgù
（名）事故

当务之急 dāngwùzhījí
当面の急務

舱 cāng
（名）（飛行機・船の）客室や
貨物室の総称

操作 cāozuò
（动）操作する

抵达 dǐdá
（动）到着する

航行 hángxíng
（动）航行する

大伙儿 dàhuǒr
（代）みんな

齐心协力 qíxīn-xiélì
心を合わせて協力する

搀 chān
（动）体を支える

苍白 cāngbái
（形）青白い

波浪 bōlàng
（名）波

不料 búliào
（连）意外にも

急剧 jíjù
（形）急である

夹杂 jiāzá
（动）入り混じる

颤抖 chàndǒu
（动）ぶるぶる震える

侥幸 jiǎoxìng
（形）幸いである

恶心 ěxīn
（形）吐き気がする

桨 jiǎng
（名）櫂（かい）、オール

部位 bùwèi
（名）部位、部分

痕迹 hénjì
（名）痕跡

坚固 jiāngù
（形）丈夫である、頑丈である

船舶 chuánbó
（名）船舶

不堪 bùkān
（动）とても…できない

设想 shèxiǎng
（动）想像する、想定する

波涛 bōtāo
（名）大波

汹涌 xiōngyǒng
（动）（水や波などが）
激しくわき上がる、逆巻く

成心 chéngxīn
（副）故意に、わざと

较量 jiàoliàng
（动）勝負する

迁徙 qiānxǐ
（动）移動する

逮捕 dàibǔ
（动）逮捕する

惩罚 chéngfá
（动）懲罰を加える

①鲸鱼与＿＿＿＿相撞。

②鲸鱼，海洋中最大的＿＿＿＿动物。

③大部分时间和人类和平共处，但有时也会＿＿＿＿出来跟人类＿＿＿＿。

④最近，一＿＿＿＿从新潟＿＿＿＿开往佐渡岛的轮船就撞上了鲸鱼，导致八十多人受伤。

⑤新闻一经播出，引起＿＿＿＿。

⑥＿＿＿＿发生后，＿＿＿＿是抢救伤员，船长继续留在驾驶＿＿＿＿ ＿＿＿＿，在晚点一小时后＿＿＿＿了目的地，完成了这次＿＿＿＿任务。

⑦＿＿＿＿ ＿＿＿＿把伤者＿＿＿＿下船。

⑧一位脸色＿＿＿＿的乘客告诉等在岸上的媒体："出港时天气不错，海上没有什么＿＿＿＿，＿＿＿＿突然听到一声巨响，船身＿＿＿＿摇晃起来，我的头撞到了前面的座位上。周围的尖叫声中＿＿＿＿着痛苦的呻吟，我看到有人在＿＿＿＿。"

⑨＿＿＿＿的是这位乘客除了感到有点儿＿＿＿＿以外，没有别的不适。

⑩这次事故在船尾螺旋＿＿＿＿ ＿＿＿＿留下了＿＿＿＿，一条长达15厘米的裂缝使人感受到鲸鱼的庞大。

⑪多亏这是一艘＿＿＿＿的大型轮船，如果换成小型＿＿＿＿和鲸鱼相撞，后果将＿＿＿＿ ＿＿＿＿。

⑫在＿＿＿＿ ＿＿＿＿的海面下，生活着许多鲸鱼。

⑬这次事故并不是它们＿＿＿＿和人类捣乱，也不是它们故意和人类＿＿＿＿，而是因为它们的生活习惯：正在日本海上＿＿＿＿。

⑭虽然找到了犯人，却无法＿＿＿＿它们，也无法对它们进行＿＿＿＿。

83

❶ 赤いシートを当てて、本文を見ながら聞き、見えない箇所の単語をチェックしてください。
❷ 赤いシートを外して、本文を見ながら聞き、聞き取った単語が合っているか、確認してください。
❸ 本文を見ないで聞き、全体の意味が把握できるか確認してください。

鲸鱼与轮船相撞

鲸鱼，海洋中最大的哺乳动物。大部分时间和人类和平共处，但有时也会窜出来跟人类捣乱。

最近，一艘从新潟港口开往佐渡岛的轮船就撞上了鲸鱼，导致八十多人受伤。新闻一经播出，引起轰动。

事故发生后，当务之急是抢救伤员，船长继续留在驾驶舱操作，在晚点一小时后抵达了目的地，完成了这次航行任务。

大伙儿齐心协力把伤者搀下船。一位脸色苍白的乘客告诉等在岸上的媒体："出港时天气不错，海上没有什么波浪，不料突然听到一声巨响，船身急剧摇晃起来，我的头撞到了前面的座位上。周围的尖叫声中夹杂着痛苦的呻吟，我看到有人在颤抖。"侥幸的是这位乘客除了感到有点儿恶心以外，没有别的不适。

这次事故在船尾螺旋桨部位留下了痕迹，一条长达15厘米的裂缝使人感到鲸鱼的庞大。多亏这是一艘坚固的大型轮船，如果换成小型船舶和鲸鱼相撞，后果将不堪设想。

在波涛汹涌的海面下，生活着许多鲸鱼。这次事故并不是它们成心和人类捣乱，也不是它们故意和人类较量，而是因为它们的生活习惯：正在日本海上迁徙。

虽然找到了犯人，却无法逮捕它们，也无法对它们进行惩罚。在大自然面前，人类有时候只能甘拜下风。

クジラが汽船に衝突

クジラ、海洋に生息する最大の哺乳動物。大部分の時を人間と平和に共存してきた。だが、時に動き回って人間を困らせることもある。

最近、新潟の港から佐渡島に向かう1隻の汽船がクジラにぶつかり、80人あまりの怪我人を出した。ひとたび、そのニュースが放送されるとすぐセンセーションを巻き起こした。

事故が起きた時、当面の急務は怪我人の応急手当をすることだが、船長はそのまま操縦室に残って船の操縦に当たった。船は1時間の遅延で目的地に到着し、今回の航行の任務が全うされた。

皆が一致協力して怪我人の体を支えて船から降りた。顔色が青ざめた1人の乗客が、岸壁で待ち受けているメディアに、「出港した時は天気が良くて、海上に特に波もなかったが、思いがけず、突然大きな音がした。船が急にぐらぐら揺れはじめ、私は前の座席に頭をぶつけた。周りのキャーと叫ぶ声に混じって苦しそうな呻き声が聞こえ、誰かが震えているのに気がついた」と話した。幸いなことに、その乗客は少し吐き気がするだけで、ほかに体の具合が悪いところはなかった。

今回の事故で船尾のスクリューの部分に痕跡が残った。長さ15センチメートルに達する亀裂は、人々にクジラのとてつもない大きさを身を以て感じさせた。この船が頑丈な大型船だったことが幸いした。もし、船が小型で、それがクジラと衝突したとしたらその結果は想像したくもない。

大波逆巻く海に生息する多くのクジラ。今回の事故は決してクジラたちがわざと人間を困らせたのではない。また故意に人間に勝負を挑んだのでもなく、クジラの生活習慣（の結果）なのである。クジラは日本の海を移動しているところだった。

犯人は見つかった。だが、逮捕することも、懲罰を加えることもできない。大自然を前にして、時には人間は敗北を甘んじて受け入れるしかない。

空难 飛行機事故

[STEP 1 単語] 今日習得すべき単語を、聞き取れるまで繰り返し聞いてください。 **043**

航空 hángkōng
（名）航空

坠 zhuì
（动）落ちる、墜落する

共计 gòngjì
（动）合計する

悲惨 bēicǎn
（形）悲惨である

残留 cánliú
（动）残る

根源 gēnyuán
（名）根源、根本原因

颠簸 diānbǒ
（动）上下に揺れる

晃 huàng
（动）揺れ動く

跌 diē
（动）落ちる、下がる

垂直 chuízhí
（动）垂直になる

爆炸 bàozhà
（动）爆発する

直径 zhíjìng
（名）直径

立方 lìfāng
（量）立方メートル

坑 kēng
（名）穴、くぼみ

搭 dā
（动）乗る

辨认 biànrèn
（动）見分ける、識別する

初步 chūbù
（形）初歩の、第一段階の

鉴定 jiàndìng
（动）鑑定する

机械 jīxiè
（名）機械

故障 gùzhàng
（名）故障

歹徒 dǎitú
（名）悪者

不得已 bùdéyǐ
（形）やむを得ない

搏斗 bódòu
（动）格闘する

伴侣 bànlǚ
（名）伴侶、連れ

观光 guānguāng
（动）観光する

等候 děnghòu
（动）待つ

悲哀 bēi'āi
（形）悲しい

崩溃 bēngkuì
（动）崩壊する、心の支えを失う

急切 jíqiè
（形）差し迫っている

带领 dàilǐng
（动）引率する、引き連れる

密封 mìfēng
（动）密封する

进展 jìnzhǎn
（名）進展

保障 bǎozhàng
（动）保障する

顾虑 gùlǜ
（名）心配、懸念、不安

保重 bǎozhòng
（动）体を大事にする

① 3 月 11 号，埃塞俄比亚_____公司一架飞机起飞不久后_____毁，机上_____ 157
人遇难，无一人生还。

② 事故现场非常_____，到处_____着遇难者的遗物。

③ 事故的_____尚未调查清楚，飞机起飞不久就发生了剧烈_____，机身_____得
很厉害，在经过几次上升和下_____后，_____落下，随后发生_____，现场被
炸出一个_____近十米、容积达数_____米的深_____，_____乘者的行李散
落得到处都是，难以_____。

④ 专家_____ _____，飞机事故的原因在于_____本身发生_____，不是
_____所为。

⑤ 机长在起飞后因控制不了飞机，_____请求返回地面。

⑥ 大概和飞机进行了拼死的_____，但最终没有成功。

⑦ 机上有来自加拿大的一家六口，37 岁女性和她的_____、两个孩子、孩子的姥姥、姥爷。

⑧ 还有一位乘客来自中国浙江，是一名美丽的女大学生，想去非洲_____旅游。

⑨ 她在机场_____登机时用博客上传了照片，这是她留下的最后一张照片。

⑩ 乘客们的家属_____不已，有的人过于难过，精神已接近_____。

⑪ 但他们_____盼望到事故现场去，给逝去的亲人上一炷香。

⑫ 工作人员已_____志愿者对现场进行了清理，_____飞行记录仪——黑匣子也已
经找到，但事故的调查还没有新的_____。

⑬ 飞机原本是最安全的交通工具，但遗憾的是这次旅客的安全没有得到_____。

⑭ 很多人对乘坐飞机产生了_____，大概需要很长时间才能消除心理阴影。

⑮ 生命无常，活着的人要多多_____。

❶ 赤いシートを当てて、本文を見ながら聞き、見えない箇所の単語をチェックしてください。
❷ 赤いシートを外して、本文を見ながら聞き、聞き取った単語が合っているか、確認してください。
❸ 本文を見ないで聞き、全体の意味が把握できるか確認してください。

空难

　　3月11号，埃塞俄比亚航空公司一架飞机起飞不久后坠毁，机上共计157人遇难，无一人生还。事故现场非常悲惨，到处残留着遇难者的遗物。

　　事故的根源尚未调查清楚，飞机起飞不久就发生了剧烈颠簸，机身晃得很厉害，在经过几次上升和下跌后，垂直落下，随后发生爆炸，现场被炸出一个直径近十米、容积达数立方米的深坑，搭乘者的行李散落得到处都是，难以辨认。

　　专家初步鉴定，飞机事故的原因在于机械本身发生故障，不是歹徒所为。机长在起飞后因控制不了飞机，不得已请求返回地面。大概和飞机进行了拼死的搏斗，但最终没有成功。

　　机上有来自加拿大的一家六口，37岁女性和她的伴侣、两个孩子、孩子的姥姥、姥爷。准备去肯尼亚度假，谁知遭此不幸。

　　还有一位乘客来自中国浙江，是一名美丽的女大学生，想去非洲观光旅游。她在机场等候登机时用博客上传了照片，这是她留下的最后一张照片。

　　乘客们的家属悲哀不已，有的人过于难过，精神已接近崩溃。但他们急切盼望到事故现场去，给逝去的亲人上一炷香。

　　工作人员已带领志愿者对现场进行了清理，密封飞行记录仪——黑匣子也已经找到，但事故的调查还没有新的进展。

　　飞机原本是最安全的交通工具，但遗憾的是这次旅客的安全没得到保障。很多人对乘坐飞机产生了顾虑，大概需要很长时间才能消除心理阴影。

　　生命无常，活着的人要多多保重。

埃塞俄比亚：エチオピア
肯尼亚　　：ケニア
博客　　　：ブログ
黑匣子　　：ブラックボックス

飛行機事故

　３月11日、エチオピアの航空会社の飛行機が離陸して間もなく墜落、大破した。飛行機に乗っていた合計157人が難に遭い、１人も生還できなかった。事故現場は非常に悲惨で、至るところに犠牲者の遺品が残っていた。

　事故の根本的な原因はまだ調査が済んでいないが、飛行機は離陸して間もなく乱高下し始め、機体の揺れがひどくなった。上昇と下降を数回繰り返した後、垂直に墜落し、その後すぐに爆発した。現場には爆発によって直径10メートル近く、容積が数立方メートルに達する深いくぼみができていて、乗客の荷物があちこちに散らばって（誰のものか）識別することも困難だった。

　専門家は初期鑑定で、飛行機事故の原因は、機体自体に故障が生じたものであり、悪人の仕業ではない、とした。離陸後、機長は飛行機をコントロールできなくなり、やむを得ず、地上に引き返したいと申し出た。おそらく必死に飛行機と格闘したことだろう。だが、ついに成功しなかったのだ。

　機内には、カナダから来た37歳の女性とその夫、２人の子供、子供たちの母方の祖父母という６人家族が乗っていた。ケニアで休日を過ごす予定だったが、こんな不幸な目に遭おうとは誰も思わなかっただろう。

　また、中国の浙江省から来た乗客もいた。きれいな女子大学生で、アフリカに観光旅行に行こうとしていたのだった。彼女は空港で搭乗を待っている時、ブログに写真をアップした。これは彼女の残した写真の最後の１枚となった。

　乗客たちの家族は悲しみに暮れた。嘆きのあまりすっかり心が折れてしまった人もいた。しかし、家族たちは今すぐにでも事故現場に行って、亡くなった身内に線香を１本あげたいと切に望んだ。

　係員が既にボランティアを引き連れて現場の取り片付けを始めていた。密封されたフライトレコーダー——ブラックボックスも見つかったが、事故の調査にはまだ進展がない。

　飛行機はもともと一番安全な交通手段である。だが、残念ながら、今回旅客の安全は保障されなかった。多くの人が飛行機に乗ることに不安を持つようになり、おそらく長い時間をかけてはじめてその心の暗い影を取り除くことができるのであろう。

　命ははかないものだ、生きている人はくれぐれも体に気をつけなければならない。

剑桥承认高考成绩 ケンブリッジが中国の大学入試の成績を認める

[STEP 1 単語] 今日習得すべき単語を、聞き取れるまで繰り返し聞いてください。 **045**

近来 jìnlái
（名）近ごろ

废寝忘食 fèiqǐn-wàngshí
寝食を忘れる

剑 jiàn
（名）剣

干劲 gànjìn
（名）意気込み、意欲

高潮 gāocháo
（名）高まり、高潮

官方 guānfāng
（名）政府筋、公式

启事 qǐshì
（名）知らせ、公示

名次 míngcì
（名）順位

招收 zhāoshōu
（动）募集し採用する

沸腾 fèiténg
（动）沸き立つ、沸きあがる

领事馆 lǐngshìguǎn
（名）領事館

高涨 gāozhǎng
（动）高まる

振奋 zhènfèn
（动／形）奮い立たせる／
気力がみなぎったさま

感慨 gǎnkǎi
（动）感慨を覚える

寄托 jìtuō
（动）託す

成员 chéngyuán
（名）成員、メンバー

就业 jiùyè
（动）就職する

钞票 chāopiào
（名）紙幣

承诺 chéngnuò
（动）承諾する、承認する

侧面 cèmiàn
（名）側面

递增 dìzēng
（动）少しずつ増える

公认 gōngrèn
（动）みんなが認める、公認する

评估 pínggū
（动）見積もる、評価する

简化 jiǎnhuà
（动）簡略化する

经费 jīngfèi
（名）経費

以往 yǐwǎng
（名）昔、以前の状態

局限 júxiàn
（动）限定する、制限する

广阔 guǎngkuò
（形）広大である

想方设法 xiǎngfāng-shèfǎ
いろいろと思案をめぐらす

谋求 móuqiú
（动）はかる、追求する

牵 qiān
（动）引っ張る

[STEP 2 センテンス] STEP1の単語を上から順番に、発音しながら＿＿＿＿に書き入れてください。センテンスの意味を把握することも学習目標の一つです。

①＿＿＿＿，全世界很多名校都对中国高考敞开大门，高考成绩得到这些名校的承认。

②这一举动，激发了众多＿＿＿＿、十年磨＿＿＿＿的学子，提高了他们的学习＿＿＿＿，掀起了新的一轮出国留学＿＿＿＿。

③世界级名校剑桥大学最近也通过＿＿＿＿网站发布招生＿＿＿＿，中国高考是剑桥大学认可的考试，不过考生的成绩要达到所在省＿＿＿＿排名0.1%，雅思要求达到7分方可被＿＿＿＿。

④消息传出，网上一片＿＿＿＿，甚至有人往英国＿＿＿＿拨打咨询电话。

⑤网友们士气＿＿＿＿，群情＿＿＿＿，＿＿＿＿万千，纷纷表示要努力学习，把希望＿＿＿＿在高考上，有朝一日成为剑桥大学的＿＿＿＿。

⑥但也有网友表示，虽然很想去英国留学，甚至毕业以后留在英国＿＿＿＿、居住，但没有＿＿＿＿，很难实现这一梦想。

⑦剑桥大学的这一＿＿＿＿，从＿＿＿＿反映出当代中国在世界上的地位日益提高，提供给海外深造人员的学习场所正在逐年＿＿＿＿，就连剑桥这样世界＿＿＿＿的名校也通过高考成绩而对学生做出＿＿＿＿，不但＿＿＿＿了复杂的申请留学手续，而且在一定程度上缩减了留学＿＿＿＿，打破了＿＿＿＿留学之路的＿＿＿＿性，使出国留学之路变得更为＿＿＿＿。

⑧对＿＿＿＿ ＿＿＿＿到海外就学的人来说，这无疑是一个＿＿＿＿动他们心弦的好消息。

❶ 赤いシートを当てて、本文を見ながら聞き、見えない箇所の単語をチェックしてください。
❷ 赤いシートを外して、本文を見ながら聞き、聞き取った単語が合っているか、確認してください。
❸ 本文を見ないで聞き、全体の意味が把握できるか確認してください。

剑桥承认高考成绩

　　近来，全世界很多名校都对中国高考敞开大门，高考成绩得到这些名校的承认。这一举动，激发了众多废寝忘食、十年磨剑的学子，提高了他们的学习干劲，掀起了新的一轮出国留学高潮。

　　世界级名校剑桥大学最近也通过官方网站发布招生启事，中国高考是剑桥大学认可的考试，不过考生的成绩要达到所在省名次排名 0.1%，雅思要求达到 7 分方可被招收。消息传出，网上一片沸腾，甚至有人往英国领事馆拨打咨询电话。网友们士气高涨，群情振奋，感慨万千，纷纷表示要努力学习，把希望寄托在高考上，有朝一日成为剑桥大学的成员。但也有网友表示，虽然很想去英国留学，甚至毕业以后留在英国就业、居住，但没有钞票，很难实现这一梦想。

　　剑桥大学的这一承诺，从侧面反映出当代中国在世界上的地位日益提高，提供给海外深造人员的学习场所正在逐年递增，就连剑桥这样世界公认的名校也通过高考成绩而对学生做出评估，不但简化了复杂的申请留学手续，而且在一定程度上缩减了留学经费，打破了以往留学之路的局限性，使出国留学之路变得更为广阔。大大鼓舞了有志于留学的年轻人。

　　对想方设法谋求到海外就学的人来说，这无疑是一个牵动他们心弦的好消息。

高考　：大学入試
雅思　：IELTS（アイエルツ、International English Language Testing System の略称。
　　　　　英語検定のひとつで満点は 9.0 点）

ケンブリッジが中国の大学入試の成績を認める

　近ごろは、世界中の多くの名門校が中国の大学入試（システム）に大きく門戸を開いており、その成績がこれらの名門校でも（入学資格として）認められている。この動きは、寝食を忘れ、十年剣を磨くがごとく一心に勉強を続けている多くの学生を奮い立たせ、学習意欲を高め、新しい海外留学ブームを巻き起こした。

　世界的な名門校であるケンブリッジ大学が、最近公式サイトで、学生の募集要項を公示した。いわく、中国の大学入試はケンブリッジ大学が認可する試験である。だが、受験生の成績が居住する省で上位 0.1％に入っている必要があり、IELTS のスコアが 7 点以上なければならない（7 点以上でないと採用されない）。そのニュースが出ると、ネット中が沸き立ち、イギリス領事館に問い合わせの電話をかける人さえいた。ネットユーザーの士気が高まり、人々は奮い立ち、感無量になった。一生懸命勉強して大学入試に希望を託し、いつの日か、ケンブリッジ大学の一員に加わりたいと次々にその思いを表明した。しかし、あるネットユーザーは、イギリスに留学し、卒業後も、イギリスに残って就職し生活したい思っているがお金がなく、この夢を実現するのは難しい、と言っている。

　ケンブリッジのこの承認は、現代の世界での中国の地位が日ましに向上しており、海外で研究を深めたいという人たちに提供される勉強の場が年々少しずつ増えている、ということを側面から反映している。ケンブリッジという世界的に公認された名門校でさえも中国の大学入試の成績によって学生を評価するということは、複雑な留学の申請手続きを簡略化しただけではなく、留学の費用をある程度軽減し、これまでの留学ルートの制限を打ち破り、海外留学の道をより広いものに変更した。こうして留学の志を持つ若者を大いに奮い立たせた。

　あれこれ方法を考えて海外への就学を求める人にとっては、これは心の琴線に触れる嬉しいニュースである。

菠菜 ホウレンソウ

[STEP 1 単語] 今日習得すべき単語を、聞き取れるまで繰り返し聞いてください。 **047**

意味着 yìwèizhe
（动）…を意味している

隐患 yǐnhuàn
（名）まだ表面に現れない
災禍や危険

以免 yǐmiǎn
（连）…をしないですむように

发育 fāyù
（动）発育する、成長する

未免 wèimiǎn
（副）いささか…のようだ

验证 yànzhèng
（动）検証する

维持 wéichí
（动）維持する

一流 yīliú
（形）一流の

熬 áo
（动）長時間煮る

粥 zhōu
（名）お粥

一举两得 yìjǔ-liǎngdé
一石二鳥、一挙両得

弱点 ruòdiǎn
（名）弱点

钙 gài
（名）カルシウム

抹杀 mǒshā
（动）抹殺する

埋没 máimò
（动）埋没する、埋もれる

亦 yì
（副）また

腹泻 fùxiè
（动）下痢をする

捞 lāo
（动）すくい上げる

威力 wēilì
（名）威力

消灭 xiāomiè
（动）消滅する、なくす

屑 xiè
（名）くず、ふけ

细胞 xìbāo
（名）細胞

活力 huólì
（名）活力

素食 sùshí
（名）精進料理、菜食

以便 yǐbiàn
（连）…するために

涮火锅 shuàn huǒguō
しゃぶしゃぶ、寄せ鍋（料理）

束 shù
（量）束

风味 fēngwèi
（名）風味

外行 wàiháng
（名 / 形）素人／経験がない

论证 lùnzhèng
（动）論証する

品种 pǐnzhǒng
（名）品種、種類

椭圆 tuǒyuán
（名）楕円

种植 zhòngzhí
（动）植える、栽培する

化肥 huàféi
（名）化学肥料

心疼 xīnténg
（动）惜しむ、もったいながる

[STEP 2 センテンス] STEP1の単語を上から順番に、発音しながら_____に書き入れてください。センテンスの意味を把握することも学習目標の一つです。

①菠菜富含叶酸，孕妇如果缺乏叶酸，_____胎儿会有畸形的_____，所以在孕期应该多吃菠菜，_____胎儿神经管_____全。

②菠菜根多泥土，很多人扔掉不吃，这_____让人感到惋惜。

③其实，经过科学家_____，菠菜根里有大量维生素A，可保护眼睛，是_____视力的_____食品。

④吃菠菜应该从根吃起，洗净、切碎，和大米一起_____成_____食用，既好吃，又便于消化。

⑤真是_____。

⑥菠菜有一个_____，它的草酸含量比较多，会影响人对_____的吸收。

⑦但不能因此就全面_____草酸，_____草酸的作用。

⑧草酸_____有可以利用的地方，它可以帮助人体消化，预防便秘。

⑨肠胃弱，经常_____的人一定要用热水烫掉草酸后，再_____出菠菜进行烹调，而便秘体质的人则可以直接对菠菜进行烹调，省掉用热水烫掉草酸这一步骤。

⑩菠菜的_____远远不止助消化、补充维生素及叶酸。

⑪它还有_____头皮_____，益气养血，让_____变得年轻有_____等功能。

⑫_____主义者可以多食用菠菜，_____补充营养。

⑬另外，_____的时候，除了白菜，还可以涮几_____菠菜，别有一番_____。

⑭大多数人在挑选菠菜上都是_____。

⑮专家通过_____告诉我们，菠菜的_____一般有两类，一类的叶子是_____形的，另一类的叶子是尖形的，尖形叶的菠菜往往是温室_____出来的，如果可以选择，最好买椭圆形叶的菠菜，因为它们在露天培植，更有益于健康。

⑯菠菜叶上_____也不少，料理时别_____水，一定要反复清洗干净再下锅。

❶ 赤いシートを当てて、本文を見ながら聞き、見えない箇所の単語をチェックしてください。
❷ 赤いシートを外して、本文を見ながら聞き、聞き取った単語が合っているか、確認してください。
❸ 本文を見ないで聞き、全体の意味が把握できるか確認してください。

菠菜

春天来了，你吃菠菜了吗？

菠菜富含叶酸，孕妇如果缺乏叶酸，意味着胎儿会有畸形的隐患，所以在孕期应该多吃菠菜，以免胎儿神经管发育不全。

菠菜根多泥土，很多人扔掉不吃，这未免让人感到惋惜。其实，经过科学家验证，菠菜根里有大量维生素 A，可保护眼睛，是维持视力的一流食品。因此，吃菠菜应该从根吃起，洗净、切碎，和大米一起熬成粥食用，既好吃，又便于消化。真是一举两得。

菠菜有一个弱点，它的草酸含量比较多，会影响人对钙的吸收。但不能因此就全面抹杀草酸，埋没草酸的作用。草酸亦有可以利用的地方，它可以帮助人体消化，预防便秘。肠胃弱，经常腹泻的人一定要用热水烫掉草酸后，再捞出菠菜进行烹调，而便秘体质的人则可以直接对菠菜进行烹调，省掉用热水烫掉草酸这一步骤。

菠菜的威力远远不止助消化、补充维生素及叶酸。它还有消灭头皮屑，益气养血，让细胞变得年轻有活力等功能。素食主义者可以多食用菠菜，以便补充营养。另外，涮火锅的时候，除了白菜，还可以涮几束菠菜，别有一番风味。

大多数人在挑选菠菜上都是外行。专家通过论证告诉我们，菠菜的品种一般有两类，一类的叶子是椭圆形的，另一类的叶子是尖形的，尖形叶的菠菜往往是温室种植出来的，如果可以选择，最好买椭圆形叶的菠菜，因为它们在露天培植，更有益于健康。

菠菜叶上化肥也不少，料理时别心疼水，一定要反复清洗干净再下锅。

草酸：シュウ酸

ホウレンソウ

　春が来た。ホウレンソウを食べた？

　ホウレンソウには葉酸が豊富に含まれている。妊婦に、もし葉酸が不足したら、それは胎児が奇形になる隠れた危険があることを意味する。だから、胎児の神経管が発育不全にならないように、妊娠期間にはホウレンソウをたくさん食べるといい。

　ホウレンソウの根には泥がたくさんついていて、捨ててしまって食べない人が多い。だが、これはいささかもったいないことだ。実は、科学者の検証によると、ホウレンソウの根には大量のビタミンAが含まれていて、目を保護し、視力を維持する一流の食品であることが明らかにされている。従って、ホウレンソウは根から食べるべきだ。きれいに洗い、細かく刻み、米と一緒に煮込み、お粥にして食べるとおいしく、また消化にも良い。これこそ本当に一石二鳥である。

　ホウレンソウには弱点が一つある。シュウ酸の含有量が比較的多いため、人のカルシウムの吸収に影響をあたえる。だからといって、シュウ酸を抹殺し、その効能を埋もれさせてはいけない。シュウ酸にも利用できるところがあり、（身体の）消化を助け、便秘を予防する。胃腸が弱く、いつも下痢をする人は、必ず熱湯でシュウ酸を除去してホウレンソウをすくい上げ、それから調理を進めなければならない。だが、便秘体質の人は、そのままホウレンソウを調理すればよく、熱湯でシュウ酸を除去する手間が省ける。

　ホウレンソウの威力はまだまだこれだけに止まらず、消化を助け、ビタミンや葉酸も補充できる。ホウレンソウは頭皮のふけをなくし、気や血液を増強し、細胞を若がえらせ、活力を与える等の効き目がある。ベジタリアンは、栄養を補充するために、ホウレンソウを多く食べたほうがいい。そのほかに、寄せ鍋料理をする時は、白菜のほかに、何束かのホウレンソウを入れるとまた違った味わいがある。

　ほとんどの人がホウレンソウを選ぶことには全くの素人である。専門家の論証によると、ホウレンソウの品種は一般的に2種類あり、1種類は葉が楕円形、もう1種類は葉が尖っている。尖った葉のホウレンソウは往々にして温室で栽培されたものである。もし、選ぶことができるなら、なるべく楕円形の葉のホウレンソウを買ったほうがいい。なぜなら、露地で栽培されているので、健康にはよりいっそう有益だからだとのことだ。

　ホウレンソウの葉には化学肥料がついていることも少なくないので、調理する時は、水を惜しまず、必ず何度もきれいに洗ってから鍋に入れたほうがいい。

推销员太田 保険セールスレディーの太田さん

[STEP 1 単語] 今日習得すべき単語を、聞き取れるまで繰り返し聞いてください。 049

推销 tuīxiāo
（动）セールスをする

梢 shāo
（名）枝の先、（細長い物の）先

不时 bùshí
（副）たびたび

譬如 pìrú
（动）たとえば

耐用 nàiyòng
（形）長持ちする

鼓动 gǔdòng
（动）扇動する

收益 shōuyì
（名）収益、利益

喘气 chuǎnqì
（动）呼吸する、あえぐ

抚养 fǔyǎng
（动）扶養する、養育する

盖章 gài zhāng
判を押す、捺印する

栽培 zāipéi
（动）育成する

盛情 shèngqíng
（名）厚意

谢绝 xièjué
（动）断る

侃侃而谈 kǎnkǎn'értán
悠然と語る、大いに語る

唠叨 láodao
（动）くどくど言う

告诫 gàojiè
（动）たしなめる

失事 shīshì
（动）（船・飛行機が）不幸な事故
を起こす

膝盖 xīgài
（名）ひざ

愣 lèng
（动）驚いたさま、
あっけにとられる

咋 ză
（代）どうして

繁忙 fánmáng
（形）多忙である

南辕北辙 nányuán-běizhé
辕（ながえ）を南に向けながら車
を北に走らせる。反対を向くこと。

岔 chà
（动 / 名）（時間を）ずらす、そら
す／まちがい、しくじり、事故

迹象 jìxiàng
（名）兆し、痕跡

缠绕 chánrào
（动）つきまとう、からまる

深情厚谊 shēnqíng hòuyì
深く厚い情誼

惦记 diànjì
（动）気にかける

晾 liàng
（动）（日にあてて）乾かす、
干す

床单 chuángdān
（名）シーツ

油漆 yóuqī
（名）ペンキ

灿烂 cànlàn
（形）光り輝く

陶醉 táozuì
（动）陶酔する、うっとりする

①＿＿＿＿员太田。

②体型很胖，发＿＿＿＿是烫过的。

③＿＿＿＿往我家信箱里塞些小礼物，＿＿＿＿小手绢什么的，东西都很＿＿＿＿。

④一来二去和她有了点儿瓜葛，她＿＿＿＿我买了两个保险，一个是医疗的，一个是年金的。

⑤我知道，每说服一个客人买她家的保险，她都有＿＿＿＿，但看着她拖着胖得走路都＿＿＿＿的庞大躯体来当说客，又＿＿＿＿着多病的女儿，多少有了恻隐之心，还是买了。

⑥办完了签字＿＿＿＿等买保险的例行手续，她很高兴，马上送来她朋友＿＿＿＿的新鲜油菜，又要开车带着我去乡下买新鲜白薯，＿＿＿＿难以＿＿＿＿，我只好跟着去了。

⑦一路上，她＿＿＿＿，＿＿＿＿的都是老公和女儿的事。

⑧又＿＿＿＿我，保险费要按时交。

⑨还说自己的命是捡来的，原来她买了八几年飞大阪途中坠落＿＿＿＿的那班日航机票，但临飞前一天因＿＿＿＿疼走不了路而取消了，所以捡了一条命。

⑩我听＿＿＿＿了，不禁对她多看了几眼，胖人果然有福，但我心里又想，老天给了这么宝贵的命，＿＿＿＿拿来做保险推销，是不是有点儿大材小用了呢。

⑪后来我工作＿＿＿＿，两个人生活的世界又＿＿＿＿，所以没再见过太田。

⑫信箱里隔三＿＿＿＿五有她来过的＿＿＿＿。

⑬巧的是，来回要经过太田的家，对她的回忆常常＿＿＿＿着我，虽然对她没有什么＿＿＿＿，但多少有点儿＿＿＿＿，这个大难不死的人现在怎么样了。

⑭也没见＿＿＿＿过＿＿＿＿被子。

⑮白色的窗帘严丝合缝地拉着，刷着绿色＿＿＿＿的大门紧闭。

⑯一院子的花依然＿＿＿＿地开着，远远就能看到，令人＿＿＿＿。

❶ 赤いシートを当てて、本文を見ながら聞き、見えない箇所の単語をチェックしてください。
❷ 赤いシートを外して、本文を見ながら聞き、聞き取った単語が合っているか、確認してください。
❸ 本文を見ないで聞き、全体の意味が把握できるか確認してください。

推销员太田

太田是个保险推销员，管我家住的那一带。体型很胖，发梢是烫过的。不时往我家信箱里塞些小礼物，譬如小手绢什么的，东西都很耐用。

一来二去和她有了点儿瓜葛，她鼓动我买了两个保险，一个是医疗的，一个是年金的。我知道，每说服一个客人买她家的保险，她都有收益，但看着她拖着胖得走路都喘气的庞大躯体来当说客，又抚养着多病的女儿，多少有了恻隐之心，还是买了。

办完了签字盖章等买保险的例行手续，她很高兴，马上送来她朋友栽培的新鲜油菜，又要开车带着我去乡下买新鲜白薯，盛情难以谢绝，我只好跟着去了。一路上，她侃侃而谈，唠叨的都是老公和女儿的事。又告诫我，保险费要按时交。还说自己的命是捡来的，原来她买了八几年飞大阪途中坠落失事的那班日航机票，但临飞前一天因膝盖疼走不了路而取消了，所以捡了一条命。我听愣了，不禁对她多看了几眼，胖人果然有福，但我心里又想，老天给了这么宝贵的命，咋拿来做保险推销，是不是有点儿大材小用了呢。

那次回来被太田拉到她家门口，非要让我认个门儿。后来我工作繁忙，两个人生活的世界又南辕北辙，所以没再见过太田。信箱里隔三岔五有她来过的迹象。数年后，我家也搬到了车站南边。巧的是，来回要经过太田的家，对她的回忆常常缠绕着我，虽然对她没有什么深情厚谊，但多少有点儿惦记，这个大难不死的人现在怎么样了。

搬来两年，从她家门前走了无数回，从来没见过人的影子。也没见晾过床单被子。白色的窗帘严丝合缝地拉着，刷着绿色油漆的大门紧闭。一院子的花依然灿烂地开着，远远就能看到，令人陶醉。

太田如今怎样了呢？每当路过她的家门，我总忍不住揣测，已经成了一个习惯。

油菜：チンゲンサイ

100

保険セールスレディーの太田さん

　太田さんは保険のセールスレディーをやっていて、私が住んでいる地域を担当していた。太田さんは肥り気味で、髪の先にパーマをかけていた。いつも家のポストにちょっとしたプレゼントを入れてくれた。例えば小さなハンカチなど、どれも長持ちする物だった。

　そうしているうちに、彼女と少しかかわりを持つようになり、彼女は私に保険を二つ契約するよう勧誘してきた。一つは医療保険で、もう一つは年金型の保険である。お客を一人説得して保険に加入させることができたら、その都度、彼女に収入があることを、私は知っていた。しかし、歩くだけで息切れするような大きな体を引きずりながらお客の説得に務め、しかも病気がちの娘を養育しているのを見ると、多少かわいそうになり、私はやはり保険を契約することにした。

　サイン、捺印等の保険加入のお決まりの手続きを終えると、彼女はとても喜んで、すぐ、友達が栽培したという新鮮なチンゲンサイを届けてくれた。また車で（私を）田舎に新鮮なサツマイモを買いに連れて行ってくれるという。その厚意は断り難く、私はついて行くしかなかった。道中、彼女は大いに語り、旦那と娘のことばかりくどくど話し続けた。それから私に保険料を期日どおりに支払って下さいと言った。そして、自分の命は拾ったものだ、とも言った。なんと彼女は1980年代に大阪に向かう途中で墜落事故を起こしたあの日航機の航空券を買っていたが、飛ぶ前日に、膝の痛みで歩けなくなり、キャンセルしたのだった。それで命拾いしたとのことである。私はこれを聞いてあっけにとられ、思わず彼女を何度も見つめた。肥っている人にはやはり福があるのだと思った。だが、また神様がこんなに大切な命を与えたのに、どうして保険のセールスなどしているのか、有能な人材がちょっと生かされていないのではないかと、私は心の中で思った。

　あの時の帰り、太田さんはぜひ自分の家を覚えておいてほしいと、私を彼女の家の入口まで連れて行った。その後、私は仕事が忙しくなり、もともと互いの生活圏も違っていたので、太田さんに会うことはなかった。郵便ボックスには数日ごとに彼女が訪ねて来た痕跡が残っていた。数年後、私の家も駅の南側に引っ越した。ちょうど、行き帰りに必ず太田さんの家の前を通ることになった。彼女の思い出はいつまでも私にまとわりついた。彼女には特に厚い情誼はないが、大きな災難に遭いながら命をとりとめた人が今どうしているのか、と多少気にかかっていた。

　引っ越して来て2年、彼女の家の前を数えきれないほど通ったが、一度も人影を見かけたことはなかった。シーツや布団を干してあるのも見たことがなかった。白いカーテンが隙間なくぴったりと閉まっていて、緑色のペンキが塗られた門もしっかりと閉まっていた。庭の花はいつも変わらず鮮やかに咲いていて、遠くからも見え、人をうっとりさせた。

　太田さんは今どうしているのだろうか。彼女の家の前を通るたびに、私はいつもこらえきれずそう思った。今ではそれが一つの習慣となった。

樱花 桜

[STEP 1 単語] 今日習得すべき単語を、聞き取れるまで繰り返し聞いてください。 **051**

盛开 shèngkāi
（动）満開である

之际 zhījì
（名）…の時

溪 xī
（名）小川

住宅 zhùzhái
（名）住宅

角落 jiǎoluò
（名）隅、片隅

平原 píngyuán
（名）平原

蔚蓝 wèilán
（形）濃い藍色の、真っ青な

照耀 zhàoyào
（动）照り輝く

珍珠 zhēnzhū
（名）真珠

枝 zhī
（量）（花などのついた）枝を
数える、棒状のものを数える

交叉 jiāochā
（动）交差する

走廊 zǒuláng
（名）長い廊下、回廊

壮丽 zhuànglì
（形）壮麗である、雄大である

携带 xiédài
（动）携帯する

迷人 mírén
（形）うっとりさせる、
魅力的である

快活 kuàihuo
（形）楽しい、快活である

教养 jiàoyǎng
（名）教養

索性 suǒxìng
（副）思い切って、あっさり

滋味 zīwèi
（名）味わい

无忧无虑 wúyōu wúlǜ
憂いもなく心配もない、
何も思い煩うことがない

总而言之 zǒng'éryánzhī
要するに

征服 zhēngfú
（动）征服する

雪上加霜
xuěshàng-jiāshuāng
泣き面に蜂、弱り目にたたり目

致使 zhìshǐ
（动）…の結果になる

折腾 zhēteng
（动）苦しめる

历代 lìdài
（名）歴代

散文 sǎnwén
（名）随筆、エッセイなど

[STEP 2 センテンス] STEP1 の単語を上から順番に、発音しながら_____に書き入れてください。センテンスの意味を把握することも学習目標の一つです。

① 三月底，四月初，正当东京樱花_____ _____，不论是郊外的小_____旁，还是都市_____区的_____，不论是山地，还是_____，_____的天空下，阳光_____着_____一般美丽的樱花。

② 公园里樱花密集的地方，很多樱花树的繁_____相互_____搭在一起，在人们的头顶上形成了天然的樱花_____，那景色非常_____，震撼了无数赏花人的心灵。

③ 上野公园是一个著名的赏花场所，每年到了这个季节，忠实的樱花粉丝们就争先恐后来到公园樱花树下，随身_____着饮料、盒饭、啤酒什么的，一边观赏_____的樱花，一边和亲朋好友说说笑笑，十分_____。

④ 他们都非常爱护花朵，不触摸，不攀爬，这才是有_____的表现。

⑤ 有些人为了占到好位置，_____夜里就来排队，虽然又累又困，但依然觉得乐趣无穷。

⑥ 老年人看樱花，会勾起很多往事，别有一番_____在心头，而_____的年轻人还没有经历过那么多悲欢离合，只是单纯地觉得樱花很美丽。

⑦_____，把大地染成一片粉色的樱花，_____了每一个爱花者，让每一个看到它的人都感觉到它无穷的魅力。

⑧ 樱花季节的天气往往不作美，除了会刮春季特有的大风以外，雨水也来_____，气温也会下降，_____一些樱花飘零。

⑨ 但大多数樱花并没有被坏天气_____垮，能继续笑傲枝头。

⑩_____的文人墨客都爱这美丽又坚强的樱花，为樱花写下了大量的诗篇和_____。

❶ 赤いシートを当てて、本文を見ながら聞き、見えない箇所の単語をチェックしてください。
❷ 赤いシートを外して、本文を見ながら聞き、聞き取った単語が合っているか、確認してください。
❸ 本文を見ないで聞き、全体の意味が把握できるか確認してください。

樱花

三月底，四月初，正当东京樱花盛开之际，不论是郊外的小溪旁，还是都市住宅区的角落，不论是山地，还是平原，蔚蓝的天空下，阳光照耀着珍珠一般美丽的樱花。公园里樱花密集的地方，很多樱花树的繁枝相互交叉搭在一起，在人们的头顶上形成了天然的樱花走廊，那景色非常壮丽，震撼了无数赏花人的心灵。

上野公园是一个著名的赏花场所，每年到了这个季节，忠实的樱花粉丝们就争先恐后来到公园樱花树下，随身携带着饮料、盒饭、啤酒什么的，一边观赏迷人的樱花，一边和亲朋好友说说笑笑，十分快活。他们都非常爱护花朵，不触摸，不攀爬，这才是有教养的表现。有些人为了占到好位置，索性夜里就来排队，虽然又累又困，但依然觉得乐趣无穷。

老年人看樱花，会勾起很多往事，别有一番滋味在心头，而无忧无虑的年轻人还没有经历过那么多悲欢离合，只是单纯地觉得樱花很美丽。总而言之，把大地染成一片粉色的樱花，征服了每一个爱花者，让每一个看到它的人都感觉到它无穷的魅力。

樱花季节的天气往往不作美，除了会刮春季特有的大风以外，雨水也来雪上加霜，气温也会下降，致使一些樱花飘零。人们把这时候的天气称为花季天寒。但大多数樱花并没有被坏天气折腾垮，能继续笑傲枝头。历代的文人墨客都爱这美丽又坚强的樱花，为樱花写下了大量的诗篇和散文。

粉丝 ：ファン
花季天寒 ：花冷え、寒の戻り

桜

　三月の末から四月の初め、東京の桜がちょうど満開の時、郊外の小川のほとりにも、都会の住宅街の片隅にも、山でも、野原でも、真っ青な空の下、太陽の光が真珠のように美しい桜の花を明るく照らす。公園の中の桜が密集しているところには、何本もの花をたわわにつけた桜の枝が交差してかぶさり、人々の頭上に天然の桜の回廊を作り出す。その景色は非常に雄大で美しく、数えきれないほど多くの花見客の心を揺り動かすのである。

　上野公園は有名な花見の名所で、毎年この季節になると、忠実な桜のファンたちが先を争って公園の桜の木の下に集まって来る。飲み物、弁当、ビールなどを手元に、うっとりするような桜を眺めながら親戚や友達とにぎやかに談笑し、とても楽しそうである。彼らは花を非常に大切にし、花にも触れず、木にも登らない、これこそ教養の表れである。良い場所を取るために、思い切って夜中にやってくる人もいる。疲れもするし、眠くもなるが、そこには尽きない楽しみもあるのだ。

　年配の人は桜を見ると、昔の事を思い起こし、心にまた違った味わいがあるが、何も思い煩うことがない心配もない若い人は、まだそんなに多く世の中の喜びや悲しみを経験したことがなく、ただ単純に桜が美しいと感じている。要するに、大地を一面ピンク色に染める桜は、花の愛好者一人一人を征服し、花見をする全ての人に桜の花の尽きない魅力を感じさせるのである。

　桜の季節は往々にしてあいにく天気に恵まれず、春特有の強風が吹くほか、雨も降り、泣き面に蜂である。気温も下がり、桜の花が一部はらはらと散り落ちることになる。人々はこの時期の天気を花冷えと言う。しかし、ほとんどの桜の花は、悪天候に苦しめられても負けることなく、毅然として（枝に）咲き続けている。歴代の文人墨客は皆この美しくもあり強くもある桜を愛し、桜のためにたくさんの詩やエッセイを書き残した。

奔驰女车主维权 ベンツ車の女性オーナー、消費者の権利を守る

[STEP 1 単語] 今日習得すべき単語を、聞き取れるまで繰り返し聞いてください。 **053**

屡次 lǚcì
（副）何度も、たびたび

洽谈 qiàtán
（动）（多く商売に関して）
話し合う

协商 xiéshāng
（动）協議する

起码 qǐmǎ
（形）最低でも、少なくとも

口头 kǒutóu
（形）口頭の

履行 lǚxíng
（动）履行する

理睬 lǐcǎi
（动）相手にする、取り合う

引擎 yǐnqíng
（名）エンジン

事态 shìtài
（名）事態

纠纷 jiūfēn
（名）もめごと

群众 qúnzhòng
（名）大衆、民衆

手势 shǒushì
（名）（手による）合図、手振り

列举 lièjǔ
（动）列挙する

失误 shīwù
（名）ミス

欺负 qīfu
（动）いじめる、侮辱する

欺骗 qīpiàn
（动）だます

金融 jīnróng
（名）金融

岂有此理 qǐyǒucǐlǐ
そんな道理があるものか

力求 lìqiú
（动）できるだけ…するようにする

偏偏 piānpiān
（副）あくまでも

批判 pīpàn
（动）批判する

施加 shījiā
（动）（圧力や影響などを）加える

事务 shìwù
（名）事務

合伙 héhuǒ
（动）仲間になってなにかを行う、
共同でする

撤销 chèxiāo
（动）取り消す、撤回する

惊动 jīngdòng
（动）驚かす、騒がす、
迷惑をあたえる

力争 lìzhēng
（动）できるだけ…するように
努める

和解 héjiě
（动）和解する

协议 xiéyì
（名）合意

事项 shìxiàng
（名）事項

签署 qiānshǔ
（动）署名する

书面 shūmiàn
（形）書面の

声明 shēngmíng
（动／名）声明する／声明

声誉 shēngyù
（名）声望と栄誉、評判

首要 shǒuyào
（形）最も重要な

效益 xiàoyì
（名）効果と利益

次品 cìpǐn
（名）粗悪品、劣等品

事业 shìyè
（名）事業

结局 jiéjú
（名）結果、結末

类似 lèisì
（动）類似する

课题 kètí
（名）課題

[STEP 2 センテンス] STEP1 の単語を上から順番に、発音しながら＿＿＿＿＿に書き入れてください。センテンスの意味を把握することも学習目標の一つです。

①王女士和 4S 店的有关人士＿＿＿＿＿进行＿＿＿＿＿＿＿＿＿＿＿，要求退款，如不行，＿＿＿＿＿换一辆车，店里虽然＿＿＿＿＿答应了，却一拖再拖，没有＿＿＿＿＿诺言。

②王女士在给奔驰高管打电话无人＿＿＿＿＿，来回奔走得不到解决方案之后，感到忍无可忍，来到 4S 店，爬上一辆奔驰车的＿＿＿＿＿盖哭诉维权，视频被围观者录下在网上疯传。

③＿＿＿＿＿急速扩大，王女士和奔驰 4S 店的＿＿＿＿＿引起了＿＿＿＿＿和媒体的关注。

④在视频中，王女士情绪激动，边说边不断打着＿＿＿＿＿，她＿＿＿＿＿了 4S 店的种种＿＿＿＿＿，认为自己不仅受了＿＿＿＿＿，而且还受了＿＿＿＿＿。

⑤因为 4S 店向她收取了 1.5 万元的＿＿＿＿＿服务手续费。

⑥王女士说："真是＿＿＿＿＿，我家是做餐饮的，十块钱得卖一千多碗面才能挣到服务费的这个价钱。"

⑦王女士还表示，自己是个文化人，＿＿＿＿＿能用斯文的方法解决问题，＿＿＿＿＿讲道理不能解决问题，爬上引擎盖实属迫不得已。

⑧大家纷纷＿＿＿＿＿ 4S 店的做法，媒体的报导也在无形中给 4S 店＿＿＿＿＿了压力。

⑨律师＿＿＿＿＿所的高级＿＿＿＿＿人王先生表示，当收取了金融服务费却没有提供等价的金融服务时，消费者可以要求退款，或者请求＿＿＿＿＿买卖合同。

⑩这个事件终于＿＿＿＿＿了奔驰公司领导，出面和王女士进行协商，＿＿＿＿＿达成双方＿＿＿＿＿。

⑪销售方提出了更换同款奔驰车，全额退还金融手续费，给王女士补过生日等＿＿＿＿＿＿＿＿＿＿，并得到了王女士的同意，＿＿＿＿＿了＿＿＿＿＿文件。

⑫奔驰销售服务有限公司还在微博上公开发表＿＿＿＿＿，就此事向王女士表示了歉意。

⑬对销售方来说，＿＿＿＿＿永远是最＿＿＿＿＿的东西。

⑭如果一味追求金钱＿＿＿＿＿，出售＿＿＿＿＿，失信于顾客，何谈＿＿＿＿＿？

⑮虽然这次事件的＿＿＿＿＿比较圆满，但如何防止再次发生＿＿＿＿＿的事件，对所有的销售方来说，这都是一个重要的＿＿＿＿＿。

❶ 赤いシートを当てて、本文を見ながら聞き、見えない箇所の単語をチェックしてください。
❷ 赤いシートを外して、本文を見ながら聞き、聞き取った単語が合っているか、確認してください。
❸ 本文を見ないで聞き、全体の意味が把握できるか確認してください。

奔驰女车主维权

近日，王女士为庆祝自己的生日，花66万元买了一辆奔驰车。提取新车时，还未开出4S店，发现发动机漏油。王女士和4S店的有关人士屡次进行洽谈协商，要求退款，如不行，起码换一辆车，店里虽然口头答应了，却一拖再拖，没有履行诺言。

王女士在给奔驰高管打电话无人理睬，来回奔走得不到解决方案之后，感到忍无可忍，来到4S店，爬上一辆奔驰车的引擎盖哭诉维权，视频被围观者录下在网上疯传。事态急速扩大，王女士和奔驰4S店的纠纷引起了群众和媒体的关注。在视频中，王女士情绪激动，边说边不断打着手势，她列举了4S店的种种失误，认为自己不仅受了欺负，而且还受了欺骗。因为4S店向她收取了1.5万元的金融服务手续费。王女士说："真是岂有此理，我家是做餐饮的，十块钱一碗面得卖一千多碗才能挣到服务费的这个价钱。"王女士还表示，自己是个文化人，力求能用斯文的方法解决问题，偏偏讲道理不能解决问题，爬上引擎盖实属迫不得已。

爬奔驰引擎盖维权的事件闹得人尽皆知。大家纷纷批判4S店的做法，媒体的报导也在无形中给4S店施加了压力。律师事务所的高级合伙人王先生表示，当收取了金融服务费却没有提供等价的金融服务时，消费者可以要求退款，或者请求撤销买卖合同。这个事件终于惊动了奔驰公司领导，出面和王女士进行协商，力争达成双方和解。销售方提出了更换同款奔驰车，全额退还金融手续费，给王女士补过生日等协议事项，并得到了王女士的同意，签署了书面文件。奔驰销售服务有限公司还在微博上公开发表声明，就此事向王女士表示了歉意。

对销售方来说，声誉永远是最首要的东西。如果一味追求金钱效益，出售次品，失信于顾客，何谈事业？虽然这次事件的结局比较圆满，但如何防止再次发生类似的事件，对所有的销售方来说，这都是一个重要的课题。

4S 店 ：自動車販売・サービス店、販売代理店

ベンツ車の女性オーナー、消費者の権利を守る

　最近、王さんは自分の誕生日を祝うために、66 万元を出して、ベンツの車を 1 台購入した。新車を引き取ってまだ販売代理店を出ないうちに、もうエンジンの油漏れに気づいた。王さんは販売店の関係者と何度も話し合いを重ね、返金を要求し、それができないなら、少なくとも車を交換してほしいと交渉した。店は口頭では承諾したが、ずるずると引き延ばし、約束を履行しなかった。

　王さんはベンツ社の重役に電話をかけたが、誰も取り合ってくれなかった。いくら奔走しても解決策が得られず、これ以上我慢できないと、販売店にやって来て、1 台のベンツのボンネットに上って、泣きながら消費者の権利擁護を訴えた。見物人がその様子を動画に収め、ネット上で狂ったような勢いで拡散した。事態は急速に拡大し、王さんとベンツ販売店のもめごとが民衆とメディアの注目を集めた。動画では、王さんは感情を激しく高ぶらせ、話しながらしきりに手振りをし、販売店のさまざまなミスを列挙し、自分は侮辱されただけでなく、騙されたのだ、と訴えた。それは、販売店が彼女から 1.5 万元の金融サービス手数料を受け取っていたからである。王さんは「本当にそんなばかな話はない。うちは飲食店を経営していて、1 杯 10 元の麺を 1000 杯あまり売って、それでやっとそのサービス手数料 1 万 5 千元が稼げるんだ」と言った。王さんはまた、自分はインテリで、できるだけ穏やかな方法で問題を解決しようとし、あくまでも道理を説いたが、問題を解決できなかったため、やむを得ずボンネットに上ったのだと主張した。

　ベンツのボンネットに上って消費者の権利擁護を主張した事件は、誰もが知る騒ぎとなった。皆は次から次へと販売店のやり方を批判した。メディアの報道も販売店に目に見えない圧力を加えた。法律事務所の高級パートナーである王さんは、金融サービス手数料を受け取って、等価値のサービスを提供しなかった場合、消費者は返金あるいは売買契約の解除を申請することができると表明した。この事件はとうとうベンツ社の責任者を煩わせることになり、（責任者が）前面に立って王さんと話し合いを行い、双方の和解が成立するように力を尽くした。販売店側は同型のベンツ車と交換する、金融手数料を全額返金する、王さんに誕生日の埋め合わせをする等の協議事項を提案した。そして、王さんの同意を得、書面（の文書）にサインした。ベンツの販売サービス有限会社はウェイボー上に、この件に関し王さんにお詫びをすると声明を発表した。

　販売者にとって、評判はどんな時にも最も重要なものである。もし、ひたすら金銭的利益だけを追求し、粗悪品を販売して顧客の信用を失うことがあったら、それをどうして事業などと言えようか。今回の事件の結末は比較的円満だった。だが、どのように類似の事件の再発を防いでいくか。あらゆる販売者にとって、それは全く重要な課題である。

树木希林和她的丈夫 樹木希林とその夫

[STEP 1 単語] 今日習得すべき単語を、聞き取れるまで繰り返し聞いてください。 **055**

开朗 kāilǎng
（形）朗らかである

平庸 píngyōng
（形）平凡である

屏幕 píngmù
（名）スクリーン

典礼 diǎnlǐ
（名）式典

年度 niándù
（名）年度

难能可贵 nánnéng-kěguì
たいしたものである、得難く貴い

朴实 pǔshí
（形）質素である

微不足道 wēibùzúdào
小さくて取るに足りない

内在 nèizài
（形）内在的な、内在する

素质 sùzhì
（名）素養、教養

捏 niē
（动）つまむ、捉える

恰当 qiàdàng
（形）適切である

摇滚 yáogǔn
（名）ロック

新娘 xīnniáng
（名）新婦

新郎 xīnláng
（名）新郎

宣誓 xuānshì
（动）宣誓する、誓う

平坦 píngtǎn
（形）平坦である

任性 rènxìng
（形）気ままである、
わがままである

惹祸 rěhuò
（动）災いを招く

难堪 nánkān
（形）恥ずかしくてたまらない、
ばつが悪い

骚扰 sāorǎo
（动）かき乱す、うるさくつきまとう

在意 zàiyì
（动）気にかける

理智 lǐzhì
（形）冷静である、理知的である

宽容 kuānróng
（形）寛容である

饶恕 ráoshù
（动）許す

癌症 áizhèng
（名）癌

肿瘤 zhǒngliú
（名）腫瘍

遍布 biànbù
（动）至る所に分布する

隐瞒 yǐnmán
（动）隠しごまかす

唯独 wéidú
（副）ただ、…だけ

宁肯 nìngkěn
（副）…するよりむしろ…したい

坦白 tǎnbái
（动）自白する、告白する

万分 wànfēn
（副）非常に、きわめて

追悼 zhuīdào
（动）追悼する

衰退 shuāituì
（动）衰退する

天堂 tiāntáng
（名）天国

[STEP 2 センテンス] STEP1 の単語を上から順番に、発音しながら＿＿＿＿に書き入れてください。センテンスの意味を把握することも学習目標の一つです。

①树木希林性格非常＿＿＿＿＿，喜欢有趣的人生，拒绝＿＿＿＿＿。

②她在＿＿＿＿＿上塑造了很多母亲的角色，被誉为"母亲专业户"。

③她曾在日本电影金像奖的颁奖＿＿＿＿＿上得到 2013 ＿＿＿＿＿影后奖。

④＿＿＿＿＿的是，这样一位名演员在现实生活中却很接地气，过着出门乘电车的＿＿＿＿＿
生活。

⑤她常常说："我仅仅是一个＿＿＿＿＿的人，应该过普通的生活，演员要在普通的生活
中通过观察提高＿＿＿＿＿的＿＿＿＿＿，这样才能在演戏的时候把角色拿＿＿＿＿＿得准确
＿＿＿＿＿。"

⑥树木希林的丈夫是日本有名的＿＿＿＿＿歌手。

⑦他们结婚时，＿＿＿＿＿爱美丽，＿＿＿＿＿潇洒帅气，两人在众人面前＿＿＿＿＿：要彼此
守护一生。

⑧人们都相信这对新人的婚姻之路会非常＿＿＿＿＿。

⑨谁想到，树木希林的丈夫是个＿＿＿＿＿而为的人，常常＿＿＿＿＿，做出令人＿＿＿＿＿的事。

⑩除了有外遇问题以外，还对树木希林家暴，甚至在步入老年时，还因为＿＿＿＿＿前女
友而遭到逮捕。

⑪出人意料的是，树木希林并不＿＿＿＿＿大众怎么看，她非常＿＿＿＿＿，＿＿＿＿＿地
＿＿＿＿＿了丈夫。

⑫树木希林后来患上＿＿＿＿＿，＿＿＿＿＿已＿＿＿＿＿全身。

⑬从知道身患癌症的那天起，她就一直对丈夫＿＿＿＿＿着病情，全家人都知道她的病，
＿＿＿＿＿她丈夫不知情。

⑭她＿＿＿＿＿一个人承受疾病的折磨，也不想让丈夫担心。

⑮树木希林的丈夫在晚年向记者＿＿＿＿＿，他其实很爱妻子，树木希林是他见过的最强
的母亲、妻子和演员。

⑯2018 年 9 月 15 日，传来她去世的消息，人们＿＿＿＿＿悲痛，用各种方式对她进行了
＿＿＿＿＿。

⑰她丈夫在经历了丧妻之痛后，体力急速＿＿＿＿＿，半年后去世。

⑱相信在＿＿＿＿＿里，这对夫妻仍会用独特的方式表达着对彼此的关爱。

❶ 赤いシートを当てて、本文を見ながら聞き、見えない箇所の単語をチェックしてください。
❷ 赤いシートを外して、本文を見ながら聞き、聞き取った単語が合っているか、確認してください。
❸ 本文を見ないで聞き、全体の意味が把握できるか確認してください。

树木希林和她的丈夫

　　树木希林性格非常开朗，喜欢有趣的人生，拒绝平庸。她在屏幕上塑造了很多母亲的角色，被誉为"母亲专业户"。她曾在日本电影金像奖的颁奖典礼上得到2013年度影后奖。难能可贵的是，这样一位名演员在现实生活中却很接地气，过着出门乘电车的朴实生活。她常常说："我仅仅是一个微不足道的人，应该过普通的生活，演员要在普通的生活中通过观察提高内在的素质，这样才能在演戏的时候把角色拿捏得准确恰当。"

　　树木希林的丈夫是日本有名的摇滚歌手。他们结婚时，新娘可爱美丽，新郎潇洒帅气，俩人在众人面前宣誓：要彼此守护一生。人们都相信这对新人的婚姻之路会非常平坦。谁想到，树木希林的丈夫是个任性而为的人，常常惹祸，做出令人难堪的事。除了有外遇问题以外，还对树木希林家暴，甚至在步入老年时，还因为骚扰前女友而遭到逮捕。出人意料的是，树木希林并不在意大众怎么看，她非常理智，宽容地饶恕了丈夫。虽然他们俩在45年的婚姻生活中有43年处于分居状态，但他们还是维持着夫妻关系，没有离婚。

　　树木希林后来患上癌症，肿瘤已遍布全身。从知道身患癌症的那天起，她就一直对丈夫隐瞒着病情，全家人都知道她的病，唯独她丈夫不知情。她宁肯一个人承受疾病的折磨，也不想让丈夫担心。树木希林的丈夫在晚年向记者坦白，他其实很爱妻子，树木希林是他见过的最强的母亲、妻子和演员。

　　2018年9月15日，传来她去世的消息，人们万分悲痛，用各种方式对她进行了追悼。她丈夫在经历了丧妻之痛后，体力急速衰退，半年后去世。相信在天堂里，这对夫妻仍会用独特的方式表达着对彼此的关爱。

专业户 ：その道のプロ
日本电影金像奖 ：日本アカデミー賞

樹木希林とその夫

　樹木希林は非常に朗らかな性格で、おもしろい人生を好み、平凡を拒んでいた。彼女はスクリーンでは母親の役を多く演じ、「母親役のプロ」と称えられていた。2013年度の日本アカデミー賞（授賞式）では、最優秀主演女優賞に輝いた。奇特なことに、このように有名な女優が実生活ではとても庶民的で、出かける際は電車に乗るという質素な生活を送っていた。彼女はいつも「私はただ小さくて取るに足りない人間だから普通の生活を送るほうがよい、役者は普通の生活の中での観察を通して、内在する素質を高め、そうしてはじめて芝居をする時に、役柄を正確かつ適切に捉えることができる」と言っていた。

　樹木希林の夫は日本の有名なロックンローラーである。彼らが結婚した時は、新婦はかわいらしくて美しく、新郎はスマートでハンサムだった。二人は大勢の人の前で互いを一生見守ると誓った。人々はこの新郎新婦の結婚生活の道のりは非常に平坦である、と信じていた。思いがけないことに、樹木希林の夫は気の向くままに行動する人でいつも面倒なことをしでかし、みっともないことばかりしていた。浮気トラブルのほかに、樹木希林に家庭内暴力をふるい、老境に入っても、元の恋人にうるさくつきまとい逮捕されることさえあった。意外なことに、樹木希林はまわりがどう思うかなど気にもせず、非常に冷静で、大目に見て夫を許した。二人は45年の結婚生活のうち43年、別居状態であったが、彼らは相変わらず夫婦関係を保ち、離婚することはなかった。

　樹木希林は、その後癌を患い、腫瘍は全身に転移した。癌にかかったことを知ったその日から、彼女はずっと夫に病状を隠し、家族はみんな病気のことを知っていたが、夫だけが知らなかった。彼女は一人で病気の苦しみに耐えても、夫には心配をかけたくなかったのだ。樹木希林の夫は晩年、記者に実は妻をとても愛している、樹木希林は自分が出会った最も強い母親であり、妻であり、そして女優であると正直に告白した。

　2018年9月15日、彼女が死去したというニュースが伝わり、人々は心から悲しみ、思い思いのやり方で追悼した。彼女の夫は妻を失くした苦しみを味わうと、体力が急に衰え、半年後、この世を去った。天国でも、この夫妻はやはり独特の方法で互いへの思いやりを示しているものと信じる。

世间流行万步走 世間では一万歩歩きが流行

[STEP 1 単語] 今日習得すべき単語を、聞き取れるまで繰り返し聞いてください。 **057**

迈 mài
（动）足を踏み出す

行列 hángliè
（名）行列

统计 tǒngjì
（动）統計をとる

亚军 yàjūn
（名）準優勝者、第2位

季军 jìjūn
（名）第3位

看待 kàndài
（动）取り扱う、向き合う

警告 jǐnggào
（动）警告する

急于求成 jíyú qiúchéng
功を焦る

合算 hésuàn
（形）引き合う、勘定に合う

川流不息 chuānliú-bùxī
ひっきりなしに

二氧化碳 èryǎnghuàtàn
（名）二酸化炭素

进而 jìn'ér
（连）さらには

肺 fèi
（名）肺

异常 yìcháng
（形/副）異常である、普通と
違う／非常に、特別に

打击 dǎjī
（动）打撃を与える

悔恨 huǐhèn
（动）悔やむ

节制 jiézhì
（动）控える、制限する

设置 shèzhì
（动）設置する、設定する

力所能及 lìsuǒnéngjí
（自分の）能力にふさわしい、
力の及ぶかぎり

循序渐进 xúnxù-jiànjìn
順を追って一歩一歩進める

免疫 miǎnyì
（动）免疫がつく

弹性 tánxìng
（名）弾性、弾力性

坚硬 jiānyìng
（形）かたい

忽略 hūlüè
（动）おろそかにする

器材 qìcái
（名）器材、器具

宽敞 kuānchǎng
（形）広々としている

枯燥 kūzào
（形）味気ない、無味乾燥である

发呆 fādāi
（动）ぼんやりする

竭尽全力 jiéjìn quánlì
全力を尽くす

调动 diàodòng
（动）動員する、動かす

脉搏 màibó
（名）脈拍

担保 dānbǎo
（动）保証する

公式 gōngshì
（名）公式、一般的法則、
パターン

框架 kuàngjià
（名）枠組み

公正 gōngzhèng
（形）公正である

[STEP 2 センテンス] STEP1の単語を上から順番に、発音しながら＿＿＿＿に書き入れてください。センテンスの意味を把握することも学習目標の一つです。

①俗话说："要想身体好，就得管住嘴，＿＿＿＿开腿"，日行一万步，逐渐成为近几年锻炼身体最流行的方式。

②越来越多的人加入了日行万步的＿＿＿＿，微信上还有＿＿＿＿步数的软件，把你和你朋友、熟人的步数列出来，并按步数排出每天的冠军、＿＿＿＿和＿＿＿＿。

③如何＿＿＿＿日行一万步？

④有专家发出＿＿＿＿，没有必要必须走一万步，如果＿＿＿＿，走路太多，容易造成肌肉拉伤、膝关节、踝关节损伤，这样的运动不＿＿＿＿，得不偿失。

⑤另外，长期在车辆＿＿＿＿的公路旁边行走，容易吸进太多＿＿＿＿，＿＿＿＿诱发心＿＿＿＿功能＿＿＿＿。

⑥这样一来，非但达不到运动的目的，而且会对身体造成＿＿＿＿，令人＿＿＿＿不已。

⑦应该＿＿＿＿行走步数，把目标＿＿＿＿在自己＿＿＿＿的范围内，＿＿＿＿，身体才会有所回报，始显提高＿＿＿＿力的功效。

⑧首先选择一双＿＿＿＿优良，适于行走的鞋子，配上松软的鞋垫。

⑨行走时尽量避开＿＿＿＿的水泥地，坑洼不平的路面也不利于行走，在草地或操场上行走较为理想。

⑩其次，不要＿＿＿＿行走环境。

⑪在家里的运动＿＿＿＿上行走，需要一个相对＿＿＿＿的场所，很多人家不具备这样的条件，另外，面壁运动，也会使人感到＿＿＿＿无味。

⑫行走时注意安全，不要＿＿＿＿或看手机，容易造成跌倒、崴脚等意外。

⑬应该专心致志，＿＿＿＿ ＿＿＿＿全身心投入到运动中，让＿＿＿＿数保持在140-160之间，才能收到良好的效果。

⑭人生很长，谁也不能＿＿＿＿自己一辈子健康，正确的运动，有助于预防疾病，保持活力。

⑮不要把运动＿＿＿＿化，更没有必要拘泥于必须走一万步的＿＿＿＿里，希望人人都能＿＿＿＿合理地对待万步走，有效地运用它。

❶ 赤いシートを当てて、本文を見ながら聞き、見えない箇所の単語をチェックしてください。
❷ 赤いシートを外して、本文を見ながら聞き、聞き取った単語が合っているか、確認してください。
❸ 本文を見ないで聞き、全体の意味が把握できるか確認してください。

世间流行万步走

俗话说："要想身体好，就得管住嘴，迈开腿"，日行一万步，逐渐成为近几年锻炼身体最流行的方式。越来越多的人加入了日行万步的行列，微信上还有统计步数的软件，把你和你朋友、熟人的步数列出来，并按步数排出每天的冠军、亚军和季军。如果一天没有走到一万步，很多人会为此感到不安，甚至感到焦虑。

如何看待日行一万步？有专家发出警告，没有必要必须走一万步，如果急于求成，走路太多，容易造成肌肉拉伤，膝关节、踝关节损伤，这样的运动不合算，得不偿失。另外，长期在车辆川流不息的公路旁边行走，容易吸进太多二氧化碳，进而诱发心肺功能异常。这样一来，非但达不到运动的目的，而且会对身体造成打击，令人悔恨不已。应该节制行走步数，把目标设置在自己力所能及的范围内，循序渐进，身体才会有所回报，始显提高免疫力的功效。

那么怎样行走才是正确的呢？首先选择一双弹性优良，适于行走的鞋子，配上松软的鞋垫。行走时尽量避开坚硬的水泥地，坑洼不平的路面也不利于行走，在草地或操场上行走较为理想。

其次，不要忽略行走环境。在家里的运动器材上行走，需要一个相对宽敞的场所，很多人家不具备这样的条件，另外，面壁运动，也会使人感到枯燥无味。最好还是到室外步行为佳。

第三，行走时注意安全，不要发呆或看手机，容易造成跌倒、崴脚等意外。应该专心致志，竭尽全力调动全身心投入到运动中，让脉搏数保持在140–160之间，才能收到良好的效果。

人生很长，谁也不能担保自己一辈子健康，正确的运动，有助于预防疾病，保持活力。不要把运动公式化，更没有必要拘泥于必须走一万步的框架里，希望人人都能公正合理地对待万步走，有效地运用它。

软件：ソフト

世間では一万歩歩きが流行

　ことわざに「体を丈夫にしたいなら、飲食を適量にし、足を踏み出して歩こう」と言う。一日に一万歩歩く、これはここ数年、次第に体を鍛える最も流行りの方法となってきた。ますます多くの人が、一日一万歩歩く行列に加わり、ウィーチャットでは歩数の統計をとるソフトもあり、あなたと友達、知り合いの歩数を並べて表示し、そうして歩数に従って毎日第1位、第2位、第3位と順位をつける。もし一万歩歩けなかったら、そのために多くの人が不安を感じ、あれこれと気をもむことさえある。

　一日一万歩にどう向き合うか。ある専門家は警告を出して、必ず一万歩歩く必要はない、功を焦って歩きすぎると肉離れを起こしたり、ひざやくるぶしの関節を痛めたりする、そのような運動は損得勘定が合わない、と言っている。そのほかに、車がひっきりなしに通る道路のそばをずっと歩くと、二酸化炭素をたくさん吸いすぎ、さらには心肺機能の異常を誘発することになる。こうなると、運動の目的を達成するどころか、身体にも打撃を加え、いつまでも悔いが残る。歩数を制限し、目標を自分の力の及ぶ範囲内に設定し、順を追って一歩一歩進めるべきだ。そうしてはじめて体に良い結果をもたらし、免疫力を高める効果が現れる。

　では、どのように歩くのが正しいのか。まず、弾力性が良く、歩行に適した靴を選び、ふわふわして柔らかい中敷きを入れることである。歩く時は、なるべく固いコンクリートを避ける、でこぼこした路面も歩くのに好ましくなく、芝生やグラウンドを歩くのが理想的である。

　次に、歩く環境をおろそかにしてはいけない。家庭の運動器具を使って歩く場合は、やや広々とした場所が必要で、多くの家庭にはこのような条件が整っていない。そのほかに、壁に向かって運動するのは無味乾燥である。やはりできるだけ屋外に出て歩くのがいちばんよい。

　三つ目は、歩く時、安全に注意することである。ぼんやりしていたり携帯を見たりしていてはいけない。転びやすく、足を捻挫するなど不意の事故を招きやすい。一心不乱、全力を尽くし、心身を全て動かして運動に集中し、脈拍数を140-160の間に保つべきである。そうしてこそ良好な効果が得られる。

　人生は長いが、誰も一生の健康は保証されない。正しい運動は、病気の予防や活力の保持に役立つ。運動をパターン化してはいけない、必ず一万歩歩かなければならないという枠にこだわる必要もない。誰もが皆、一万歩歩くことに正しく合理的に向き合い、有効にそれを運用できるよう望む。

蒲松龄的手稿 蒲松齢の肉筆原稿

[STEP 1 単語] 今日習得すべき単語を、聞き取れるまで繰り返し聞いてください。 **059**

过瘾 guòyǐn
（动）十分に満足する

墨水 mòshuǐ
（名）墨汁

稿件 gǎojiàn
（名）原稿

卷 juǎn
（量）巻いたものを数える、巻

陈旧 chénjiù
（形）古い

古董 gǔdǒng
（名）骨董

见多识广 jiànduō-shíguǎng
経験が豊富で知識が広い

成本 chéngběn
（名）コスト

灯笼 dēnglong
（名）ちょうちん

籍贯 jíguàn
（名）本籍

逝世 shìshì
（动）逝去する

杰出 jiéchū
（形）傑出している

俘虏 fúlǔ
（动/名）捕虜にする／
捕虜、とりこ

将近 jiāngjìn
（副）…に近い

大致 dàzhì
（形/副）おおよその／だいたい

赋予 fùyǔ
（动）与える

光辉 guānghuī
（形）輝かしい

曲折 qūzhé
（形）複雑である

扣 kòu
（动）打つ

构思 gòusī
（动）構想する

趣味 qùwèi
（名）おもしろみ

造型 zàoxíng
（名）つくり出された物の形

丰满 fēngmǎn
（形）豊かである、
いっぱいである

通俗 tōngsú
（形）通俗的である

童话 tónghuà
（名）童話

挽救 wǎnjiù
（动）救う

毁灭 huǐmiè
（动）壊滅する

发扬 fāyáng
（动）（伝統・精神などを）
提唱し盛んにする、発揚する

博大精深 bódà-jīngshēn
広く精通している

①沈阳出版社与辽宁图书馆合作，对馆藏国家级文物聊斋志异手稿本进行扫描出版，让喜爱《聊斋志异》的读者一饱眼福，感到非常_____。

②《聊斋志异》创作于清代康熙年间，这次影印出版成书籍的半部手稿为作者蒲松龄蘸着_____亲笔书写，共收《聊斋志异》中的小说_____ 237 篇，除 37 篇为他人代抄以外，其余都是蒲松龄真迹。

③隔了上百年的时光，那_____儿手稿已_____，成为_____品，深藏图书馆的一角，即便是_____的人，恐怕也难得一见。

④此次影印尽量还原了原书稿的质感，读者购买时所费_____也不高，却可以体验到翻看手稿的感觉，对《聊斋志异》的研究者来说无疑是打着_____也难找的好事。

⑤蒲松龄_____山东，字留仙，康熙 54 年_____。

⑥他为世人留下了的划时代_____作品《聊斋志异》曾_____了无数人的心。

⑦《聊斋志异》里有_____ 500 篇描写神鬼妖怪的作品，其中刻画了_____ 40 名富有个性的女鬼，作者_____了她们长盛不衰的_____形象。

⑧整部书故事情节_____、_____人心弦，_____巧妙，充满_____，人物_____，语言_____易懂，被称作大人的_____。

⑨高科技可以_____很多濒于_____的书籍，使它们重放异彩，在_____ _____的中国古典文化上起了不可代替的作用。

❶ 赤いシートを当てて、本文を見ながら聞き、見えない箇所の単語をチェックしてください。
❷ 赤いシートを外して、本文を見ながら聞き、聞き取った単語が合っているか、確認してください。
❸ 本文を見ないで聞き、全体の意味が把握できるか確認してください。

蒲松龄的手稿

近日，现存半部蒲松龄《聊斋志异》手稿影印本首发面世。沈阳出版社与辽宁图书馆合作，对馆藏国家级文物《聊斋志异》手稿本进行扫描出版，让喜爱《聊斋志异》的读者一饱眼福，感到非常过瘾。

《聊斋志异》创作于清代康熙年间，这次影印出版成书籍的半部手稿为作者蒲松龄蘸着墨水亲笔书写，共收《聊斋志异》中的小说稿件237篇，除37篇为他人代抄以外，其余都是蒲松龄真迹。隔了上百年的时光，那卷儿手稿已陈旧，成为古董品，深藏图书馆的一角，即便是见多识广的人，恐怕也难得一见。此次影印尽量还原了原书稿的质感，读者购买时所费成本也不高，却可以体验到翻看手稿的感觉，对《聊斋志异》的研究者来说无疑是打着灯笼也难找的好事。

蒲松龄籍贯山东，字留仙，康熙54年逝世。他为世人留下了的划时代杰出作品《聊斋志异》曾俘虏了无数人的心。《聊斋志异》里有将近500篇描写神鬼妖怪的作品，其中刻画了大致40名富有个性的女鬼，作者赋予了她们长盛不衰的光辉形象。整部书故事情节曲折、扣人心弦，构思巧妙，充满趣味，人物造型丰满，语言通俗易懂，被称作大人的童话。市面上比较流行的《全本新注聊斋志异》为人民文学出版社于1989年出版，共分上中下三卷。

手稿影印本的问世，得力于现代科学技术的发展。高科技可以挽救很多濒于毁灭的书籍，使它们重放异彩，在发扬博大精深的中国古典文化上起了不可代替的作用。

聊斋志异：聊斎志異
手稿　：肉筆原稿
影印本：影印本
扫描　：スキャンする

蒲松齢の肉筆原稿

　最近、現存する半分の『聊斎志異』肉筆原稿影印本が初めて刊行された。瀋陽出版社と遼寧省図書館が協力し、同館が所蔵する国家レベルの文化財である『聊斎志異』肉筆原稿本をスキャンし出版したものである。これは『聊斎志異』を愛好する読者には良い目の保養になり、十分な満足を味わうこととなった。

　『聊斎志異』は清代康熙年間に創作され、今回、影印出版された、書籍全体の半分の肉筆原稿は、作者の蒲松齢が墨で書いたもので、『聊斎志異』の小説原稿237篇が収録されている。他人が代筆した37篇以外は全て蒲松齢の真筆である。百年に渡る時を隔てて、その肉筆原稿はもはや古びた骨董品となり、図書館の奥深くの片隅に収蔵されていた。そのため、たとえ経験が豊富で知識が広い人でも、おそらく目にすることは難しかったであろう。今回の影印本は極力元の原稿の質感を復元していて、読者の購入費用も高くないが、肉筆原稿をめくる感じを体験でき、『聊斎志異』の研究者にとっては、ちょうちんを提げても見つけ難いめでたいことに違いない。

　蒲松齢の本籍は山東省、字は留仙、康熙54年に逝去した。彼は（世間に向けて）画期的で傑出した作品『聊斎志異』を書き残し、数えきれない人の心を虜にした。『聊斎志異』には、幽霊や妖怪を描いた作品がほぼ500篇あり、その中に、およそ40名の個性豊かな女性の幽霊が描かれている。作者は彼女たちにとこしえに栄え、衰えることのない輝かしい姿を与えている。全篇にわたって、物語のストーリーは複雑で、人の心を打ち感動させる。物語の構想も巧妙、面白みにあふれ、人物設定が豊かで、言葉が通俗的でわかりやすく大人の童話と称されている。比較的メジャーな『全本新注聊斎志異』は1989年人民文学出版社より出版されたもので、上中下三巻に分かれている。

　肉筆原稿影印本の出版は、現代科学技術の発展によるものである。ハイテクノロジーは、壊滅の危機にある多くの書籍を救い、再び異彩を放つことを可能にする。広く豊かな思想や学識を発揚する中国古典文化に、かけがえのない役割を果たしているのである。

曹雪芹与《红楼梦》 曹雪芹と『紅楼夢』

[STEP 1 単語] 今日習得すべき単語を、聞き取れるまで繰り返し聞いてください。 **061**

阶层 jiēcéng
（名）階層

富裕 fùyù
（形）裕福である

留恋 liúliàn
（动）名残を惜しむ

祖父 zǔfù
（名）（父方の）祖父

纺织 fǎngzhī
（动）糸を紡ぎ布を織る、紡織

转折 zhuǎnzhé
（动）転換する

降临 jiànglín
（动）訪れる、降りかかる

贪污 tānwū
（动）汚職行為をする、賄賂を取る

监狱 jiānyù
（名）刑務所、監獄

体面 tǐmiàn
（形）面目が立つ、名誉である

陷入 xiànrù
（动）陥る

局面 júmiàn
（名）局面、情勢

复兴 fùxīng
（动）復興する、復興させる

遗产 yíchǎn
（名）遺産

救济 jiùjì
（动）救済する

毅力 yìlì
（名）根気

勉强 miǎnqiǎng
（形）無理である、何とか間に合う

艰难 jiānnán
（形）苦しい

熄灭 xīmiè
（动）消す

昼夜 zhòuyè
（名）昼夜

空前绝后 kōngqián-juéhòu
空前絶後である

见闻 jiànwén
（名）見聞

展现 zhǎnxiàn
（动）現れる、展開する

揭露 jiēlù
（动）明るみに出す、暴き出す

封建 fēngjiàn
（形）封建的な、古臭い

腐朽 fǔxiǔ
（形）腐敗している、堕落している

玉 yù
（名）玉（ぎょく）

娇气 jiāoqì
（形）ひ弱である

锦上添花 jǐnshàng-tiānhuā
錦上に花を添える、美しいもの
をさらに重ねることのたとえ

学说 xuéshuō
（名）学説

诞辰 dànchén
（名）誕生日

周年 zhōunián
（名）…周年

津津有味 jīnjīn yǒuwèi
興味津々である

空想 kōngxiǎng
（动）空想する

随意 suíyì
（形）気の向くまま

解体 jiětǐ
（动）解体する

悬殊 xuánshū
（形）非常にかけ離れている、
隔たりが大きい

目睹 mùdǔ
（动）目の当たりに見る

加工 jiāgōng
（动）加工する

诞生 dànshēng
（动）誕生する、生まれる

[STEP 2 センテンス] STEP1の単語を上から順番に、発音しながら_____に書き入れてください。センテンスの意味を把握することも学習目標の一つです。

①曹雪芹是清代的著名作家，出生于上流_____人家，从小家境_____，每日弹琴下棋、饱读诗书，童年是他一生中最_____的时光。

②他的父亲、_____、曾祖父都曾官任"江宁织造"，"织造"用现代语言来表达就是_____的意思。

③13岁那年，是他人生的_____点。一场灾祸_____，叔父因_____罪被抓入_____，全家被抄家，曹家从此日渐衰落，告别了_____的生活，_____了经济窘困的_____，再无_____之日。

④家里没有给他留下什么_____，生活贫困，时常需要靠朋友的_____为生。

⑤他凭着顽强的_____开始写作著书，在晚年，虽然已经到了_____维持生活的_____地步，他的意志却丝毫没有动摇，创作的火花始终没有_____。

⑥经过无数个_____的奋笔疾书，他终于写出了_____的旷世之作——《红楼梦》。

⑦《红楼梦》通过作者自身的_____，_____了四大家族从盛到衰的过程，_____了_____社会后期的种种_____和黑暗。

⑧男主人公是衔_____而生的多情公子宝玉，他的痴情和文才深受广大读者喜爱。

⑨女主人公是美丽_____、体弱多病的林黛玉，她和宝玉的爱情悲剧成为千古绝唱。

⑩读者对续写内容褒贬不一，有人认为续作_____，使整部作品变得完美，持相反意见的人觉得续作非常平庸，可谓狗尾续貂。

⑪其中"新红学"的提倡者俞平伯的_____影响力最为广泛。

⑫当曹雪芹_____300_____的时候，各地都举办了各种纪念活动。

⑬让人们读得_____的《红楼梦》，其背后有作者心酸的血泪。

⑭不同于一般的_____作品，它不是作者_____写出的作品，而是在体验了家庭从庞大到_____、从繁华到凄凉的_____落差之后，把自己_____的真实生活经过了艺术_____而_____的作品。

❶ 赤いシートを当てて、本文を見ながら聞き、見えない箇所の単語をチェックしてください。

❷ 赤いシートを外して、本文を見ながら聞き、聞き取った単語が合っているか、確認してください。

❸ 本文を見ないで聞き、全体の意味が把握できるか確認してください。

曹雪芹与《红楼梦》

曹雪芹是清代的著名作家，出生于上流阶层人家，从小家境富裕，每日弹琴下棋、饱读诗书，童年是他一生中最留恋的时光。他的父亲、祖父、曾祖父都曾官任"江宁织造"，"织造"用现代语言来表达就是纺织的意思。13 岁那年，是他人生的转折点。一场灾祸降临，叔父因贪污罪被抓入监狱，全家被抄家，曹家从此日渐衰落，告别了体面的生活，陷入了经济窘困的局面，再无复兴之日。

33 岁那年，曹雪芹移居北京西郊。家里没有给他留下什么遗产，生活贫困，时常需要靠朋友的救济为生。他凭着顽强的毅力开始写作著书，在晚年，虽然已经到了勉强维持生活的艰难地步，他的意志却丝毫没有动摇，创作的火花始终没有熄灭。经过无数个昼夜的奋笔疾书，他终于写出了空前绝后的旷世之作——《红楼梦》。

《红楼梦》通过作者自身的见闻，展现了四大家族从盛到衰的过程，揭露了封建社会后期的种种腐朽和黑暗。男主人公是衔玉而生的多情公子宝玉，他的痴情和文才深受广大读者喜爱。女主人公是美丽娇气、体弱多病的林黛玉，她和宝玉的爱情悲剧成为千古绝唱。

《红楼梦》共 120 回，后 40 回为清代人高鹗所续写。读者对续写内容褒贬不一，有人认为续作锦上添花，使整部作品变得完美，持相反意见的人觉得续作非常平庸，可谓狗尾续貂。

《红楼梦》自问世以来人气度长盛不衰，围绕着这部作品甚至形成了一门独特的学问——红学。其中"新红学"的提倡者俞平伯的学说影响力最为广泛。另外还有各种红学研讨会、红学期刊、杂志等等，人们对此书的喜爱可见一斑。当曹雪芹诞辰 300 周年的时候，各地都举办了各种纪念活动。

让人们读得津津有味的《红楼梦》，其背后有作者心酸的血泪。不同于一般的空想作品，它不是作者随意写出的作品，而是在体验了家庭从庞大到解体、从繁华到凄凉的悬殊落差之后，把自己目睹的真实生活经过了艺术加工而诞生的作品。作者的悲剧体验和诗化情感，才是《红楼梦》的魅力所在。

红学 ：『紅楼夢』を研究する学問
俞平伯 ：俞平伯（人名）

曹雪芹と『紅楼夢』

　曹雪芹は清代の著名な作家で、上流階級の家に生まれ、小さい時から暮らし向きがよかった。毎日琴を弾き、碁を打ち、書物をたくさん読む、彼は生涯、子供時代を名残惜しいものと感じていた。彼の父親、祖父、曽祖父のいずれもかつて「江寧織造」という官職に就いた。「織造」は現代の言葉で言えば紡織という意味である。13歳の年が彼の人生の転換点だった。災難が降りかかってきた。叔父が汚職の罪に問われて捕まり監獄に入れられた。家中の家財が没収され、曹家はこの時から日を追って落ちぶれていった。体面を保った生活に別れを告げ、経済的にも苦しい状態に陥り、復興の日は二度と訪れなかった。

　33歳のその年、曹雪芹は北京の西の郊外に転居した。家には何の遺産も残っていなかったため、生活が困窮し、常に友達の援助に頼って生きていかなければならなかった。彼は強い意志を持って著書の執筆を始めた。晩年になっても、どうにか生活が維持できるという苦しい状態だったが、彼の意志は少しも揺るがず、創作への情熱は終始消えることはなかった。数えきれぬほどの昼夜、筆を走らせ、そうして、彼はついに空前絶後の世にたぐいなき作品——『紅楼夢』を書き上げた。

　『紅楼夢』は作者自身の見聞を通して、四大家族の繁栄から衰退の過程を展開し、封建社会後期の様々な腐敗や暗黒面を暴き出した。男性主人公は、玉を含んで生まれた情愛が深く感じやすい若君賈宝玉、彼のひたむきな愛情と文才は広範な読者に深く愛された。女性主人公は、美しく上品で病弱な林黛玉、彼女と宝玉の愛の悲劇は長らく読者に感銘を与え続けている。

　『紅楼夢』は全部で120回であるが、後半の40回は清代の高顎が書いたものである。続編の内容について読者の評価はさまざまで、錦上に花を添え、作品全体が完璧になったと認める人もいれば、反対の意見を持つ人は、続編は非常に平凡で、立派な文章につまらない文を書き足したと言うべきだと言っている。

　『紅楼夢』が世に出て以来、その人気は衰えることがない。ついにはこの作品をめぐり、独特の学問——「紅学」を築き上げた。中でも「新紅学」の提唱者である兪平伯の学説が最も広範囲に影響を及ぼしている。そのほかに各種の紅学シンポジウム、紅学定期刊行物、雑誌等もあり、この書物に対する人々の愛好の一斑をうかがい知ることができる。曹雪芹生誕300周年の時には、各地でいろいろな記念活動が開催された。

　人々が興味津々に読む『紅楼夢』、その背後には作者の悲しい血のにじむ涙がある。普通の空想から生まれた作品と違って、作者が気の向くまま書き上げたものではなく、巨大な家庭の崩壊、繁栄から寂寥へと移る甚だしい落差を体験した後に、作者自身が目の当たりにした真実の生活に、芸術的な手が加えられて誕生した作品なのである。作者の悲劇的な体験と詩化された情感、これこそが『紅楼夢』の魅力の所在である。

《骆驼祥子》 『駱駝祥子』

[STEP 1 単語] 今日習得すべき単語を、聞き取れるまで繰り返し聞いてください。 **063**

混乱 hùnluàn
(形) 混乱した

激情 jīqíng
(名) 激情、情熱

机遇 jīyù
(名) チャンス

精打细算 jīngdǎ-xìsuàn
綿密に計画する

攒 zǎn
(动) ためる、蓄える

本钱 běnqián
(名) 資本金、元手

亏损 kuīsǔn
(动) 欠損を出す、損をする

酒精 jiǔjīng
(名) アルコール

麻痹 mábì
(动) 麻痺する

机灵 jīling
(形) 賢い

和气 héqi
(形) 穏やかである

君子 jūnzǐ
(名) 君子

流氓 liúmáng
(名) ごろつき、チンピラ

吼 hǒu
(动) どなる、わめく

蚂蚁 mǎyǐ
(名) アリ

玩弄 wánnòng
(动) もてあそぶ

苦涩 kǔsè
(形) 苦くて渋い

戒备 jièbèi
(动) 警戒する

磕 kē
(动) ぶつかる、ぶつける

后顾之忧 hòugùzhīyōu
後顧の憂い

简陋 jiǎnlòu
(形) 粗末である

挥霍 huīhuò
(动) 金銭を湯水のように使う、
浪費する

捍卫 hànwèi
(动) 守る

和谐 héxié
(形) 調和がとれている、
和やかな

沮丧 jǔsàng
(形) 気落ちする

交易 jiāoyì
(动) 取引する

笼罩 lǒngzhào
(动) 覆う、立ちこめる

极限 jíxiàn
(名) 最高限度、極限

黎明 límíng
(名) 黎明、夜明け

扑 pū
(动) 全力を注ぐ

恍然大悟 huǎngrán dàwù
はっと悟る

觉醒 juéxǐng
(动) 目覚める、覚醒する

提炼 tíliàn
(动) 取り出す、抽出する

里程碑 lǐchéngbēi
(名) マイルストーン、道標

剧本 jùběn
(名) シナリオ、脚本

[STEP 2 センテンス] STEP1の単語を上から順番に、発音しながら_____に書き入れてください。センテンスの意味を把握することも学習目標の一つです。

①《骆驼祥子》是老舍创作的长篇小说，以20世纪20年代的旧北京为背景，描写了在_____的军阀统治时期，一个来自农村，对生活充满_____的小伙子，一心想通过自己的勤奋努力过上好日子的故事。

②但黑暗的旧社会非但没有给他带来任何_____，反而一次又一次打击了他，让他把辛辛苦苦_____ _____下来做生意的_____都_____殆尽，最终把他逼上吃喝嫖赌，靠_____ _____自己的歧途。

③小说塑造的主要人物有_____能干的祥子，祥子的雇主，_____善良、彬彬有礼的_____曹先生，地痞_____出身的人和车厂老板刘四，常常河东狮子_____、敢爱敢恨的虎妞，_____一样被人踩在脚底、受尽_____、内心_____的小福子，每一个登场人物都被老舍刻画得活灵活现，极具特色。

④祥子是个农民，不想再回农村。他在大城市里人生地不熟，心怀_____，到处_____磕磕碰碰，历尽艰辛，只想买一辆属于自己的人力车，靠自己的劳动过上没有_____的生活。

⑤他住得_____，吃得缺油少盐，从来没_____过一分钱。

⑥终于攒够钱买到了车，可还没来得及_____刚到手的_____生活，车就被人抢走了。

⑦但祥子没有埋怨，更没有_____，继续从零开始奋斗。

⑧后来丑姑娘虎妞看上了他，他虽然和虎妞结了婚，却对虎妞没有感情，两个人的婚姻更像是一笔互利互惠的_____。

⑨虎妞难产死去，已经让他的心_____在阴影中，当他得知自己一直爱着的小福子自杀了以后，悲痛更是达到了_____。

⑩就这样，祥子经过了三起三落，常常以为自己快要熬到_____了，却又随即跌入无边的黑暗。

⑪他一次又一次_____上去与命运搏斗，但每一次都败下阵来。

⑫如果祥子知道造成他不幸的是吃人的社会制度，他可能会_____。

⑬可惜祥子没有文化，始终没能_____。

⑭《骆驼祥子》的语言是从北京市民社会的口语中_____出来的，堪称白话文创作的_____。

⑮问世后被拍成电影，还被改编成_____，搬上舞台，成为常演不衰的好剧。

❶ 赤いシートを当てて、本文を見ながら聞き、見えない箇所の単語をチェックしてください。
❷ 赤いシートを外して、本文を見ながら聞き、聞き取った単語が合っているか、確認してください。
❸ 本文を見ないで聞き、全体の意味が把握できるか確認してください。

《骆驼祥子》

　　《骆驼祥子》是老舍创作的长篇小说，以20世纪20年代的旧北京为背景，描写了在混乱的军阀统治时期，一个来自农村，对生活充满激情的小伙子，一心想通过自己的勤奋努力过上好日子的故事。但黑暗的旧社会非但没有给他带来任何机遇，反而一次又一次打击了他，让他把辛辛苦苦精打细算攒下来做生意的本钱都亏损殆尽，最终把他逼上吃喝嫖赌，靠酒精麻痹自己的歧途。

　　小说塑造的主要人物有机灵能干的祥子，祥子的雇主，和气善良、彬彬有礼的君子曹先生，地痞流氓出身的人和车厂老板刘四，常常河东狮子吼、敢爱敢恨的虎妞，蚂蚁一样被人踩在脚底、受尽玩弄、内心苦涩的小福子，每一个登场人物都被老舍刻画得活灵活现，极具特色。

　　祥子是个农民，不想再回农村。他在大城市里人生地不熟，心怀戒备，到处磕磕碰碰，历尽艰辛，只想买一辆属于自己的人力车，靠自己的劳动过上没有后顾之忧的生活。他住得简陋，吃得缺油少盐，从来没挥霍过一分钱。终于攒够钱买到了车，可还没来得及捍卫刚到手的和谐生活，车就被人抢走了。但祥子没有埋怨，更没有沮丧，继续从零开始奋斗。后来丑姑娘虎妞看上了他，他虽然和虎妞结了婚，却对虎妞没有感情，两个人的婚姻更像是一笔互利互惠的交易。虎妞难产死去，已经让他的心笼罩在阴影中，当他得知自己一直爱着的小福子自杀了以后，悲痛更是达到了极限。

　　就这样，祥子经过了三起三落，常常以为自己快要熬到黎明了，却又随即跌入无边的黑暗。他一次又一次扑上去与命运搏斗，但每一次都败下阵来。如果祥子知道造成他不幸的是吃人的社会制度，他可能会恍然大悟。可惜祥子没有文化，始终没能觉醒。小说的结尾，祥子沉沦了，他失去了奋斗目标，每天只是昏昏沉沉地活着。

　　《骆驼祥子》的语言是从北京市民社会的口语中提炼出来的，堪称白话文创作的里程碑。问世后被拍成电影，还被改编成剧本，搬上舞台，成为常演不衰的好剧。

老舍：老舍（人名）
地痞：ごろつき

『駱駝祥子』

　『駱駝祥子』は老舎が創作した長編小説である。1920年代の旧時代の北京を舞台に、混乱した軍閥統治時期に、農村出の、人生に情熱をみなぎらせた青年が、自分の勤勉さと努力で良い生活を送りたいと一心に願う物語である。しかし、暗黒な旧社会は彼にどんなチャンスも与えることはなかった。それどころか、却って何度も何度も彼を打ちのめし、彼が細かく計画を立ててこつこつ貯めた商売の元手にするための金もほとんど失われてしまった。最後には食う、飲む、買う、打つ、の悪習に追い込まれ、アルコールで自分を麻痺させるという誤った道に頼って生きることになった。

　小説に描かれる主要人物には、賢くて勤勉な祥子、祥子の雇い主の穏やかで善良な礼儀正しい紳士の曹さん、ごろつき・チンピラ出身の車宿（人和車廠）の店主劉四、いつも大声でわめきたて、大胆に人を愛し大胆に憎む虎妞、アリのように人に踏みつけられ、ことごとくもてあそばれ、苦しみを抱えている小福子などがおり、どの登場人物も老舎によって一人一人生き生きと描写され、際立った特色を備えている。

　祥子は農民である。だが、二度と農村には戻ろうと思わない。彼は大都会では、知人もいなければ土地にも不案内であり、警戒心を持ち、あちこちもめ事にぶつかりながら、辛酸をなめ尽くす。ただひたすらに自分の人力車を手に入れ、自分の稼ぎによって後の心配がない生活にすることを望んでいた。彼の住まいは粗末で、油や塩も不足していたが、一度も一銭たりとも浪費したことはなかった。金をしっかり貯めてついに人力車を買ったが、手に入れた和やかな生活を守る間もなく、人力車は人に奪われてしまった。しかし、祥子は愚痴をこぼすことも、また気落ちすることもなく、引き続きゼロから努力を始めた。その後、醜い虎妞に気に入られ、彼は虎妞と結婚するが、虎妞に愛情を感じることはなく、二人の婚姻は互いに利益を求める取引のようなものであった。虎妞が難産で亡くなり、彼の心には暗い影が立ちこめていたが、自分がずっと愛し続けていた小福子が自殺したことを知って、悲しみが極限に達した。

　このように、祥子の人生は七転び八起きで、いつも自分はまもなく黎明を迎えるだろうと思っていると、また、たちまち果てしない暗闇に落ちるのである。彼は何度も何度も全力を傾けて運命と格闘するが、毎回必ず敗走した。もし、祥子が彼に不幸をもたらしたのが人を食う社会制度だったとわかったら、彼ははっと悟ったかもしれない。残念ながら祥子は教養がなく、最後まで目覚めることはなかった。小説の結末では、祥子は落ちぶれ、努力の目標を見失い、毎日ただぼんやり生きるばかりであった。

　『駱駝祥子』に使われている言葉は、北京の市民社会の口語から抽出されたもので、口語文創作における画期と言える。世に出た後、映画化されたほか、脚本にも改編されて舞台にかけられ、時代の変化に耐えうるすばらしい劇となっている。

现金支付的烦恼 現金払いの悩ましさ

[STEP 1 単語] 今日習得すべき単語を、聞き取れるまで繰り返し聞いてください。 **065**

采购 cǎigòu
（动）購入する、仕入れる

不免 bùmiǎn
（副）…せざるを得ない

别扭 bièniu
（形）ひねくれている、さっぱり
していない、すっきりしない

比方 bǐfang
（动）たとえる

盯 dīng
（动）見つめる

眼光 yǎnguāng
（名）視線

副 fù
（量）顔の表情についていう。数
詞は "一" のみで名詞には修飾
語が加わることが多い

乐意 lèyì
（形 / 动）うれしい／
よろこんで…する

跟前 gēnqián
（名）そば、近く

嫌 xián
（动）嫌う、嫌がる

爽快 shuǎngkuai
（形）爽快である、気持ちが良い

笨拙 bènzhuō
（形）不器用である

讥笑 jīxiào
（动）あざける、あざ笑う

狼狈 lángbèi
（形）落ちぶれてみじめである

为难 wéinán
（形）困難を感じる、困った

理直气壮 lǐzhí-qìzhuàng
筋が通っていて意気盛んである

口气 kǒuqì
（名）口調、口ぶり

不像话 búxiànghuà
（形）話にならない

愤怒 fènnù
（形）激しく怒るさま

简要 jiǎnyào
（形）簡単で要領を得ている

经纬 jīngwěi
（名）いきさつ、経緯

优胜劣汰 yōushèng-liètài
優れたものが勝ち残り、だめな
ものが淘汰される、優勝劣敗

先进 xiānjìn
（形）先進的である

闭塞 bìsè
（形）開けていない、
（交通が）不便である

偏僻 piānpì
（形）へんぴである

扩张 kuòzhāng
（动）（勢力・領土・野心などを）
拡張する、拡大する

亲密 qīnmì
（形）親密である

请柬 qǐngjiǎn
（名）招待状

应邀 yìngyāo
（动）招待に応じる

解散 jiěsàn
（动）解散する

结算 jiésuàn
（动）決算する

计较 jìjiào
（动）あれこれ計算して
こだわる

款待 kuǎndài
（动）ねんごろにもてなす

①我生活在国外，最近回国，发现无论是在餐厅吃饭还是去商场＿＿＿＿，大家都在用微信支付或支付宝，使用现金的人越来越少了。

②虽然电子支付可以省时省力，但对没有微信支付功能的人来说，却＿＿＿＿有感到＿＿＿＿的时候。

③＿＿＿＿说，有一次在超市，结账时排起了长队，人们用手机对着二维码扫一下就完成付款，轮到我拿出了一张 50 元钞票递给店员时，她＿＿＿＿着我的＿＿＿＿就像是在看一个外星人，脸上一＿＿＿＿不＿＿＿＿的表情，她走到我＿＿＿＿，找给我三张纸钞和一堆钢镚儿，而排在我后面的人也＿＿＿＿我破坏了一条龙付款的＿＿＿＿感，个个面有愠色。

④我想把店员找给我的钱塞进钱包，但越着急动作越＿＿＿＿，一不小心，袋子也碰翻了，买的东西滚落一地，感觉排在身后的人在＿＿＿＿我，真是太＿＿＿＿了。

⑤另一次，打车出行，到了目的地，我掏出 100 元给司机，他脸上显出＿＿＿＿的表情："没微信支付吗？"

⑥他用＿＿＿＿的＿＿＿＿说："我没现金找你啊，现在谁还用现金呀。"

⑦ "但是作为一个出租司机，准备现金是你应做的事情吧，一分钱都不带就开车拉客，也太＿＿＿＿了吧。"

⑧我＿＿＿＿了，提高了嗓音，这样一来二去争执不下，最终还是我认输，给附近的朋友打电话，＿＿＿＿说明了事情的＿＿＿＿，朋友马上赶来把出租费付了，我才得以下车。

⑨所有的事物都会遵循＿＿＿＿的法则，电子支付是很＿＿＿＿的付费方式，正在日益推广普及，就连＿＿＿＿的＿＿＿＿地区，也加入了无现金支付的行列。

⑩海外也正在受到微信支付的影响，微信支付项目负责人近日表示，微信支付正在＿＿＿＿欧洲市场。

⑪今天，当人们收到昔日＿＿＿＿友人的结婚＿＿＿＿，已不用再准备红包，＿＿＿＿去参加婚礼时，用微信扫码即可发送红包，同学朋友聚会，也可以在＿＿＿＿后轻松把应支付的费用一键转给＿＿＿＿者，而且账面清楚，不用＿＿＿＿谁付得多，谁付得少，而如果你想＿＿＿＿亲朋好友，不想 AA 制的话，拒收他们手机里发过来的钱就可以，非常方便。

❶ 赤いシートを当てて、本文を見ながら聞き、見えない箇所の単語をチェックしてください。
❷ 赤いシートを外して、本文を見ながら聞き、聞き取った単語が合っているか、確認してください。
❸ 本文を見ないで聞き、全体の意味が把握できるか確認してください。

现金支付的烦恼

　　我生活在国外，最近回国，发现无论是在餐厅吃饭还是去商场采购，大家都在用微信支付或支付宝，使用现金的人越来越少了。

　　虽然电子支付可以省时省力，但对没有微信支付功能的人来说，却不免有感到别扭的时候。比方说，有一次在超市，结账时排起了长队，人们用手机对着二维码扫一下就完成付款，轮到我拿出了一张50元钞票递给店员时，她盯着我的眼光就像是在看一个外星人，脸上一副不乐意的表情，她走到我跟前，找给我三张纸钞和一堆钢镚儿，而排在我后面的人也嫌我破坏了一条龙付款的爽快感，个个面有愠色。我想把店员找给我的钱塞进钱包，但越着急动作越笨拙，一不小心，袋子也碰翻了，买的东西滚落一地，感觉排在身后的人在讥笑我，真是太狼狈了。

　　另一次，打车出行，到了目的地，我掏出100元给司机，他脸上显出为难的表情："没微信支付吗？"我说："对不起，国外的手机，没开通这个功能。"他用理直气壮的口气说："我没现金找你啊，现在谁还用现金呀。""但是作为一个出租司机，准备现金是你应做的事情吧，一分钱都不带就开车拉客，也太不像话了吧。"我愤怒了，提高了嗓音，这样一来二去争执不下，最终还是我认输，给附近的朋友打电话，简要说明了事情的经纬，朋友马上赶来把出租费付了，我才得以下车。

　　所有的事物都会遵循优胜劣汰的法则，电子支付是很先进的付费方式，正在日益推广普及，就连闭塞的偏僻地区，也加入了无现金支付的行列。海外也正在受到微信支付的影响，微信支付项目负责人近日表示，微信支付正在扩张欧洲市场。今天，当人们收到昔日亲密友人的结婚请束，已不用再准备红包，应邀去参加婚礼时，用微信扫码即可发送红包，同学朋友聚会，也可以在解散后轻松把应支付的费用一键转给结算者，而且账面清楚，不用计较谁付得多，谁付得少，而如果你想款待亲朋好友，不想AA制的话，拒收他们手机里发过来的钱就可以，非常方便。

　　对我来说，当务之急，是快点儿开通手机里微信支付的功能。

微信支付：ウィチャットペイ		**电子支付**：電子マネー	
支付宝　：アリペイ		**二维码**　：QRコード	

現金払いの悩ましさ

　私は海外で生活している。最近（中国に）帰国して、レストランで食事をするにもデパートで買い物をするにも、皆ウィチャットペイあるいはアリペイを使っていて、現金を使う人がますます少なくなっていることに気づいた。

　電子マネー（による支払い）は時間を節約し、手間を省ける。だが、ウィチャットペイ（の機能）を持っていない人間には、どうしてもすっきりしないと感じる時がある。例えば、ある時、スーパーでレジに、長い行列ができていた。客たちは携帯で QR コードを読み取ると、すぐに支払いを済ませる。私の番になって 50 元札を 1 枚取り出して店員に渡すと、店員はまるで宇宙人を見るような目つきで私を見、顔には面倒臭そうな表情が現れた。店員は私のそばまで歩いて来て、3 枚の紙幣と一山のコインをおつりにくれた。そして、後ろに並んでいた人たちも私が自動支払いの気持ちの良さを壊したことを嫌がっていて、皆顔に怒りの色が現れていた。私は、店員からもらったつり銭を財布に入れようとしたが、焦れば焦るほどもたつき、袋も不注意でひっくり返し、買ったものが全部床にころげ落ちた。後ろに並んでいる人が私をあざ笑っているような気がして、本当に惨めな気持ちだった。

　またある時、私はタクシーをひろって出かけ、目的地に着いた。私が 100 元を出して運転手に渡すと、運転手は困ったような表情をして「ウィチャットペイはやらないんですか」と。私は「すみません。海外の携帯なのでその機能がないんです」と答えた。すると、運転手は堂々とした口調で「あなたにお釣りをあげる現金がないんですよ。今時、現金なんか使いますか」と言った。「だけどタクシーの運転手として、現金を用意するのは当たり前のことでしょう。一銭も持たないで、客を乗せるなんて、ひどい話ですよ」私は怒って声を荒げた。こうして、互いに言い争って譲歩しなかったが、結局、私が負けを認めた。近くの友達に電話をかけて簡単に事のいきさつを説明すると、友達がすぐ駆けつけてタクシー代を払ってくれた。そうして、私はやっとタクシーを降りることができた。

　あらゆる事物に優勝劣敗の法則が当てはまる。電子マネーはとても進んだ支払い方法で、日増しに広く普及している。交通が不便なへんぴな地区でさえもキャッシュレス決済の列に加わっている。海外にもウィチャットペイの影響は及んでいる。近頃、ウィチャットペイプロジェクトの担当者が、ウィチャットペイはヨーロッパ市場にまで広がっていると表明した。今日、人々は親しい旧友から結婚式の招待状を受け取っても、祝儀を用意する必要はなく、招待に応じて結婚式に出席する時に、ウィチャットで QR コードを読み取ってすぐに祝儀を送る。同窓会や友達の集まりも閉会後、支払うべき費用を手軽にワンクリックで会計担当に送金するので、帳簿もはっきりしていて誰がたくさん払って、誰が少なく払ったかなどと言い争う必要がない。また、もし親戚や友達をもてなして割り勘にしたくないと思ったら、携帯で送ってきたお金の受け取りを断ればそれで済み、非常に便利である。

　私にとって、当面の急務は、なるべく早く携帯のウィチャットペイ機能を使えるようにすることである。

变成蝴蝶的妈妈 チョウチョウになったお母さん

[STEP 1 単語] 今日習得すべき単語を、聞き取れるまで繰り返し聞いてください。 **067**

一向 yíxiàng
（副）いままでずっと

揉 róu
（动）もむ、こする、さする

务必 wùbì
（副）ぜひ、必ず

峡谷 xiágǔ
（名）峡谷

乡镇 xiāngzhèn
（名）田舎町

寻觅 xúnmì
（动）探し求める

踪迹 zōngjì
（名）跡、痕跡

愈 yù
（副）"愈…愈…"の形で用いる、
…すればするほど、ますます

炎热 yánrè
（形）ひどく暑い

丛 cóng
（量）草むら、茂み

出神 chūshén
（动）うっとりする、ぼんやりする

琢磨 zuómo
（动）よくよく考える、思案する

沉思 chénsī
（动）深く考え込む

鲜明 xiānmíng
（形）鮮やかである

留神 liúshén
（动）注意する、気をつける

臂 bì
（名）肩から手首までの部分、腕

哇 wā
（助）わあ

预言 yùyán
（动／名）予言する／予言

掩饰 yǎnshì
（动）（過ちや心情などを）ごま
かす、隠す

争气 zhēngqì
（动）負けん気を出す、がんばる

慈祥 cíxiáng
（形）情が深い、優しい

关怀 guānhuái
（动）気にかける、心配する

终止 zhōngzhǐ
（动）終止する、やめる

一如既往 yìrú-jìwǎng
これまで少しも変わらない

犹如 yóurú
（动）…と同じようである

涌现 yǒngxiàn
（动）（人や事物が）大量に出現
する、勢いよく現れる

谜语 míyǔ
（名）なぞ、なぞなぞ

烘 hōng
（动）（火で）あぶる、乾かす

联欢 liánhuān
（动）交歓する、交流する

盛 chéng
（动）（飲食物などを）盛る、
よそう

宇宙 yǔzhòu
（名）宇宙

证实 zhèngshí
（动）実証する

①科尔是一个高大帅气的男青年，在大学的棒球队当投球手，最近，＿＿＿＿忙碌的他可能是练习过多，左肩膀疼得厉害，他常常用右手去＿＿＿＿，但总不见好转。

②科尔的妈妈去世九周年了，临终前，她告诉科尔，自己会变成一只黄蝴蝶回到人间来看望儿子，请科尔＿＿＿＿记住自己的话。

③从妈妈故去之后，科尔走过了很多地方，有高山＿＿＿＿，也有大海沙漠，从城市到＿＿＿＿，他总是下意识地＿＿＿＿着妈妈来过的＿＿＿＿，但遍寻不获，黄蝴蝶虽然遇见了许多，但都只不过是普通的蝴蝶而已。

④随着时间的过去，科尔觉得自己离妈妈＿＿＿＿来愈远了。

⑤在一个＿＿＿＿的夏日，科尔蹲在院子里，对着一＿＿＿＿花＿＿＿＿，他在＿＿＿＿自己的肩膀如果一直治不好，会影响今后的棒球生涯，可是，该怎么治疗才能有效消除肩膀疼痛呢？

⑥他陷入了＿＿＿＿中。

⑦忽然，他看到一个色彩＿＿＿＿的东西从花丛背后飞出来，＿＿＿＿细看，居然是一只黄蝴蝶，蝴蝶径直落到他的手＿＿＿＿上，然后向上爬到他的左肩膀上，并停留在那里。

⑧＿＿＿＿！科尔惊叫起来，他意识到妈妈终于来了，就像妈妈＿＿＿＿的那样，她变成了一只黄蝴蝶。

⑨科尔＿＿＿＿不住自己的激动，眼泪也不＿＿＿＿地掉了下来。

⑩一向细心又＿＿＿＿的妈妈是在担心他的肩膀，虽然妈妈离开了人世，但她对儿子的＿＿＿＿没有＿＿＿＿，她依然＿＿＿＿地爱着科尔。

⑪奇怪的是，科尔的肩膀＿＿＿＿得到了名医生的治疗，疼痛减轻多了。

⑫科尔这个下午过得很幸福，以前和妈妈在一起时的各种画面＿＿＿＿出来：妈妈送他去幼儿园、妈妈为他钉扣子、妈妈和他一起猜＿＿＿＿、妈妈为他＿＿＿＿烤生日＿＿＿＿会的蛋糕，妈妈给他＿＿＿＿汤……他思绪汹涌，感慨万千。

⑬＿＿＿＿之大，无奇不有。

⑭科尔和黄蝴蝶的故事＿＿＿＿了世上最持久的东西莫过于母爱。

❶ 赤いシートを当てて、本文を見ながら聞き、見えない箇所の単語をチェックしてください。
❷ 赤いシートを外して、本文を見ながら聞き、聞き取った単語が合っているか、確認してください。
❸ 本文を見ないで聞き、全体の意味が把握できるか確認してください。

变成蝴蝶的妈妈

科尔是一个高大帅气的男青年，在大学的棒球队当投球手，最近，一向忙碌的他可能是练习过多，左肩膀疼得厉害，他常常用右手去揉，但总不见好转。

科尔的妈妈去世九周年了，临终前，她告诉科尔，自己会变成一只黄蝴蝶回到人间来看望儿子，请科尔务必记住自己的话。从妈妈故去之后，科尔走过了很多地方，有高山峡谷，也有大海沙漠，从城市到乡镇，他总是下意识地寻觅着妈妈来过的踪迹，但遍寻不获，黄蝴蝶虽然遇见了许多，但都只不过是普通的蝴蝶而已。随着时间的过去，科尔觉得自己离妈妈愈来愈远了。

在一个炎热的夏日，科尔蹲在院子里，对着一丛花出神，他在琢磨自己的肩膀如果一直治不好，会影响今后的棒球生涯，可是，该怎么治疗才能有效消除肩膀疼痛呢？他陷入了沉思中。忽然，他看到一个色彩鲜明的东西从花丛背后飞出来，留神细看，居然是一只黄蝴蝶，蝴蝶径直落到他的手臂上，然后向上爬到他的左肩膀上，并停留在那里。哇！科尔惊叫起来，他意识到妈妈终于来了，就像妈妈预言的那样，她变成了一只黄蝴蝶。科尔掩饰不住自己的激动，眼泪也不争气地掉了下来。一向细心又慈祥的妈妈是在担心他的肩膀，虽然妈妈离开了人世，但她对儿子的关怀没有终止，她依然一如既往地爱着科尔。

蝴蝶就这样停在科尔的肩膀上，陪他度过了一个下午。奇怪的是，科尔的肩膀犹如得到了名医生的治疗，疼痛减轻多了。科尔这个下午过得很幸福，以前和妈妈在一起时的各种画面涌现出来：妈妈送他去幼儿园、妈妈为他钉扣子、妈妈和他一起猜谜语、妈妈为他烘烤生日联欢会的蛋糕，妈妈给他盛汤……他思绪汹涌，感慨万千。

科尔把和黄蝴蝶在一起的照片配上文字发到推特上，很多人感动得留下眼泪。宇宙之大，无奇不有。科尔和黄蝴蝶的故事证实了世上最持久的东西莫过于母爱。

推特：ツイッター

136

チョウチョウになったお母さん

　コールは背が高くてハンサムな青年である。大学の野球チームで投手をしていて、最近ずっと忙しい彼は練習をしすぎたためか左の肩が激しく痛み、いつも右手で揉んでいるが、どうも良くなりそうもない。

　コールのお母さんが亡くなって9年になる。臨終の時に、お母さんはコールに、自分は黄色いチョウチョウになってこの世に戻って息子に会いに来るから必ずこのことを覚えていてね、と言った。お母さんが亡くなってから、コールはいろいろな所を巡り歩いた。高山や峡谷、海や砂漠、都会から町や村まで。彼はいつも無意識のうちにお母さんが来た痕跡を探し求めた。だが、くまなく探しても見つからず黄色いチョウチョウには何度も出会ったが、どれも普通のチョウチョウばかりだった。時間の経過とともに、コールは自分がお母さんからますます疎遠になっていくと感じるようになった。

　ある暑い夏の日、コールは庭にしゃがみ、花むらに向かってぼんやりしていた。彼は、自分の肩がもしずっと良くならなかったら、今後の野球人生に影響があるだろうと思案していた。しかし、どんな治療が肩の痛みをなくす効果があるのだろうか。コールは深く考え込んだ。突然、鮮やかな色をしたものが花むらの向こうから飛んでくるのが見えた。注意深くよく見ると、なんとそれは一羽の黄色いチョウチョウで、チョウチョウはスーッと彼の腕にとまると、左の肩までよじ登り、そこにとどまった。うわぁ！　コールは驚いて叫び声をあげ、お母さんがとうとう来てくれたんだと気づいた。お母さんは予言したとおり、黄色いチョウチョウになっていた。コールは自分の感激を隠しきれず、涙もこらえ切れずしたたり落ちてきた。いつだって注意深く、優しいお母さんは彼の肩を心配していて、この世を去っても、息子への思いは消えず、これまでどおり変わることなくコールを愛していたのだ。

　チョウチョウはこうしてコールの肩にとまって、ともに午後のひとときを過ごした。不思議なことに、コールの肩は名医の治療を受けたように、痛みがだいぶ軽くなっていた。コールはこの午後をとても幸せにすごし、以前お母さんがいた頃のいろいろな場面が次々と蘇ってきた。お母さんが幼稚園まで送ってくれたこと、ボタンを縫い付けてくれたこと、一緒になぞなぞ遊びをしたこと、誕生日会にケーキを焼いてくれたこと、よそってくれたスープのこと……。思いは激しく湧き上がり、感慨無量であった。

　コールと黄色いチョウチョウが一緒に写った写真は、文章を添えてツイッターにアップされた。すると、多くの人が感動のあまり涙を流した。この宇宙は大きく不思議なことだらけである。コールと黄色いチョウチョウの話は、この世で最も長く保たれるものは、母性愛にほかならないことを実証した。

《傅雷家书》『傅雷家書』

[STEP 1 単語] 今日習得すべき単語を、聞き取れるまで繰り返し聞いてください。 **069**

吹捧 chuīpěng
（动）おだて上げる

虚荣 xūróng
（名）虚栄、見栄

吹牛 chuīniú
（动）ほらを吹く、
大きなことを言う

干涉 gānshè
（动）干渉する

泰斗 tàidǒu
（名）泰斗、その道の大家

荒唐 huāngtáng
（形）でたらめである

迫害 pòhài
（动）迫害する

无穷无尽 wúqióng wújìn
尽きることがない

无微不至 wúwēi-búzhì
すべての点で行き届いている

激励 jīlì
（动）激励する

疙瘩 gēda
（名）悩み、しこり、わだかまり

传授 chuánshòu
（动）伝授する

敏锐 mǐnruì
（形）鋭い

细致 xìzhì
（形）緻密である、丹念である

阐述 chǎnshù
（动）（理論や難しい問題などについて）詳しく述べる

见解 jiànjiě
（名）見解

辅助 fǔzhù
（动）補佐する、助ける

修养 xiūyǎng
（名）教養、修養

健全 jiànquán
（形）健全である、整っている

民主 mínzhǔ
（形）民主的である

各抒己见 gèshū-jǐjiàn
おのおの自分の意見を述べる

探讨 tàntǎo
（动）詳細に研究する、
詳細に議論する

欢乐 huānlè
（形）喜んでいる、うれしい

示范 shìfàn
（动）模範を示す、手本を示す

领悟 lǐngwù
（动）悟る

启示 qǐshì
（动／名）啓示する／
諭し示すこと

创业 chuàngyè
（动）起業する、事業を始める

发财 fācái
（动）金持ちになる、金を儲ける

出息 chūxi
（名）前途、見込み

发行 fāxíng
（动）発行する

当选 dāngxuǎn
（动）当選する、選ばれる

港湾 gǎngwān
（名）港湾、港

辜负 gūfù
（动）（期待などに）背く

序言 xùyán
（名）序言

母语 mǔyǔ
（名）母語

[STEP 2 センテンス] STEP1 の単語を上から順番に、発音しながら＿＿＿＿に書き入れてください。センテンスの意味を把握することも学習目標の一つです。

①父母对孩子的影响至为重要，整天＿＿＿＿孩子，就会让孩子成为高傲自大的人，从小娇生惯养，就会让孩子爱慕＿＿＿＿，成为眼高手低，喜欢＿＿＿＿的人，过于＿＿＿＿孩子的自由，就会让孩子产生抵触心理，疏远父母甚至社会。

②《傅雷家书》的作者是法语翻译界＿＿＿＿傅雷，书中收录了他从 1954 年到 1966 年期间写给儿子傅聪和儿媳妇弥拉的家信。

③这些家书终结于 1966 年"文革"时期，在那个＿＿＿＿的年代，傅雷夫妇不堪＿＿＿＿，双双自尽。

④十二年通信数百封，充满了父亲对儿子＿＿＿＿的爱，以及对儿子的成长给予的＿＿＿＿的关怀。

⑤在信中，他＿＿＿＿儿子发奋向上，化解儿子心中的＿＿＿＿，＿＿＿＿自己的人生经验，并把自己对艺术的＿＿＿＿观察，化作＿＿＿＿的文字，详尽＿＿＿＿了对音乐的独特＿＿＿＿。

⑥我们可以通过这些信件，看到一个父亲＿＿＿＿儿子走上成为有＿＿＿＿和才能、德艺＿＿＿＿的音乐家之路的过程。

⑦书信中有一股浓浓的＿＿＿＿气息扑面而来，父子俩就很多人生问题＿＿＿＿，展开＿＿＿＿。

⑧字里行间有＿＿＿＿，也有悲伤，有幽默、也有严肃。

⑨有人对这本书的评价是：对整治社会风气、民风、家风有＿＿＿＿榜样作用。

⑩相信每一位读到这本书的人，都会有所＿＿＿＿。

⑪它带给我们很多＿＿＿＿，比如：不要总是期望孩子能＿＿＿＿ ＿＿＿＿、有＿＿＿＿赚大钱，也许一辈子平平安安才是孩子最大的幸福。

⑫据统计 20 多年间该书的＿＿＿＿量累计已达 110 万册，这足以证明其影响之大。

⑬《傅雷家书》＿＿＿＿过全国首届优秀青年读物一等奖，傅雷对儿子的爱告诉我们，每个孩子都是一条小船，无论驶出多远，父母都会是等待他们归航的＿＿＿＿。

⑭傅聪没有＿＿＿＿父亲对他的爱，他后来成为了著名的钢琴家。

⑮楼适夷在《傅雷家书》的＿＿＿＿里说，希望这本书的"光焰照彻人间，得到它应该得到的尊敬和爱"。

⑯傅雷的译作也畅销不衰，得到世人盛赞，他的翻译理念是："一个好的译本如同是用＿＿＿＿写作。"

❶ 赤いシートを当てて、本文を見ながら聞き、見えない箇所の単語をチェックしてください。
❷ 赤いシートを外して、本文を見ながら聞き、聞き取った単語が合っているか、確認してください。
❸ 本文を見ないで聞き、全体の意味が把握できるか確認してください。

《傅雷家书》

父母对孩子的影响至为重要，整天吹捧孩子，就会让孩子成为高傲自大的人，从小娇生惯养，就会让孩子爱慕虚荣，成为眼高手低，喜欢吹牛的人，过于干涉孩子的自由，就会让孩子产生抵触心理，疏远父母甚至社会。

《傅雷家书》的作者是法语翻译界泰斗傅雷，书中收录了他从 1954 年到 1966 年期间写给儿子傅聪和儿媳妇弥拉的家信。这些家书终结于 1966 年"文革"时期，在那个荒唐的年代，傅雷夫妇不堪迫害，双双自尽。十二年通信数百封，充满了父亲对儿子无穷无尽的爱，以及对儿子的成长给予的无微不至的关怀。

在信中，他激励儿子发奋向上，化解儿子心中的疙瘩，传授自己的人生经验，并把自己对艺术的敏锐观察，化作细致的文字，详尽阐述了对音乐的独特见解。我们可以通过这些信件，看到一个父亲辅助儿子走上成为有修养和才能、德艺健全的音乐家之路的过程。书信中有一股浓浓的民主气息扑面而来，父子俩就很多人生问题各抒己见，展开探讨。字里行间有欢乐、也有悲伤，有幽默、也有严肃。

有人对这本书的评价是：对整治社会风气、民风、家风有示范榜样作用。相信每一位读到这本书的人，都会有所领悟。它带给我们很多启示，比如：不要总是期望孩子能创业发财、有出息赚大钱，也许一辈子平平安安才是孩子最大的幸福。

据统计 20 多年间该书的发行量累计已达 110 万册，这足以证明其影响之大。《傅雷家书》当选过全国首届优秀青年读物一等奖，傅雷对儿子的爱告诉我们，每个孩子都是一条小船，无论驶出多远，父母都会是等待他们归航的港湾。

傅聪没有辜负父亲对他的爱，他后来成为了著名的钢琴家。

楼适夷在《傅雷家书》的序言里说，希望这本书的"光焰照彻人间，得到它应该得到的尊敬和爱"。

傅雷的译作也畅销不衰，得到世人盛赞，他的翻译理念是："一个好的译本如同是用母语写作。"

傅雷 ：傅雷（人名）
傅聪 ：傅聪（人名）
弥拉 ：ザミーラ（人名）

『傅雷家書』

　　両親の子供に対する影響は極めて重要である。一日中子供をおだて上げると子供が傲慢で不遜な人になる可能性がある。小さい時から甘やかされて育つと子供の虚栄心が強くなり、望みは高いが実力が伴わず、やたらと大口をたたく人間になる可能性がある。子供の自由に口を出しすぎると子供に反発心が生まれ、両親ひいては社会から距離をおくようになる。

　　『傅雷家書』の作者は、フランス語翻訳界の泰斗、傅雷である。この著書には彼が 1954 年から 1966 年の間に、息子の傅聡とその嫁のザミーラに宛てて書いた手紙が収録されている。これらの手紙は 1966 年の「文革」の時期に終わっている。あの荒唐無稽な時代に、傅雷夫婦は迫害に耐えられず二人そろって自殺した。手紙は 12 年間で数百通に及び、父親の息子に対する尽きることのない愛情、そして息子の成長を願う細やかで行き届いた思いやりに満ちている。

　　手紙の中で、彼は息子が奮起するよう激励し、息子の悩みを解きほぐし、自分の人生経験を伝えた。そして、自分の芸術に対する鋭い観察を丹念に文章に表し、音楽に対する独特の見解を詳細に記述した。私達はこれらの手紙から、一人の父親として、息子が教養を身につけ才能を伸ばし、品性と力量を兼ね備えた音楽家となるよう手助けする過程を読み取ることができる。手紙からは民主的な息吹が色濃く感じられ、親子二人は、多くの人生の問題について各々自分の意見を述べ、詳細な議論を展開している。文章の行間には喜びがあり、悲しみもあり、またユーモアもあれば真剣さもある。

　　この本は、社会のモラル、気風、家風（を整えること）に対して範を示していると評価する人もいる。この著書を読んだ人はどの人もみんな何か悟る点があると信じる。この著書は私達に多くの啓示を与えている。例えば、子供が事業を起こして金持ちになる、大金を儲ける見込みがあるなどといつまでも期待してはいけない。おそらく一生平穏無事に送ることこそがその子の最大の幸せなのだ。

　　統計によると、20 数年間にこの書籍の発行部数は累計 110 万冊に達し、その影響力が大きいことを十分に証明している。『傅雷家書』は全国第一回優秀青年読み物の一等賞に選ばれた。傅雷の息子に対する愛情は、どの子供もみんな一隻の小さい船で、両親は子供たちがどれほど遠くまで行こうと帰港するのを待つ港である、と我々に教えている。

　　傅聡は父親の（彼に対する）愛に背かなかった。彼はその後著名なピアニストになった。

　　楼適夷氏は、『傅雷家書』の序言で、本書にあるように「光がこの世をあまねく照らせば、この世は得るべき尊敬と愛情で満たされる」ことを願うと言っている。

　　傅雷の翻訳作品も常にベストセラーで世間の人から高い評価を得ている。彼の翻訳理念は「良い翻訳は母語で書かれたものと変わらない」というものだ。

禁欲盒子 禁欲ボックス

[STEP 1 単語] 今日習得すべき単語を、聞き取れるまで繰り返し聞いてください。 **071**

拖延 tuōyán
（动）引き延ばす、遅らせる

统统 tǒngtǒng
（副）すべて、ことごとく

踏实 tāshi
（形）落ち着いている

扰乱 rǎoluàn
（动）邪魔する、妨害する

撇 piě
（动）投げる、ほうる、追いやる

滔滔不绝 tāotāo bùjué
滔々とまくしたてる

以致 yǐzhì
（连）…の結果になる

延期 yánqī
（动）延期する

请教 qǐngjiào
（动）教えを請う

抛弃 pāoqì
（动）捨てる、放り捨てる、
見捨てる

顽固 wángù
（形）頑固である

牵制 qiānzhì
（动）牽制する

谴责 qiǎnzé
（动）厳しく非難する、強く責める

厌恶 yànwù
（动）嫌悪する

奴隶 núlì
（名）奴隷

掐 qiā
（动）（指先できつく）押し付ける、
つねる

实质 shízhì
（名）実質

妥协 tuǒxié
（动）妥協する

抵抗 dǐkàng
（动）抵抗する

贪婪 tānlán
（形）貪婪である、貪欲である

仁慈 réncí
（形）情け深い

虐待 nüèdài
（动）虐待する

擅自 shànzì
（副）勝手に、断りなしに

协助 xiézhù
（动）協力する、手助けをする

欲望 yùwàng
（名）欲望

依赖 yīlài
（动）頼る、依存する

泡沫 pàomò
（名）泡沫（ほうまつ）、泡

实行 shíxíng
（动）実行する

叹气 tànqì
（动）ため息をつく

压抑 yāyì
（动）抑えつける

机动 jīdòng
（形）機動性のある、融通性の
ある、適宜に

[STEP 2 センテンス] STEP1 の単語を上から順番に、発音しながら_____に書き入れてください。センテンスの意味を把握することも学習目標の一つです。

①你有没有制定了很多计划，却因你的_____而_____未能实现？

②比如说迷恋手机，每隔几分钟就看看手机已经成了习惯，不看就觉得心里不_____，这种习惯严重_____了人们正常学习和工作。

③有时候看手机看上瘾，手边正在做的事情被_____在一旁，有时候用手机和朋友_____地天说地，_____于要交的工作报告不能完成，只好_____到下周。

④也许你曾_____过专家如何改变自己，但听过很多成套的理论之后，你会发现自己还是不能_____"老朋友"们。

⑤一些_____的"瘾"_____着人们的生活，虽然人们常常_____自己浪费了时间，_____自己成了嗜好品的_____，甚至后悔得恨不得_____自己几把，但大多数人还是不会有什么_____性的改变，最终还是向这些戒不掉的"瘾"_____，慢慢陷入_____、妥协、再抵抗、再妥协的循环中。

⑥因为每个人都有_____的一面，又都对自己很_____，不想"_____"自己。

⑦最近，一个名叫禁欲盒的商品在日本很受欢迎，把你想暂时离开的嗜好品放入盒子中，设定好时间，在设定的时间之内，这个盒子任谁也打不开，比如，如果把香烟放进盒子里，把时间设置为三个小时，那么一旦设定启动，你就无法_____拿出香烟了，只有在三小时以后，你才能打开盒子，取出香烟，这个盒子可以_____自制力差的人控制_____，提高工作或学习的效率。

⑧这个禁欲武器的诞生无疑会使人们有很多收益，减肥的人可以暂时告别糖果，_____酒精的人可以暂时放下杯子，冲动购物的人可以暂时离开钱包，让自己冷静下来。

⑨而经常让今天的工作或学习计划变成_____的人，也许可以不再看着晚霞染红天空而恐惧一天的时间即将消失，因为他们靠这个盒子_____了自我管理，终于不用再在深夜对着积压的工作_____了，_____的心情也得以释放。

⑩无论什么人都可以针对自己的"瘾"来_____使用，这个禁欲盒子真是个不错的发明啊。

❶ 赤いシートを当てて、本文を見ながら聞き、見えない箇所の単語をチェックしてください。
❷ 赤いシートを外して、本文を見ながら聞き、聞き取った単語が合っているか、確認してください。
❸ 本文を見ないで聞き、全体の意味が把握できるか確認してください。

禁欲盒子

　你有没有制定了很多计划，却因你的拖延而统统未能实现？相信很多人的回答是有。拖延往往是因为人们的各种依存症而引起。比如说迷恋手机，每隔几分钟就看看手机已经成了习惯，不看就觉得心里不踏实，这种习惯严重扰乱了人们正常学习和工作。有时候看手机看上瘾，手边正在做的事情被撇在一旁，有时候用手机和朋友滔滔不绝地谈天说地，以致于要交的工作报告不能完成，只好延期到下周。也许你曾请教过专家如何改变自己，但听过很多成套的理论之后，你会发现自己还是不能抛弃"老朋友"们。

　一些顽固的"瘾"牵制着人们的生活，虽然人们常常谴责自己浪费了时间，厌恶自己成了嗜好品的奴隶，甚至后悔得恨不得掐自己几把，但大多数人还是不会有什么实质性的改变，最终还是向这些戒不掉的"瘾"妥协，慢慢陷入抵抗、妥协、再抵抗、再妥协的循环中。因为每个人都有贪婪的一面，又都对自己很仁慈，不想"虐待"自己。

　最近，一个名叫禁欲盒的商品在日本很受欢迎，把你想暂时离开的嗜好品放入盒子中，设定好时间，在设定的时间之内，这个盒子任谁也打不开，比如，如果把香烟放进盒子里，把时间设置为三个小时，那么一旦设定启动，你就无法擅自拿出香烟了，只有在三小时以后，你才能打开盒子，取出香烟，这个盒子可以协助自制力差的人控制欲望，提高工作或学习的效率。

　这个禁欲武器的诞生无疑会使人们有很多收益，减肥的人可以暂时告别糖果，依赖酒精的人可以暂时放下杯子，冲动购物的人可以暂时离开钱包，让自己冷静下来。而经常让今天的工作或学习计划变成泡沫的人，也许可以不再看着晚霞染红天空而恐惧一天的时间即将消失，因为他们靠这个盒子实行了自我管理，终于不用再在深夜对着积压的工作叹气了，压抑的心情也得以释放。无论什么人都可以针对自己的"瘾"来机动使用，这个禁欲盒子真是个不错的发明啊。

禁欲ボックス

　いろいろ計画を立てたけれども、自分で先送りしたために、ことごとく実現できなかったことはあるだろうか？　多くの人が「ある」と答えると信じる。先送りは、往々にして人々の様々な依存症により引き起こされるものである。例えば、携帯の虜となっていて、数分ごとに携帯を見るのがすでに習慣となり、見ないと気持ちが落ち着かなくなる。このような習慣は（人々の）正常な学習や仕事の妨げとなっている。携帯に夢中になって手元の今やっていることを片隅に追いやったり、携帯で友達と滔々とおしゃべりに興じたりする。そのため、提出しなければならない仕事の報告書が出来上がらず、来週まで延ばさざるを得ないことになる。おそらく、どうすれば自分を変えられるか、専門家に教えを請うことがあったかもしれないが、多くの出来合いの理論を聞いた後、自分はやはり「旧友」を見捨てられないことに気づく。

　一部の頑固な「悪癖」は人々の生活を牽制している。時間を無駄にしたといつも自分を厳しく責め、嗜好品の奴隷になっていると嫌悪し、ひいては、後悔のあまり自分をちょっとつねってやりたくなる。しかしほとんどの人は、結局、実質的にはなにも変えられず、最後にはなおこれらのやめられない「悪癖」に妥協し、徐々に抵抗、妥協、また抵抗、また妥協という繰り返しに陥る。なぜなら、人はみな貪欲な一面を持っており、また誰もが自分にとてもやさしく、自分を「虐待」したくないからである。

　最近、禁欲ボックスと言われる商品が、日本でとても人気になっている。遠ざけたいと思う嗜好品をしばらくその箱に入れ、タイマーを設定する。設定した時間の間は誰もこの箱を開けられない。例えば、タバコを箱に入れて、時間を3時間と設定し、それが一旦スタートするともう勝手にタバコを取り出すことができなくなる。そして3時間後にやっと箱を開けてタバコを取り出すことができるのである。この箱は自制力が弱い人に手を貸して欲望をコントロールし、仕事や学習の効率を高めることができる。

　この禁欲の武器が生まれたことは、明らかに人々に多くの利益をもたらした。ダイエットをする人はあめなど（の砂糖菓子）にしばらく別れを告げ、アルコール依存の人は、一時コップを手放し、衝動買いをする人は、少しの間財布を手放すことができ、自分を落ち着かせることになるのだ。そして、いつも今日の仕事や学習計画を駄目にする人は、おそらく夕焼けが空を赤く染めるのを見て、一日の時間がそろそろなくなるのをもう恐れなくてもよくなるのだ。なぜなら、彼らはこの箱で自己管理をし、ついに深夜に積もり積もった仕事に向かってため息をつくこともなくなり、重苦しい気持ちも解き放つことができるからである。どんな人でも自分の「悪癖」をうまくコントロールできる。この禁欲ボックスは本当にすばらしい発明だ。

哪些人应该远离按摩椅

どんな人たちがマッサージチェアを避けるべきか

[STEP 1 単語] 今日習得すべき単語を、聞き取れるまで繰り返し聞いてください。 **073**

按摩 ànmó
(動) マッサージする

改良 gǎiliáng
(動) 改良する

档次 dàngcì
(名) 等級、ランク

完备 wánbèi
(形) 完備している

进化 jìnhuà
(動) 進化する

聚精会神 jùjīng-huìshén
精神を集中する、
一心不乱に…する

僵硬 jiāngyìng
(形) 硬直している、
こわばっている

电源 diànyuán
(名) 電源

遥控 yáokòng
(動) 遠隔操作する、
リモコン操作する

附件 fùjiàn
(名) 付属品、部品

警惕 jǐngtì
(動) 警戒する

预期 yùqī
(動) 予期する、期待する

要命 yàomìng
(動) 命を奪う

颈椎 jǐngzhuī
(名) 頸椎

精确 jīngquè
(形) 精密で正確である、
正確で行き届いた

呕吐 ǒutù
(動) 嘔吐する

昏迷 hūnmí
(動) 意識不明になる

症状 zhèngzhuàng
(名) 症状

瘫痪 tānhuàn
(動) 半身不随、中風

姑且 gūqiě
(副) ひとまず

免得 miǎnde
(连) …しないように

血压 xuèyā
(名) 血圧

慢性 mànxìng
(形) 慢性の

严禁 yánjìn
(動) 厳禁する

密度 mìdù
(名) 密度

粉碎 fěnsuì
(動) 粉砕する、粉々に砕ける

折 zhé
(動) 折る

许可 xǔkě
(動) 許可する

暂且 zànqiě
(副) しばらく

亏待 kuīdài
(動) 粗末に扱う

无知 wúzhī
(形) 無知である

画蛇添足 huàshé-tiānzú
余計なものを付け加えて
だめにしてしまう

气功 qìgōng
(名) 気功

[STEP 2 センテンス] STEP1の単語を上から順番に、発音しながら＿＿＿＿＿に書き入れてください。センテンスの意味を把握することも学習目標の一つです。

①哪些人应该远离＿＿＿＿＿椅。

②按摩椅，近年来经过不断＿＿＿＿＿，＿＿＿＿＿日渐提高，在设计上越来越＿＿＿＿＿，功能也越来越＿＿＿＿＿。

③如果一个上班族＿＿＿＿＿地在电脑前写了一天报告，拖着＿＿＿＿＿的身体走进家门，那么，一台按摩椅就成了他放松身心的天堂，只要插上＿＿＿＿＿，按下＿＿＿＿＿器，按摩椅就能帮他消除疲劳，疏通经络，促进血液循环，从而释放压力，使他重获"新生"。

④有些按摩椅还配有加热和音乐播放器等＿＿＿＿＿，使用者一旦坐上按摩椅，就不想下来了。

⑤按摩椅虽好，但有几种人要提高＿＿＿＿＿，否则，不但得不到＿＿＿＿＿的效果，反而可能会损害身体健康，甚至会＿＿＿＿＿。

⑥有＿＿＿＿＿病的人。

⑦对于有颈椎病的人来说，按摩椅无法像专业按摩师那样＿＿＿＿＿按摩，角度和力度也无法因人而调整，很容易在按摩时造成事故，加重颈椎疼痛，严重时会出现＿＿＿＿＿、＿＿＿＿＿等＿＿＿＿＿，甚至造成患者＿＿＿＿＿。

⑧儿童正在长身体的阶段，＿＿＿＿＿不论按摩椅的剧烈按摩对其骨骼的影响，只考虑儿童脊柱周围肌力较弱这一条，就应该让幼小儿童远离按摩椅，＿＿＿＿＿发生意外。

⑨患有高＿＿＿＿＿、心脏病等＿＿＿＿＿疾病的人。

⑩这样的人应该＿＿＿＿＿使用按摩椅，因为按摩椅会加重心脏负担，导致血压急速升高。

⑪这类人的骨＿＿＿＿＿低，强力按摩会导致其＿＿＿＿＿性骨＿＿＿＿＿。

⑫如果要使用按摩椅，最好事先得到医生的＿＿＿＿＿。

⑬或者在服药把骨密度调整至正常以前，＿＿＿＿＿回避按摩椅。

⑭谁都不想＿＿＿＿＿自己的身体，使用按摩椅，本来是出于对自己身体的爱护，但如果因＿＿＿＿＿导致使用不当，就会＿＿＿＿＿，起到完全相反的作用。

⑮上述不适合使用按摩椅的人，可以练练＿＿＿＿＿、打打太极拳、散散步，都可以起到减轻压力、健身强体的作用。

147

❶ 赤いシートを当てて、本文を見ながら聞き、見えない箇所の単語をチェックしてください。
❷ 赤いシートを外して、本文を見ながら聞き、聞き取った単語が合っているか、確認してください。
❸ 本文を見ないで聞き、全体の意味が把握できるか確認してください。

哪些人应该远离按摩椅

　　按摩椅，近年来经过不断改良，档次日渐提高，在设计上越来越完备，功能也越来越进化。如果一个上班族聚精会神地在电脑前写了一天报告，拖着僵硬的身体走进家门，那么，一台按摩椅就成了他放松身心的天堂，只要插上电源，按下遥控器，按摩椅就能帮他消除疲劳、疏通经络、促进血液循环，从而释放压力，使他重获"新生"。有些按摩椅还配有加热和音乐播放器等附件，使用者一旦坐上按摩椅，就不想下来了。

　　按摩椅虽好，但有几种人要提高警惕，否则，不但得不到预期的效果，反而可能会损害身体健康，甚至会要命。

　　第一种：有颈椎病的人。对于有颈椎病的人来说，按摩椅无法像专业按摩师那样精确按摩，角度和力度也无法因人而调整，很容易在按摩时造成事故，加重颈椎疼痛，严重时会出现呕吐、昏迷等症状，甚至造成患者瘫痪。

　　第二种：儿童。儿童正在长身体的阶段，姑且不论按摩椅的剧烈按摩对其骨骼的影响，只考虑儿童脊柱周围肌力较弱这一条，就应该让幼小儿童远离按摩椅，免得发生意外。

　　第三种：患有高血压、心脏病等慢性疾病的人。这样的人应该严禁使用按摩椅，因为按摩椅会加重心脏负担，导致血压急速升高。

　　第四种：患有骨质疏松症的人。这类人的骨密度低，强力按摩会导致其粉碎性骨折。如果要使用按摩椅，最好事先得到医生的许可。或者在服药把骨密度调整至正常以前，暂且回避按摩椅。

　　谁都不想亏待自己的身体，使用按摩椅，本来是出于对自己身体的爱护，但如果因无知导致使用不当，就会画蛇添足，起到完全相反的作用。上述不适合使用按摩椅的人，可以练练气功、打打太极拳、散散步，都可以起到减轻压力、健身强体的作用。

上班族 ：サラリーマン
经络 ：経絡 (けいらく)

どんな人たちがマッサージチェアを避けるべきか

　マッサージチェアは、ここ数年来絶えず改良が重ねられて、レベル（商品のランク）が日に日に向上している。設計の面でもますます整えられ、性能もどんどん進化している。もし、あるサラリーマンが一心不乱にパソコンでその日の報告書を書き、体をこわばらせて帰宅したら、一台のマッサージチェアは、その人が身心をリラックスさせる天国となる。電源を入れて、リモコンを押すだけでマッサージチェアは疲労を解消し、経絡の通りをよくし、血液の循環を促進する。それによって、ストレスを発散し、その人は再び「新しい生命」を獲得できるのである。一部のマッサージチェアは暖房装置やステレオなどの付属品もついていて、（使用者が）一旦マッサージチェアに座ると降りたくなくなる。

　マッサージチェアは良いとは言え、ある種の人は警戒心を強めるべきである。そうでないと所期の効果が得られないどころか、かえって、体の健康に害があり、命を奪われることさえある。

　第一種：頸椎症のある人。頸椎症の人は、マッサージチェアでは、プロのマッサージ師のように正確で行き届いたマッサージを望むことはできず、角度や力加減も人の手でうまく調整できないので、マッサージをする時に、事故が起こりやすい。頸椎の痛みが激しくなり、ひどい時は嘔吐、意識不明等の症状が現れることがあり、患者が半身不随になることさえある。

　第二種：子供。子供はちょうど体が成長している段階なので、マッサージチェアの激しいマッサージがその骨格にどう影響するかは、ひとまず論じないことにして、子供の脊柱の周りの筋力が弱いという面だけを考慮すると、不慮の事故を防ぐために、幼い子供にマッサージチェアを使わせることは避けるべきである。

　第三種：高血圧や心臓病等の慢性疾患を持っている人。この種の人は、マッサージチェアの使用を厳禁しなければならない。なぜなら、マッサージチェアは心臓に重い負担をかけ、血圧が急上昇することになるからである。

　第四種：骨粗鬆症の人。この種の人は骨密度が低いため、強く力を入れてマッサージをすると粉砕骨折を起こす。もし、マッサージチェアを使用するとしたら、事前に医者の許可を得たほうがいい。或いは、薬を服用して骨密度を調整し正常になるまでは、しばらくマッサージチェアの使用を避けたほうがいい。

　誰しも自分の体を粗末に扱いたくはない。マッサージチェアを使用するのは、もともと自分の体をいたわるためだが、無知で使い方が適切ではないと、余計なものを付け加えてだめにし、まったく相反する効果を生み出すことになる。上に述べたマッサージチェアの使用に適さない人は、気功や太極拳や散歩などをするとよい。どれもみなストレスを和らげ、体を丈夫にし、健康を保つ効果がある。

林志玲大婚　林志玲のすてきな結婚

[STEP 1 単語] 今日習得すべき単語を、聞き取れるまで繰り返し聞いてください。 **075**

边界 biānjiè
（名）境界、国境

宗教 zōngjiào
（名）宗教

信仰 xìnyǎng
（动／名）信仰する／
信念、信仰

称号 chēnghào
（名）呼び名

颁布 bānbù
（动）発布する、公布する

机密 jīmì
（形）機密である

情报 qíngbào
（名）情報

磅 bàng
（量）（重さの単位）ポンド

信赖 xìnlài
（动）信頼する

依靠 yīkào
（动）頼る

终身 zhōngshēn
（名）一生、生涯

扮演 bànyǎn
（动）役をつとめる

高超 gāochāo
（形）一段とすぐれている、
ずば抜けている

优先 yōuxiān
（动）優先する

敬业 jìngyè
（动）（学業や職務に）一生懸命
打ち込む

迸发 bèngfā
（动）飛び散る、散らす

播种 bōzhòng
（动）種をまく

种子 zhǒngzi
（名）種

精通 jīngtōng
（动）精通する、熟達する

挺拔 tǐngbá
（形）高くまっすぐ立っているさま

端正 duānzhèng
（形）端正である、
きちんとしている

哦 ò
（叹）納得・合点の意（おっ、
そうだという気持ち）を表す

拨 bō
（动）動かす

衣裳 yīshang
（名）衣服、衣裳

气质 qìzhì
（名）気質

挑剔 tiāoti
（动）けちをつける

终究 zhōngjiū
（副）結局のところ、最後には

半途而废 bàntú'érfèi
中途でやめる

丰收 fēngshōu
（动）豊作になる

扩散 kuòsàn
（动）拡散する、広がる

爱戴 àidài
（动）敬愛する

丁 dīng
（名）人口、家族数

[STEP 2 センテンス] STEP1 の単語を上から順番に、発音しながら_____に書き入れてください。センテンスの意味を把握することも学習目標の一つです。

①爱情是不分国籍_____、_____ _____、地位阶层的。

②近日，有"女神"_____的台湾名模林志玲对外_____了结婚的消息，由于她的恋爱属于_____ _____，她嫁给日本乐团"放浪兄弟"的成员黑泽这个消息犹如重_____炸弹，让她的粉丝感到吃惊。

③在七年前，林志玲就认识了这个可以_____、_____ _____的人。

④那时，他们因为出演舞台剧《赤壁》而相识，林志玲在剧里_____小乔，黑泽扮演周瑜。

⑤俩人演技都很_____，又都是工作最_____的_____人士。

⑥剧里剧外，他们_____了爱的火花，为七年后收割婚姻果实_____了_____。

⑦在官方发布的俩人合影中，_____舞蹈的新郎高大_____，相貌_____，只要你看到了照片，就一定会说："_____，这么帅气，难怪_____动了林志玲的心弦。"

⑧新娘身穿美丽的_____，_____高雅，貌美如花，两个人都笑眯了眼睛，非常幸福的样子。

⑨就是最_____的人看到这张照片，也会由衷地感到郎才女貌，非常匹配。

⑩传闻林志玲以往有一个交往多年的男友，但因种种原因，这段感情_____没有修成正果，_____，无疾而终。

⑪而这次林志玲恋爱大_____，宣布婚讯，前男友非常大方地送上了祝福，成为人们口口相传的一段佳话。

⑫林志玲结婚的消息_____得很快，_____林志玲的粉丝们也纷纷送上祝福，恭喜林志玲找到好归宿，并希望他们夫妻俩早日添_____进口，享受家庭欢乐。

❶ 赤いシートを当てて、本文を見ながら聞き、見えない箇所の単語をチェックしてください。
❷ 赤いシートを外して、本文を見ながら聞き、聞き取った単語が合っているか、確認してください。
❸ 本文を見ないで聞き、全体の意味が把握できるか確認してください。

林志玲大婚

　　爱情是不分国籍边界、宗教信仰、地位阶层的。近日，有"女神"称号的台湾名模林志玲对外颁布了结婚的消息，由于她的恋爱属于机密情报，她嫁给日本乐团"放浪兄弟"的成员黑泽这个消息犹如重磅炸弹，让她的粉丝感到吃惊。

　　在七年前，林志玲就认识了这个可以信赖、依靠终身的人。那时，他们因为出演舞台剧《赤壁》而相识，林志玲在剧里扮演小乔，黑泽扮演周瑜。俩人演技都很高超，又都是工作最优先的敬业人士。剧里剧外，他们迸发了爱的火花，为七年后收割婚姻果实播种了种子。在官方发布的俩人合影中，精通舞蹈的新郎高大挺拔，相貌端正，只要你看到了照片，就一定会说："哦，这么帅气，难怪拨动了林志玲的心弦。"新娘身穿美丽的衣裳，气质高雅，貌美如花，两个人都笑眯了眼睛，非常幸福的样子。就是最挑剔的人看到这张照片，也会由衷地感到郎才女貌，非常匹配。

　　传闻林志玲以往有一个交往多年的男友，但因种种原因，这段感情终究没有修成正果，半途而废，无疾而终。而这次林志玲恋爱大丰收，宣布婚讯，前男友非常大方地送上了祝福，成为人们口口相传的一段佳话。

　　林志玲结婚的消息扩散得很快，爱戴林志玲的粉丝们也纷纷送上祝福，恭喜林志玲找到好归宿，并希望他们夫妻俩早日添丁进口，享受家庭欢乐。

"放浪兄弟"：EXILE
黑泽　　　：EXILE のメンバー・AKIRA（本名：黒澤良平）
《赤壁》　：『レッドクリフ』

林志玲のすてきな結婚

　愛情は、国籍や国境、宗教や信仰、地位や階層の分け隔てをしない。最近、「女神」という称号を持つ台湾の有名なモデル林志玲は結婚を公表した。彼女の恋愛は機密情報だったので、彼女が日本のダンス＆ボーカルユニット「EXILE」のメンバー AKIRA と結婚するというニュースはまるで重量級の爆弾のように、彼女のファンに驚きを与えた。

　7 年前、林志玲は、この信頼でき生涯頼りになる人と知り合った。その時、彼らは舞台劇『レッドクリフ』の出演者として顔を合わせ、林志玲は小喬を演じ、AKIRA は周瑜の役に扮した。二人の演技は、ともにずば抜けており、しかも二人とも仕事を最優先し、仕事に熱心に打ち込む人である。芝居の中でも外でも、彼らは愛の火花を散らし、7 年後、婚姻という果実を収穫するための種をまいたのであった。公式に発表されたツーショットでは、ダンスに熟達した新郎は背が高く、すくっと立っていて、目鼻立ちが整っている。あなたがこの写真を見ればきっと「おっ、こんなにかっこいいんだ、林志玲の心の琴線に触れたのも無理もない」と言うだろう。新婦は美しい衣装を身に着け、とても上品で、顔立ちは花のように美しい。二人は、目を細めてにこにこと笑い、とても幸せそうである。たとえ、最も口うるさくけちをつける人がこの写真を見たとしても、男は才人で女は器量よしのお似合いのカップルであると心から思うことであろう。

　うわさによると、林志玲には以前、長年付き合っていたボーイフレンドがいたが、いろいろなことが原因で、その感情は結局、成果を得られず、途中で自然消滅した、ということだ。ところが、今回の林志玲の恋愛には大きな収穫があった。結婚のニュースが発表されると、昔のボーイフレンドは気持ちよく祝福した。このことは、人々の口から口へ伝えられ、美談となった。

　林志玲の結婚のニュースはみるみるうちに広がり、林志玲を敬愛するファンたちも次から次へと祝福の言葉を送って、よい落ち着き先を見つけたと祝った。そして彼ら夫婦に一日も早く子供が生まれ、家庭の喜びを得られるよう願った。

访美学者失踪案告破 訪米学者失踪事件の解決

[STEP 1 単語] 今日習得すべき単語を、聞き取れるまで繰り返し聞いてください。 **077**

州 zhōu
（名）州（行政区画の一つ）

访问 fǎngwèn
（动）訪問する、訪れる

案件 ànjiàn
（名）訴訟事件

被告 bèigào
（名）被告

残忍 cánrěn
（形）残忍である

查获 cháhuò
（动）押収する、捕まえる

尸体 shītǐ
（名）死体

审理 shěnlǐ
（动）審理する

辩护 biànhù
（动）弁護する

答辩 dábiàn
（动）答弁する、弁明する

陈述 chénshù
（动）陳述する、述べる

东张西望
dōngzhāng-xīwàng
きょろきょろ見回す

丙 bǐng
（名）丙、第3の

卑鄙 bēibǐ
（形）下劣である、卑劣である

逼迫 bīpò
（动）強制する

凶恶 xiōng'è
（形）凶悪である、恐ろしい

暴力 bàolì
（名）暴力

捆绑 kǔnbǎng
（动）縄で縛る

冷酷 lěngkù
（形）冷酷である

喉咙 hóulóng
（名）咽喉、のど

本能 běnnéng
（名）本能

薄弱 bóruò
（形）薄弱である

对抗 duìkàng
（动）対立する

原告 yuángào
（名）原告

确信 quèxìn
（动）確信する

掩盖 yǎngài
（动）隠す、覆い隠す

销毁 xiāohuǐ
（动）処分する、もみ消す

分解 fēnjiě
（动）分裂する、ばらばらになる

堵塞 dǔsè
（动）ふさぐ、詰まる

短促 duǎncù
（形）（時間が）短い

温和 wēnhé
（形）温和である、おとなしい

报答 bàodá
（动）報いる

导弹 dǎodàn
（名）ミサイル

一度 yídù
（副）一時、かつて

动机 dòngjī
（名）動機

策划 cèhuà
（动）策を立てる、計画する

表决 biǎojué
（动）表決する、採決する

否决 fǒujué
（动）否決する

裁判 cáipàn
（名）審判員

审判 shěnpàn
（动）裁判する、審判を下す

触犯 chùfàn
（动）犯す、触れる

制裁 zhìcái
（动）制裁を加える

①最近，在美国伊利诺伊_____失踪的中国_____学者，北大女硕士毕业生的_____有了突飞猛进的进展，_____承认他_____地杀害了这个女学者。

②事件要追溯到两年以前，该女学者在去见新房东的路上搭乘了一辆黑色的汽车，然后去向不明，她的男友随后报警，警察在展开拉网式搜索后，_____了嫌犯的汽车。

③但嫌犯矢口否认作案，由于被害者的_____也未曾找到，案件拖延了两年无法给出定论。

④近日，在法庭第三次开庭_____访美学者遇害案时，被告的_____律师承认被告杀害了女学者。

⑤在法庭上，被告一副从容的表情，不但不认真听律师_____ _____，还不时_____。

⑥根据他描述的作案细节，人们可以知道，被告与被害者并不相识，对伺机作案的他来说，猎物是甲是乙或是_____都无所谓。

⑦当天女学者被_____地骗上车，然后被_____至被告公寓，在那里_____的被告使用_____制服受害者，_____了她的手脚，_____地掐住她的_____使她窒息，最后在浴室里杀害了她。

⑧求生的_____让女学者拼死反抗，但身体_____的她无法和高大的犯人_____到底，最终惨遭杀害。

⑨犯人虽然拒不对_____说出受害者尸体的下落，但人们_____，犯人为了_____罪行，彻底_____了证据，有可能已_____了尸体并将其冲入下水道，因为在案发后三天，犯人曾购买过用于疏通_____下水道的疏通剂。

⑩被害者_____的一生让人扼腕痛惜，她是一个性格_____、容貌美丽的年轻女孩子。

⑪还没来得及_____养育自己多年的父母，就这样离开了这个世界。

⑫这个案子给她家庭造成的杀伤力，不亚于一颗_____爆炸的威力。

⑬当受害者的母亲听到女儿被杀经过时，巨大的悲伤使她_____住进了医院。

⑭被告犯罪的_____至今成谜，但从他浏览网站的记录可以知道，他在犯罪前经过了周密的_____。

⑮判处被告死刑，需要 12 名陪审团员一致_____通过，如有一人_____，就不能判处死刑。

⑯大家都在期待_____长作出公正的_____，让_____了法律的犯人得到应有的_____。

[STEP 3 本文] 本文を聞いてください。 **078**

❶ 赤いシートを当てて、本文を見ながら聞き、見えない箇所の単語をチェックしてください。
❷ 赤いシートを外して、本文を見ながら聞き、聞き取った単語が合っているか、確認してください。
❸ 本文を見ないで聞き、全体の意味が把握できるか確認してください。

访美学者失踪案告破

最近，在美国伊利诺伊州失踪的中国访问学者，北大女硕士毕业生的案件有了突飞猛进的进展，被告承认他残忍地杀害了这个女学者。

事件要追溯到两年以前，该女学者在去见新房东的路上搭乘了一辆黑色的汽车，然后去向不明，她的男友随后报警，警察在展开拉网式搜索后，查获了嫌犯的汽车。但嫌犯矢口否认作案，由于被害者的尸体也未曾找到，案件拖延了两年无法给出定论。

近日，在法庭第三次开庭审理访美学者遇害案时，被告的辩护律师承认被告杀害了女学者。媒体分析，被告这次承认杀人，主要是为了逃避死刑。在法庭上，被告一副从容的表情，不但不认真听律师答辩陈述，还不时东张西望。根据他描述的作案细节，人们可以知道，被告与被害者并不相识，对伺机作案的他来说，猎物是甲是乙或是丙都无所谓。当天女学者被卑鄙地骗上车，然后被逼迫至被告公寓，在那里凶恶的被告使用暴力制服受害者，捆绑了她的手脚，冷酷地掐住她的喉咙使她窒息，最后在浴室里杀害了她。求生的本能让女学者拼死反抗，但身体薄弱的她无法和高大的犯人对抗到底，最终惨遭杀害。

犯人虽然拒不对原告说出受害者尸体的下落，但人们确信，犯人为了掩盖罪行，彻底销毁了证据，有可能已分解了尸体并将其冲入下水道，因为在案发后三天，犯人曾购买过用于疏通堵塞下水道的疏通剂。

被害者短促的一生让人扼腕痛惜，她是一个性格温和、容貌美丽的年轻女孩子。还没来得及报答养育自己多年的父母，就这样离开了这个世界。这个案子给她家庭造成的杀伤力，不亚于一颗导弹爆炸的威力。当受害者的母亲听到女儿被杀经过时，巨大的悲伤使她一度住进了医院。被告犯罪的动机至今成谜，但从他浏览网站的记录可以知道，他在犯罪前经过了周密的策划。

判处被告死刑，需要 12 名陪审团员一致表决通过，如有一人否决，就不能判处死刑。大家都在期待裁判长作出公正的审判，让触犯了法律的犯人得到应有的制裁。

伊利诺伊州：イリノイ州
拉网式搜索：包囲網を張って搜索を進める

156

訪米学者失踪事件の解決

　アメリカのイリノイ州で失踪した訪米中の中国人学者は、北京大学の修士課程を修了した女性である。最近、その事件に目覚ましい進展が見られ、被告が残忍な手口でこの女性学者を殺害したことを認めた。

　事件は2年前にさかのぼる。この女性学者は、新しい家主に会いに行く途中、黒い車に乗りこみ、その後、行方不明になった。彼女のボーイフレンドはすぐ警察に通報し、警察は包囲網を張って捜索を進め、容疑者の車を押収した。しかし、容疑者はあくまで否認し、被害者の死体も見つからないままだったので、事件は2年も引き延ばされ、いまだ決着をみていなかった。

　近ごろ、3回目の法廷が開かれ、訪米学者殺害事件を審理した際、被告の弁護士は、被告が女性学者を殺害したと認めた。メディアは、今回被告が殺人を認めたのは主として死刑を免れるためだと分析している。法廷で、被告は悠然とした態度で、弁護士が行う答弁の陳述をまじめに聞くこともなく、しかも何度もあたりを見回していた。彼が供述した犯行の詳細によって人々は以下のことを知った。被告と被害者は面識がなく、機会をねらって犯罪を行う彼にとっては、獲物は甲であろうが、乙であろうが、あるいは丙であろうがかまわなかった。その日、女性学者は卑劣なやり方で騙されて車に乗せられ、強制的に被告のアパートまで連れて行かれた。そこで凶悪な被告は暴力を振るって被害者を征服し、彼女の手足を縄で縛り、冷酷無情に彼女の咽喉を締めつけて窒息させ、最後に浴室で彼女の殺害に及んだ。必死に生きようとする本能が女性学者に懸命な抵抗をさせたが、か弱い彼女は、体が大きな犯人には最後まで抵抗することができず、とうとう悲惨な殺害に遭遇することになった。

　犯人は原告に対して被害者の死体のありかについて証言を拒否しているが、人々は、犯人が犯行を隠蔽するために、徹底的に証拠をもみ消した、と確信している。もしかしたら、死体をばらばらにして下水道に流したかもしれない。なぜなら、事件発生の3日後に、犯人は、詰まった下水道の流れをよくする洗浄剤を買っていたからである。

　被害者の短い一生を人々は心から悲しんだ。彼女は優しく、容姿端麗な年若い女性であった。自分を長年育ててくれた親に報いることもできないまま、このようにしてこの世に別れを告げた。この事件が彼女の家族に与えた殺傷力はミサイルの威力に劣らなかった。被害者の母親は娘が殺害された経緯を聞いた時、あまりにも大きな悲しみを受けて一時入院した。被告の犯罪動機は今なお、謎であるが、インターネットのアクセス記録から彼が犯行前に綿密な計画を立てていたことがわかる。

　被告を死刑に処するには、陪審員12名全員一致の表決が必要で、もし、一人でも否決すれば死刑を言い渡すことはできない。裁判長が公正な審判を下し、法を犯した犯人に当然受けるべき制裁を加えるよう誰もがみんな期待している。

高楼坠窗事故 高層ビルの窓落下事故

[STEP 1 単語] 今日習得すべき単語を、聞き取れるまで繰り返し聞いてください。 **079**

预兆 yùzhào
（名）前兆、兆し

眨 zhǎ
（动）まばたきをする

变故 biàngù
（名）思わぬ出来事

栋 dòng
（量）棟

分量 fènliàng
（名）重さ

娃娃 wáwa
（名）小さな子供

知觉 zhījué
（名）感覚、意識

跪 guì
（动）ひざまずく

刻不容缓 kèbùrónghuǎn
一刻も猶予できない

脱离 tuōlí
（动）離脱する

自主 zìzhǔ
（动）自主的に行う

氧气 yǎngqì
（名）酸素

蜡烛 làzhú
（名）ろうそく

物业 wùyè
（名）不動産

垫 diàn
（动）（金を）立て替える

生机 shēngjī
（名）生きる望み

牢固 láogù
（形）堅固である

弊端 bìduān
（名）弊害

腐蚀 fǔshí
（动）腐食する

生锈 shēngxiù
（动）さびがつく

过问 guòwèn
（动）口出しする、関与する

安详 ānxiáng
（形）落ち着いている、
穏やかである

哆嗦 duōsuo
（动）震える

爱不释手 àibúshìshǒu
大切にして手放すに忍びない

塌 tā
（动）崩れる、倒れる

情形 qíngxíng
（名）状態、様子

可恶 kěwù
（形）憎らしい

畏惧 wèijù
（动）恐れる

杜绝 dùjué
（动）（悪いことを）途絶させる、
防ぐ

①灾难总是毫无_____，发生在一_____眼的瞬间。

②近日深圳一小区突发_____，从一_____公寓的20层掉下一扇窗户，正砸在路过的五岁男童身上，一扇铁窗的_____，不要说一个小_____，就是大人也难以承受。

③男童当场失去_____，血流满地，现场非常惨烈。

④男童妈妈在一旁乱了方寸，_____地大哭。

⑤救人_____，目睹惨事的居民连忙拨打急救电话，孩子被迅速送往医院抢救。

⑥经过手术，孩子暂时_____了危险，但没有恢复知觉，更没有_____呼吸，全靠_____机维持着一口气，他的生命就像风中的_____，随时都会熄灭。

⑦_____也赶到医院，给孩子_____付了初期治疗费。

⑧孩子的家人向医生表示，只要有一线_____，就决不会放弃治疗。

⑨本应该_____的窗户，为什么会掉落？

⑩因为公寓建造时间已经很久，建筑物的老化现象初露_____，窗户被风吹雨打_____、_____，物业还没来得及逐家排查_____，事故就发生了。

⑪事故发生三天后，男童熬不过伤痛，于凌晨5点离世，面部表情_____，好像睡着了一样。

⑫家属悲痛欲绝，特别是孩子的妈妈，虽被人搀扶着手臂，却还是浑身_____，好几次瘫软在地。

⑬孩子的爷爷拿着孩子生前_____的玩具，哭红了双眼。

⑭孩子的离去，使这一家人的天_____了。

⑮在场的人看到这样的_____，也都觉得心酸不已。

⑯_____的高楼坠物事故夺去了孩子的生命，虽让人心生_____，但也给人们敲响了警钟。

⑰怎样_____意外事故发生，这不仅仅是物业、也是每一个人都应该思考的问题。

❶ 赤いシートを当てて、本文を見ながら聞き、見えない箇所の単語をチェックしてください。
❷ 赤いシートを外して、本文を見ながら聞き、聞き取った単語が合っているか、確認してください。
❸ 本文を見ないで聞き、全体の意味が把握できるか確認してください。

高楼坠窗事故

　　灾难总是毫无预兆，发生在一眨眼的瞬间。近日深圳一小区突发变故，从一栋公寓的20层掉下一扇窗户，正砸在路过的五岁男童身上，一扇铁窗的分量，不要说一个小娃娃，就是大人也难以承受。男童当场失去知觉，血流满地，现场非常惨烈。男童妈妈在一旁乱了方寸，跪地大哭。救人刻不容缓，目睹惨事的居民连忙拨打急救电话，孩子被迅速送往医院抢救。

　　经过手术，孩子暂时脱离了危险，但没有恢复知觉，更没有自主呼吸，全靠氧气机维持着一口气，他的生命就像风中的蜡烛，随时都会熄灭。物业也赶到医院，给孩子垫付了初期治疗费。孩子的家人向医生表示，只要有一线生机，就决不会放弃治疗。

　　本应该牢固的窗户，为什么会掉落？因为公寓建造时间已经很久，建筑物的老化现象初露弊端，窗户被风吹雨打腐蚀、生锈，物业还没来得及逐家排查过问，事故就发生了。

　　事故发生三天后，男童熬不过伤痛，于凌晨5点离世，面部表情安详，好像睡着了一样。家属悲痛欲绝，特别是孩子的妈妈，虽被人搀扶着手臂，却还是浑身哆嗦，好几次瘫软在地。孩子的爷爷拿着孩子生前爱不释手的玩具，哭红了双眼。孩子的离去，使这一家人的天塌了。在场的人看到这样的情形，也都觉得心酸不已。

　　可恶的高楼坠物事故夺去了孩子的生命，虽让人心生畏惧，但也给人们敲响了警钟。怎样杜绝意外事故发生，这不仅仅是物业、也是每一个人都应该思考的问题。

高層ビルの窓落下事故

　災難は、いつもいささかの前兆もなく、一瞬のうちに起きる。最近、深圳のある住宅地区で突然思わぬ事故があった。マンションの 20 階から窓が落ちてきて、ちょうど通りかかった 5 歳の男の子にぶつかった。鉄の窓の重さは小さな子供はもちろんのこと、大人でさえも耐えられない。男の子はその場で意識を失い、あたりは血だらけになり、現場は非常に痛ましい状態であった。男の子のお母さんは、そばで錯乱状態になり、地面にひざまずいて泣き崩れた。救助は一刻の猶予もない。この惨事を目撃した住民が急いで救急電話をかけ、子供は迅速に病院に搬送され緊急措置がとられた。

　手術を受け子供はひとまず危険な状態を脱したが、意識は戻らず、自力呼吸もできず、すべて酸素呼吸器に頼ってわずかの呼吸を維持している。その命はまるで風前の灯火のようで、いつ消えても不思議ではない。ビルの管理者も病院に駆けつけ、子供の当座の治療費を立て替えた。子供の家族は一縷の望みをかけて、絶対に治療を諦めないと医師に伝えた。

　もともと頑丈であるはずの窓がなぜ落ちたのか？　マンションは建てられてから既に相当の年月が経っており、建物の老朽化による弊害が初めて露見したのだった。窓は、風雨にさらされて腐食し、さびが出ていた。ビルの管理者が各世帯を漏れなく調べて対策を打ち出す前に事故が起きてしまった。

　事件発生から 3 日後、男の子は傷の痛みに耐えきれず、早朝の 5 時に世を去った。顔の表情は穏やかで、眠っているようだった。家族は死ぬほど嘆き悲しんだ。とりわけ、（子供の）お母さんは人に腕を支えられていても全身が震え、何度も力なく地面に倒れ込んだ。（子供の）おじいさんは、子供が生前に片時も手放さなかったおもちゃを持って、目を真っ赤にして泣いた。子供が死去したことで、この一家の天が崩れ落ちた。その場にいた人たちもこの有様をみて、みんないつまでも悲しんでいた。

　憎らしい高層ビルの落下物事故は子供の命を奪い、人の心に恐れを生じさせたが、また人々に警鐘を鳴らしもした。不慮の事故の発生のもとをどのようにして絶つかはビルの管理者だけではなく、一人一人が考えなければならない問題である。

极简生活 ミニマリストな暮らし

[STEP 1 単語] 今日習得すべき単語を、聞き取れるまで繰り返し聞いてください。 **081**

绑架 bǎngjià
(动) 誘拐する、拉致する、束縛する

补偿 bǔcháng
(动) 補償する、償う

不惜 bùxī
(动) 惜しまない

支出 zhīchū
(动 / 名) 支出する／支出

昂贵 ángguì
(形) (値段が) 非常に高い

饱和 bǎohé
(动) 飽和する、飽和状態になる

毫米 háomǐ
(量) ミリメートル

仓库 cāngkù
(名) 倉庫

资深 zīshēn
(形) キャリアが長い、古参の、経験豊富な

著作 zhùzuò
(名) 著作

标题 biāotí
(名) 見出し、標題

财富 cáifù
(名) 富、財産

精简 jīngjiǎn
(动) 簡素化する、簡潔にする

淘汰 táotài
(动) (よくないものや劣るものを) 捨てる、淘汰する

解放 jiěfàng
(动) 解放する、自由にする

空白 kòngbái
(名) 空白、余白

灵魂 línghún
(名) 心、魂

支配 zhīpèi
(动) 支配する、左右する

起初 qǐchū
(名) 最初、はじめ

思维 sīwéi
(名) 思考

鄙视 bǐshì
(动) 軽蔑する

着手 zhuóshǒu
(动) 着手する

打包 dǎbāo
(动) 梱包する

条理 tiáolǐ
(名) 条理、筋道

面貌 miànmào
(名) 様相、状態

辩证 biànzhèng
(形) 弁証法的である

宗旨 zōngzhǐ
(名) 宗旨、趣旨

澄清 chéngqīng
(动) はっきりさせる、明らかにする

刹车 shāchē
(动 / 名) ブレーキを掛ける／ブレーキ

思索 sīsuǒ
(动) 思索する

知足常乐 zhīzú chánglè
足るを知るものは常に幸福である

①你有没有被物质所＿＿＿＿？

②身心极度疲惫时，往往用物质来＿＿＿＿自己，很多人变身购物狂，＿＿＿＿花钱购买各类物品，每天拼命工作，再拼命＿＿＿＿。

③不论是便宜的东西还是＿＿＿＿的东西，只要买回了家，就都舍不得扔掉，因为总觉得有一天会用得上。

④家里的空间渐渐＿＿＿＿，天上地下都堆满了物品，甚至连一＿＿＿＿空余的地方都没有，这些用品多得哪怕再建一个＿＿＿＿也放不下。

⑤日本近年来正在流行极简生活，它源于日本＿＿＿＿杂物管理咨询师的一本＿＿＿＿：《断舍离》。

⑥＿＿＿＿里的断 = 不买不需要的东西。

⑦离 = 远离对物质、＿＿＿＿的迷恋。

⑧具体做法是＿＿＿＿、＿＿＿＿家里的物品，把自己从物质包围中＿＿＿＿出来，给心灵留一些＿＿＿＿，给＿＿＿＿更大的自由，给身体更宽敞的可＿＿＿＿空间。

⑨剧里的主人公麻衣＿＿＿＿把家里堆得到处都是东西，后来一场地震改变了她的＿＿＿＿方式，她开始＿＿＿＿崇尚物质的生活，＿＿＿＿把家里不用的东西分类＿＿＿＿处理，每个房间清理得干净清爽，少而精的东西摆放得非常有＿＿＿＿，麻衣自己的精神＿＿＿＿也焕然一新。

⑩当然，要＿＿＿＿地理解极简主义的＿＿＿＿。

⑪有必要＿＿＿＿一下极简的概念：极简，是让行驶在追求物质道路上的人＿＿＿＿，留下生活中的精华部分，剔除多余无用的部分，而不是说要让人不假＿＿＿＿地扔掉所有的东西；极简主义追求的目标是轻松、自然、＿＿＿＿的生活，而不是说让人们抛开理想，停止奋斗，陷入随波逐流的生活。

❶ 赤いシートを当てて、本文を見ながら聞き、見えない箇所の単語をチェックしてください。
❷ 赤いシートを外して、本文を見ながら聞き、聞き取った単語が合っているか、確認してください。
❸ 本文を見ないで聞き、全体の意味が把握できるか確認してください。

极简生活

　　你有没有被物质所绑架？现代人忙于奔波，工作压力大。身心极度疲惫时，往往用物质来补偿自己，很多人变身购物狂，不惜花钱购买各类物品，每天拼命工作，再拼命支出。不论是便宜的东西还是昂贵的东西，只要买回了家，就都舍不得扔掉，因为总觉得有一天会用得上。家里的空间渐渐饱和，天上地下都堆满了物品，甚至连一毫米空余的地方都没有，这些用品多得哪怕再建一个仓库也放不下。

　　日本近年来正在流行极简生活，它源于日本资深杂物管理咨询师的一本著作：《断舍离》。标题里的断＝不买不需要的东西。舍＝处理掉没用的东西。离＝远离对物质、财富的迷恋。具体做法是精简、淘汰家里的物品，把自己从物质包围中解放出来，给心灵留一些空白，给灵魂更大的自由，给身体更宽敞的可支配空间。

　　随着极简生活的流行，一部名为《我的家里空无一物》的电视剧也受到关注。剧里的主人公麻衣起初把家里堆得到处都是东西，后来一场地震改变了她的思维方式，她开始鄙视崇尚物质的生活，着手把家里不用的东西分类打包处理，每个房间都清理得干净清爽，少而精的东西摆放得非常有条理，麻衣自己的精神面貌也焕然一新。

　　当然，要辩证地理解极简主义的宗旨。有必要澄清一下极简的概念：极简，是让行驶在追求物质道路上的人刹车，留下生活中的精华部分，剔除多余无用的部分，而不是说要让人不假思索地扔掉所有的东西；极简主义追求的目标是轻松、自然、知足常乐的生活，而不是说让人们抛开理想，停止奋斗，陷入随波逐流的生活。

　　你对极简生活感兴趣吗？不妨试一试吧。

极简生活 ：ミニマリストな暮らし

ミニマリストな暮らし

　あなたは物に束縛されていない？　現代人は忙しく駆けずり回って苦労し、仕事のプレッシャーが大きい。心身ともに極度に疲れ果てている時、ともすれば物で自分を償いがちで、買い物マニアに変身する人が多く、お金を惜しまずいろいろな物を購入する。毎日一生懸命働き、そして必死に買い物に支出する。安いものでも高価なものでも、（家に）買って帰ってくれば、どれも捨てるのがもったいなくなる、なぜならいつか使えると思うからである。家の空間は次第に飽和状態になり、上にも下にも物が山積みになって、1ミリメートルほどの隙間もなく、物があまりにも増えすぎて、たとえ倉庫をもう一つ建てたとしてもしまいきれない。

　近年、日本ではミニマリストな暮らしが流行っている。これは日本の経験豊富な片付け・収納コンサルタントが書いた著作『断捨離』に由来する。タイトルの「断」は不必要なものを買わない、「捨」は使わないものを処分する、「離」は物質や富への執着から遠ざかるということである。具体的なやり方は、家の中の物を整理、廃棄し自分を物の包囲から解き放ち、心に少し余白を残し、精神にもっと多くの自由を与え、体により広い支配可能な空間を与えるのである。

　ミニマリストな暮らしの流行とともに『わたしのウチには、なんにもない。』というテレビドラマが注目された。ドラマの主人公「まい」は、最初、家の中は至るところ物ばかり（という状態）だったが、地震が彼女の考え方を変えた。彼女は物を尊ぶ生活を軽蔑しはじめ、家の中の不要なものを分類梱包して片付けに着手した。各部屋をすっきりきれいに整理整頓し、よいものを少量、必要に応じて置くようにした。するとまい自身の精神状態も一新された。

　当然、ミニマリズムの趣旨は弁証法的に理解しなければならない。ミニマリストの概念をはっきりさせる必要がある。ミニマリストとは、物を求めて（道を）走っている人がブレーキをかけて、生活の本質の部分を残し、余計で無用な部分を取り除くものであり、人に、思考を停止させすべてのものを捨てさせることではない。ミニマリズムが追求する目標は、気楽で自然な、足るを知り常に幸福な生活なのであり、人々が理想を捨て、努力もせず流れに身を任せた生活に陥るということではない。

　あなたはミニマリストな暮らしに興味がある？　ちょっと試してみるのはどう？

管住嘴，迈开腿 飲食を適量にして、しっかり歩くことだ

[STEP 1 単語] 今日習得すべき単語を、聞き取れるまで繰り返し聞いてください。 **083**

战斗 zhàndòu
（动）戦う

战略 zhànlüè
（名）戦略

战术 zhànshù
（名）各局面の問題を解決する
方法、戦術

师范 shīfàn
（名）師範学校

元宵节 Yuánxiāo Jié
（名）元宵節（旧暦 1 月 15 日）

迎面 yíngmiàn
（副）真正面から、向こうから

自卑 zìbēi
（形）卑屈になる、劣等感をもつ

忧郁 yōuyù
（形）憂鬱である

周折 zhōuzhé
（名）曲折、手間

狠心 hěnxīn
（形）冷酷である、残忍である、
思い切って

油腻 yóunì
（形）脂っこい

粉末 fěnmò
（名）粉

遭殃 zāoyāng
（动）災難に遭う、損害を受ける

投降 tóuxiáng
（动）投降する、降服する

新陈代谢 xīnchéndàixiè
新陳代謝

原理 yuánlǐ
（名）原理

作息 zuòxī
（名）仕事と休憩

诱惑 yòuhuò
（动）誘惑する

斩钉截铁 zhǎndīng-jiétiě
決断力があり言動がてきぱき
している

再接再厉 zàijiē-zàilì
努力を重ねる

田径 tiánjìng
（名）陸上競技

回顾 huígù
（动）回顧する、振り返る

真理 zhēnlǐ
（名）真理

停顿 tíngdùn
（动）間をとる、ポーズを置く

风趣 fēngqù
（形）ユーモラスである

终点 zhōngdiǎn
（名）終点、終着点

①为此，女性和体重一直进行着永无休止的＿＿＿＿。

②既然是战斗，就应该讲究＿＿＿＿与＿＿＿＿，这样才能有打赢的可能性。

③自从离开了＿＿＿＿大学的校园，我就再也没有见过张辉。

④毕业十年过＿＿＿＿那天，我正在商场闲逛，＿＿＿＿走来一个苗条的女郎，定睛一看，原来是张辉，真是太巧了。

⑤她说，肥胖让她感到＿＿＿＿，甚至有很长一段时间陷入了＿＿＿＿。

⑥减肥费了不少＿＿＿＿，走了很多弯路，开始靠节食减肥，＿＿＿＿戒了晚饭，起初的一周确实有奇效，但一个月过后，身体对节食有了免疫力，体重开始停滞不降。

⑦而一直遭受饥饿折磨的她，每天挣扎在吃与不吃的纠结中，最后出于逆反心理，开始大吃特吃＿＿＿＿的东西和甜点，每次吃完都后悔，就随便喝上一袋＿＿＿＿状的减肥药。

⑧结果可想而知，体重直线上升，不规律的饮食让胃也跟着＿＿＿＿，患上了胃炎，一饿就疼。

⑨受到挫折的她没有向体重＿＿＿＿，又开始了第二次减肥。

⑩这一次，她好好研究了＿＿＿＿的＿＿＿＿，合理控制对高脂食品的欲望，调整＿＿＿＿时间，坚决拒绝各种加工食品的＿＿＿＿，三个月下来，竟然瘦了 5 公斤。

⑪张辉的爱人心疼她，劝她不用再减了，但她＿＿＿＿地回答，一定要＿＿＿＿，把减肥进行到底。

⑫在好友的鼓动下，张辉每天早上还坚持半个小时的跑步，风雨无阻，比＿＿＿＿运动员练得还认真。

⑬张辉＿＿＿＿完她的减肥之路后，总结说，管住嘴，迈开腿是放之四海皆准的＿＿＿＿，＿＿＿＿了一下，她又不无＿＿＿＿地说，减肥是一条没有＿＿＿＿的路，有毅力一直走下去的人，才能欣赏到沿途美丽的风景。

[STEP 3 本文] 本文を聞いてください。 **084**

❶ 赤いシートを当てて、本文を見ながら聞き、見えない箇所の単語をチェックしてください。
❷ 赤いシートを外して、本文を見ながら聞き、聞き取った単語が合っているか、確認してください。
❸ 本文を見ないで聞き、全体の意味が把握できるか確認してください。

管住嘴，迈开腿

从古至今，几乎每个时代对女性的审美标准都是越纤细越好看。为此，女性和体重一直进行着永无休止的战斗。既然是战斗，就应该讲究战略与战术，这样才能有打赢的可能性。我的朋友张辉，就是这样一位赢家。

自从离开了师范大学的校园，我就再也没有见过张辉。记忆中的她有点儿婴儿肥，圆圆的脸，身材也属于丰满型。毕业十年过元宵节那天，我正在商场闲逛，迎面走来一个苗条的女郎，定睛一看，原来是张辉，真是太巧了。

她比大学时瘦了很多，差点儿认不出来了。不期而遇让我们惊喜交加，一起到商场的顶层咖啡店边喝咖啡边叙旧。我问她，你怎么瘦下来的？她说，肥胖让她感到自卑，甚至有很长一段时间陷入了忧郁。后来，她下定决心开始减肥。减肥费了不少周折，走了很多弯路，开始靠节食减肥，狠心戒了晚饭，起初的一周确实有奇效，但一个月过后，身体对节食有了免疫力，体重开始停滞不降。而一直遭受饥饿折磨的她，每天挣扎在吃与不吃的纠结中，最后出于逆反心理，开始大吃特吃油腻的东西和甜点，每次吃完都后悔，就随便喝上一袋粉末状的减肥药。结果可想而知，体重直线上升，不规律的饮食让胃也跟着遭殃，患上了胃炎，一饿就疼。

受到挫折的她没有向体重投降，又开始了第二次减肥。这一次，她好好研究了新陈代谢的原理，合理控制对高脂食品的欲望，调整作息时间，坚决拒绝各种加工食品的诱惑，三个月下来，竟然瘦了5公斤。张辉的爱人心疼她，劝她不用再减了，但她斩钉截铁地回答，一定要再接再厉，把减肥进行到底。在好友的鼓动下，张辉每天早上还坚持半个小时的跑步，风雨无阻，比田径运动员练得还认真。一年后，她终于达到了标准体重。

张辉回顾完她的减肥之路后，总结说，管住嘴，迈开腿是放之四海皆准的真理，停顿了一下，她又不无风趣地说，减肥是一条没有终点的路，有毅力一直走下去的人，才能欣赏到沿途美丽的风景。

逆反心理：反抗心

168

飲食を適量にして、しっかり歩くことだ

　古来、ほとんど、どの時代においても、女性の美の基準はほっそりしていればいるほどきれいである、とされてきた。そのため、女性は体重といつまでも終わらない戦いを続けてきた。戦いである以上、戦略と戦術を重んじなければならない。そうしてこそ勝つ可能性がある。私の友達の張輝はまさにそのような勝利者である。

　師範大学を卒業して以来、私は一度も張輝に会ったことがなかった。記憶の中の彼女は少し赤ちゃん太りで、まん丸の顔をして、スタイルもふくよかなタイプだった。卒業して10年、元宵節の日、私はデパートをぶらついていた。その時、向こうからすらりとした女性が歩いてきた。よく見ると、なんと張輝だった。すごい偶然だ。

　彼女は大学時代よりずっと痩せていて、もう少しで気がつかないところだった。偶然の出会いに私達は驚きながら喜び、連れだってデパートの最上階の喫茶店に行ってコーヒーを飲みながら昔のことを話し合った。私は、彼女にどうやって体重を減らしたの、と聞いた。彼女は太っていることで卑屈になり、かなり長い間、憂鬱にもなっていた、と答えた。その後、彼女はダイエットを決心した。ダイエットは多くの曲折を経、何度も回り道をした。最初に試したのは食事の量を減らす方法で、思い切って晩ご飯を食べるのをやめた。最初の1週間は確かに不思議な効き目があった。しかし、1か月経つと、体は節食に対して免疫力がつき、減量が足踏み状態になり始めた。常に飢えに苦しむ彼女は、毎日食べるか食べないかの葛藤にもがき、ついには反抗心が生じ、脂っこいものや甘いものをわざわざたくさん食べ、そのたびに後悔して、すぐに粉末のダイエット薬を1袋飲むことを繰り返した。結果は、推して知るべしで、体重は急増し、不規則な飲食のため胃もひどい痛手を負い、胃炎にかかり、空腹になるとたちまち痛くなった。

　挫折を味わった彼女は、体重に投降せず、2回目のダイエットに挑戦した。今度は、新陳代謝の原理をよく研究し、合理的に高脂肪食品に対する欲望を抑え、仕事と休憩の時間を調整し、各種の加工食品の誘惑をきっぱり断った。すると3か月で、なんと5キロも痩せた。張輝の主人は彼女のことをかわいそうに思い、もうダイエットをしなくていいよと言った。しかし、彼女は、努力を重ねてダイエットを最後までやり遂げる、ときっぱり答えた。親友の働きかけで、張輝は毎朝30分のジョギングを続け、雨の日も風の日も決行して、陸上選手よりもまじめに練習した。1年後、彼女はとうとう標準体重に達した。

　張輝は、自分のダイエットの道のりを振り返って、食生活をきちんと管理し、しっかり歩くことはどこでも通用する正しい真理だと締めくくった。そして、ちょっと間を置いて、彼女は、またダイエットは、終着点のない道で、根気よくずっと歩き続ける人だけが、沿道の美しい風景を楽しめるのよ、とユーモラスに言った。

提前退休的烦恼 早期退職の悩み

[STEP 1 単語] 今日習得すべき単語を、聞き取れるまで繰り返し聞いてください。 **085**

优异 yōuyì
（形）ずば抜けている

学位 xuéwèi
（名）学位

勤劳 qínláo
（形）勤勉である

上进 shàngjìn
（動）向上する

钻研 zuānyán
（動）研鑽する、
掘り下げて研究する

外向 wàixiàng
（形）外向的である

可观 kěguān
（形）たいしたものである、
相当なものである

资产 zīchǎn
（名）財産、資産

财务 cáiwù
（名）財務

毅然 yìrán
（副）毅然として、断固として

起草 qǐcǎo
（動）起草する、草稿を書く

崭新 zhǎnxīn
（形）斬新である

强制 qiángzhì
（動）強制する

上级 shàngjí
（名）上司

请示 qǐngshì
（動）支持を仰ぐ

下属 xiàshǔ
（名）部下

招标 zhāobiāo
（動）入札を募集する

客户 kèhù
（名）取引先、得意先

应酬 yìngchou
（動 / 名）交際する、応接する／
付き合い

是非 shìfēi
（名）是非、善し悪し

肆无忌惮 sìwú-jìdàn
好き勝手に振る舞って、なんら
はばかるところがない

任意 rènyì
（副）自由に、勝手に

茫然 mángrán
（形）何が何だかさっぱりわから
ない

无非 wúfēi
（副）…にほかならない

啥 shá
（代）なに

调剂 tiáojì
（動）調剤する、整える

武侠 wǔxiá
（名）侠客、武侠

优越 yōuyuè
（形）優越している

无精打采 wújīng-dǎcǎi
打ちしおれて元気がない、
しょんぼりしている

塔 tǎ
（名）塔形の建造物、タワー

误解 wùjiě
（動 / 名）誤解する／誤解

生疏 shēngshū
（形）疎い、慣れない、
疎遠である

薪水 xīnshui
（名）給料

空虚 kōngxū
（形）空虚である

[STEP 2 センテンス] STEP1 の単語を上から順番に、発音しながら_____に書き入れてください。センテンスの意味を把握することも学習目標の一つです。

①张明，27 岁时以_____的成绩拿下博士_____，进了一家大银行。

②他十分_____地工作，有_____心，喜欢_____，性格开朗_____，和同事的关系很好。

③十年后，37 岁的张明手里已有了一笔_____的_____，_____自由的他_____
_____了一份辞职报告，卸甲归田了。

④_____的生活开始了。

⑤每天不用_____自己按时起床，不用向_____早_____、晚汇报，不用管理_____，不用考虑投标_____的事，不用陪_____喝酒_____，不用去关心和工作有关的_____曲直，张明彻底自由了。

⑥他可以_____地睡到自然醒，大把的时间都归他_____支配，这种感觉太棒啦。

⑦自由自在的生活只持续了半年，张明就开始感到了_____。

⑧_____是三餐加上睡觉、上网、看电视。

⑨每天干点儿_____好？

⑩为了_____单调的日子，张明甚至把大学时买的全套_____小说都翻了出来，但他发现自己根本静不下心来看书，想叫朋友来家里玩儿，但大家都在上班，很少能有友人抽空来听他滔滔不绝地谈古论今。

⑪刚退休时的_____感消失了，张明每天都_____，对什么都提不起兴趣来。

⑫因为住在_____楼的高层，懒得下楼，吃饭都叫外卖。

⑬很多人_____了提前退休，以为离开了麻烦的工作，就能幸福一辈子，但实际上，这种提早退休的快乐只能维持很短的时间。

⑭和社会日益_____、接触不到新事物、不能再参加公司的各种宴会、缺乏与人的交流、没有_____领，这些都会让人产生_____感和失落感。

❶ 赤いシートを当てて、本文を見ながら聞き、見えない箇所の単語をチェックしてください。
❷ 赤いシートを外して、本文を見ながら聞き、聞き取った単語が合っているか、確認してください。
❸ 本文を見ないで聞き、全体の意味が把握できるか確認してください。

提前退休的烦恼

　　张明，27 岁时以优异的成绩拿下博士学位，进了一家大银行。他十分勤劳地工作，有上进心，喜欢钻研，性格开朗外向，和同事的关系很好。十年后，37 岁的张明手里已有了一笔可观的资产，财务自由的他毅然起草了一份辞职报告，卸甲归田了。

　　崭新的生活开始了。每天不用强制自己按时起床，不用向上级早请示、晚汇报，不用管理下属，不用考虑投标招标的事，不用陪客户喝酒应酬，不用去关心和工作有关的是非曲直，张明彻底自由了。他可以肆无忌惮地睡到自然醒，大把的时间都归他任意支配，这种感觉太棒啦。

　　自由自在的生活只持续了半年，张明就开始感到了茫然。起因是因为每天的生活太单调了。无非是三餐加上睡觉、上网、看电视。每天干点儿啥好？为了调剂单调的日子，张明甚至把大学时买的全套武侠小说都翻了出来，但他发现自己根本静不下心来看书，想叫朋友来家里玩儿，但大家都在上班，很少能有友人抽空来听他滔滔不绝地谈古论今。

　　刚退休时的优越感消失了，张明每天都无精打采，对什么都提不起兴趣来。因为住在塔楼的高层，懒得下楼，吃饭都叫外卖。渐渐地张明对自己的外表也无所谓了，反正不出门，穿给谁看呢。

　　有专家指出，提早退休没有那么快乐。很多人误解了提前退休，以为离开了麻烦的工作，就能幸福一辈子，但实际上，这种提早退休的快乐只能维持很短的时间。和社会日益生疏、接触不到新事物、不能再参加公司的各种宴会、缺乏与人的交流、没有薪水领，这些都会让人产生空虚感和失落感。

　　张明最近正在考虑复职，好让今后的人生变得充实一些。

卸甲归田 ：軍服を脱いで農業に従事する
投标　　：入札

早期退職の悩み

　張明は 27 歳の時、ずば抜けた成績で博士号を取得し、大手銀行に入った。彼は非常に勤勉に仕事に励み、向上心があった。そして、研鑽を好み、性格も明朗かつ外向的で、同僚との関係も良好であった。10 年後、37 歳になった張明の手元には、既に相当な資産があった。お金の心配がなくなった彼は毅然として退職届を書き、仕事をやめて帰郷した。

　新しい生活が始まった。毎日、無理やり時間通りに起きなくてよく、朝、上司に指示を仰ぎ、夜に報告をする必要もない。部下を管理することもなく、応札や入札募集のことを考えることもなく、取引先と酒を飲み、接待する必要もない。仕事で生じる物事の是非を気にかけることもなく、張明は完全に自由になった。彼は、自然に目が覚めるまで思う存分眠り、有り余る時間を自由に支配できる、こういう感じは本当に最高だ。

　自由自在の生活がわずか半年続いただけで、張明はもう何が何だかわからなくなってしまった。その原因は毎日の生活があまりにも単調だからであった。三度の食事に睡眠、ネットやテレビを見たりする、ただそれだけである。毎日何をしたらいいのか？　単調な生活を活気づけるために、張明は大学の時に買った武侠小説の全シリーズを探し出してきた。だが、自分がまったく落ち着いて本を読むことができないことに気づき、友達を家に呼んで遊ぼうと思ったが、みんな仕事に出ていて、彼が滔々ととめどなく話すよもやま話などを時間を割いて聞いてくれる友人はめったにいなかった。

　退職したばかりのあの時の優越感はなくなってしまった。張明は毎日一日中しょんぼりして、何に対しても興味がわかなくなった。タワーマンションの高層階に住んでいるので下に降りるのも面倒で、食事も出前を取る。張明は次第に自分の外見もどうでもよくなっていき、どうせ家を出ないのだから、服を着たって誰に見せるんだ、と思うようになった。

　専門家は、早期退職はそんなに楽しいことではない、と指摘している。早期退職を誤解している人が多く、面倒な仕事を離れたら、一生幸せに過ごせると思っているが、実際は、そのような早期退職の楽しさはごく短い期間、維持できるだけなのだ。社会と日に日に疎遠になり、新しいものごとに触れることができず、会社のいろいろな宴会にも出席できず、人との交流も乏しくなり、給料も受け取れなくなる、こういったことは全て人に虚しさと失望をもたらす。

　張明は、最近復職を考えている、今後の人生が少し充実したものになるように。

孔子救母鸡 孔子、めんどりを救う

[STEP 1 単語] 今日習得すべき単語を、聞き取れるまで繰り返し聞いてください。 **087**

贫乏 pínfá
(形) 貧しい、貧乏である

旋转 xuánzhuǎn
(動) 回転する

焦急 jiāojí
(形) 焦る、気をもむ

寒暄 hánxuān
(動) 時候のあいさつをする

劈 pī
(動) (刀や斧で縦に) 割る、切る

坡 pō
(名) 坂

提议 tíyì
(動) 提議する、提案する

现成 xiànchéng
(形) 出来合いの、既製の

嘛 ma
(助) これが事実だ、または本来
あるべきだという感情・気分を
表す

危机 wēijī
(名) 危機

吩咐 fēnfù
(動) 言いつける、指図する

牲畜 shēngchù
(名) 家畜

搂 lǒu
(動) 抱く、抱きしめる

交代 jiāodài
(動) 言い聞かせる

盘旋 pánxuán
(動) 旋回する、ぐるぐる回る

趴 pā
(動) うつ伏せになる

潜水 qiánshuǐ
(動) 潜水する

耍 shuǎ
(動) 遊ぶ、たわむれる

淋 lín
(動) ぬれる、かかる

溅 jiàn
(動) はね上がる

攀登 pāndēng
(動) よじ登る

狼吞虎咽 lángtūn-hǔyàn
大急ぎでがつがつかきこむさま

渺小 miǎoxiǎo
(形) 微小である、きわめて小さい

践踏 jiàntà
(動) 踏む、踏みつける

人道 réndào
(名) 人道

妥当 tuǒdàng
(形) 妥当である

唾弃 tuòqì
(動) 唾棄する、軽蔑する

操劳 cāoláo
(動) あくせくと働く、苦労する

粒 lì
(量) 粒上のものを数える、粒

崇高 chónggāo
(形) 崇高である、気高い

破例 pòlì
(動) 慣例を破る

紧迫 jǐnpò
(形) 緊迫している、
差し迫った

解除 jiěchú
(動) 解除する、取り除く

天伦之乐 tiānlúnzhīlè
一家団欒の楽しみ

①相传孔子带着弟子周游列国时，在陈蔡被困，饥寒＿＿＿＿＿＿，饿得头晕眼花，看东西都＿＿＿＿＿＿。

②子路很＿＿＿＿＿＿，就到朋友家去乞讨，＿＿＿＿＿＿了几句后，说明来意，但是朋友也家徒四壁，没有东西可以吃，已经好几天没有＿＿＿＿＿＿柴做饭了。

③正在为难时，看到朋友养的母鸡领着一群小鸡，从一个小山＿＿＿＿＿＿上走下来。

④子路的朋友＿＿＿＿＿＿说："这不是＿＿＿＿＿＿的食物＿＿＿＿＿＿，就把老母鸡炖了给你老师吃吧。"

⑤老母鸡一听这话，感到了＿＿＿＿＿＿，掉头就往回跑。

⑥孔子＿＿＿＿＿＿公冶长说，你不是听得懂＿＿＿＿＿＿的话吗，去听听鸡们在说什么。

⑦公冶长听了一会儿，回来对孔子说：老母鸡用翅膀＿＿＿＿＿＿着小鸡，对小鸡＿＿＿＿＿＿说，妈要被杀死了，不放心你们。

⑧以后妈不在了，你们如果看见老鹰在头顶＿＿＿＿＿＿，就赶紧＿＿＿＿＿＿在树叶下躲藏，喝水不要去深的池塘，因为你们既不会游泳，又不会＿＿＿＿＿＿。

⑨别和鼠蛇一起＿＿＿＿＿＿，下雨天别出门，＿＿＿＿＿＿雨不说，身边有车过时还会＿＿＿＿＿＿你们一身水。

⑩高山千万别＿＿＿＿＿＿，掉下去的话很危险，吃饭不要＿＿＿＿＿＿，小心噎着。

⑪孔子马上对子路的朋友说："不能杀鸡。鸡虽＿＿＿＿＿＿不足惜，但它非常爱孩子，这份感情不能＿＿＿＿＿＿，杀母鸡太不＿＿＿＿＿＿，这么做不＿＿＿＿＿＿，会遭人＿＿＿＿＿＿的。"

⑫他说："老师呀，您每天＿＿＿＿＿＿，却7天没进一＿＿＿＿＿＿米了。"

⑬孔子说："你为师求食，是仁爱；母鸡对小鸡的感情，是母爱。母爱最＿＿＿＿＿＿，人当敬之。"

⑭故事的结局是，子路的朋友＿＿＿＿＿＿没有杀老母鸡，老母鸡的＿＿＿＿＿＿感＿＿＿＿＿＿了，又悠哉游哉享受它的"＿＿＿＿＿＿"去了。

❶ 赤いシートを当てて、本文を見ながら聞き、見えない箇所の単語をチェックしてください。
❷ 赤いシートを外して、本文を見ながら聞き、聞き取った単語が合っているか、確認してください。
❸ 本文を見ないで聞き、全体の意味が把握できるか確認してください。

孔子救母鸡

相传孔子带着弟子周游列国时，在陈蔡被困，饥寒贫乏，饿得头晕眼花，看东西都旋转。子路很焦急，就到朋友家去乞讨，寒暄了几句后，说明来意，但是朋友也家徒四壁，没有东西可以吃，已经好几天没有劈柴做饭了。正在为难时，看到朋友养的母鸡领着一群小鸡，从一个小山坡上走下来。子路的朋友提议说："这不是现成的食物嘛，就把老母鸡炖了给你老师吃吧。"

老母鸡一听这话，感到了危机，掉头就往回跑。这一幕被孔子和公冶长看到了。孔子吩咐公冶长说，你不是听得懂牲畜的话吗，去听听鸡们在说什么。公冶长听了一会儿，回来对孔子说：老母鸡用翅膀搂着小鸡，对小鸡交代说，妈要被杀死了，不放心你们。以后妈不在了，你们如果看见老鹰在头顶盘旋，就赶紧趴在树叶下躲藏，喝水不要去深的池塘，因为你们既不会游泳，又不会潜水。别和鼠蛇一起耍，下雨天别出门，淋雨不说，身边有车过时还会溅你们一身水。高山千万别攀登，掉下去的话很危险，吃饭不要狼吞虎咽，小心噎着。没了妈的你们要处处提防，平安第一。

孔子马上对子路的朋友说："不能杀鸡。鸡虽渺小不足惜，但它非常爱孩子，这份感情不能践踏，杀母鸡太不人道，这么做不妥当，会遭人唾弃的。"子路在一旁听了，急得哭出声来。他说："老师呀，您每天操劳，却7天没进一粒米了。"孔子说："你为师求食，是仁爱；母鸡对小鸡的感情，是母爱。母爱最崇高，人当敬之。"

故事的结局是，子路的朋友破例没有杀老母鸡，老母鸡的紧迫感解除了，又悠哉游哉享受它的"天伦之乐"去了。

子路 ：子路、孔子の弟子
公冶长 ：公冶長、孔子の弟子

孔子、めんどりを救う

　話によると、孔子は、弟子を引き連れて諸国を周遊していた時、陳国と蔡国の境で包囲され、飢えと寒さと貧しさにさいなまれ、ひもじさのあまり頭がくらくらして、目がかすみ、物を見ると目が回った。子路はたいそう焦り、友人の家に物ごいに行った。二言三言時候の挨拶を交わすと、来意を告げた。だが、友人の家も大変貧乏で食べられるものはなかった。もう何日も薪を割って炊事をしていなかった。困っていると、友人の飼っているめんどりが一群れのひよこを連れて、小高い山の斜面から降りてきた。子路の友人が「これは出来合いの食べ物ではないか（ちょうどよく食べ物が来た）。この年老いためんどりを煮込んで君の先生に食べていただこう」と提案した。

　めんどりはこれを聞いて危ないと思い、向きを変えて元来た方へ逃げた。この一幕を孔子と公冶長が見ていた。孔子は、公冶長におまえは家畜のことばが分かるのではなかったか、鶏たちが何を言っているか行ってちょっと聞いてごらんと言いつけた。公冶長は鶏たちのことばを少し聞いて、戻って来て孔子に言った。めんどりは羽根でひよこを抱きしめて「お母さんが殺されたらおまえたちのことが心配だ。お母さんがいなくなってからも、トビが頭の上でぐるぐる回るのを見たら、急いで木の葉の下に隠れるんだよ。水を飲む時は深い池に行ってはいけないよ。おまえたちは泳ぐことも水に潜ることもできないんだからね。ネズミやヘビと遊ぶんじゃないよ。雨の日は出かけるんじゃないよ。雨に濡れるのは言うまでもないけれど、車がそばを通ると、水をはねておまえたちは全身ずぶぬれになるからね。高い山には絶対に登ってはいけないよ。落ちたらとても危ないからね。ご飯を食べる時は、がつがつと食べてはいけない、喉につまらせないよう気を付けるんだよ。お母さんがいなくなったおまえたちは、どんな事にも用心して安全が第一だよ」と言い聞かせていた、と。

　孔子はすぐ子路の友人に「鶏を殺してはいけない。鶏は極めて小さいもので、惜しむに値しない。しかし、子供をこよなく愛している。この感情を踏みにじってはならない。めんどりを殺すのはあまりにも人道に反することだ。そういうことをするのは妥当ではなく、人から軽蔑される」と言った。傍らで聞いていた子路は焦って泣き出した。そして、「先生、先生は毎日苦労なさっているのに、七日間も一粒の米も口にされていないのですよ」と言った。孔子は「おまえが師のために食べ物を求めるのは思いやりの心だ。めんどりのひよこに対する感情、これは母の愛情だ。母の愛情は最も崇高で、人はそれを尊敬すべきなのだよ」と言った。

　こうして、子路の友人は慣例を破り、年老いためんどりを殺さなかった。緊迫した気持ちから解放されためんどりは、またゆったりと自分の「一家団欒の楽しみ」を味わいに行った。

杭州女童失踪案 杭州の少女失踪事件

[STEP 1 単語] 今日習得すべき単語を、聞き取れるまで繰り返し聞いてください。 **089**

嫌疑 xiányí
（名）疑い

品质 pǐnzhì
（名）本質、資質、品性

人性 rénxìng
（名）人間性

撒谎 sāhuǎng
（動）うそをつく

勤俭 qínjiǎn
（形）勤勉で質素である

圈套 quāntào
（名）わな

阻拦 zǔlán
（動）阻止する、食い止める

跨 kuà
（動）またがる

省会 shěnghuì
（名）省都、"省"の行政府の所在地

吞吞吐吐 tūntūntǔtǔ
（形）口ごもるさま、言葉を濁すさま

疑惑 yíhuò
（名）疑惑、疑い

罪犯 zuìfàn
（名）犯罪人

线索 xiànsuǒ
（名）手がかり

推测 tuīcè
（動）推測する

漂浮 piāofú
（動）漂う、浮かぶ

司法 sīfǎ
（動）法を司る

解剖 jiěpōu
（動）解剖する

认定 rèndìng
（動）認定する

无辜 wúgū
（形）無辜の、罪がない

无耻 wúchǐ
（形）恥知らずである

思念 sīniàn
（動）懐かしむ、恋しく思う

心眼儿 xīnyǎnr
（名）気立て、心持ち、心根

抢劫 qiǎngjié
（動）強奪する、略奪する

时机 shíjī
（名）時機、タイミング

尚且 shàngqiě
（連）…でさえ

识别 shíbié
（動）識別する

区分 qūfēn
（動）区分する、区別する

书记 shūjì
（名）書記

慰问 wèiwèn
（動）慰問する、見舞う

炫耀 xuànyào
（動）ひけらかす、見せびらかす

片段 piànduàn
（名）（文章・小説・劇・生活・経歴などの）一区切り、一段

[STEP 2 センテンス] STEP1の単語を上から順番に、発音しながら＿＿＿＿に書き入れてください。センテンスの意味を把握することも学習目標の一つです。

①两个犯罪＿＿＿＿人是租住在女童家里的房客，道德＿＿＿＿极差，毫无＿＿＿＿，＿＿＿＿成瘾。

②一直＿＿＿＿持家，忙忙碌碌没怎么接触过社会的两位老人家果然中了＿＿＿＿，听信了坏人要带女童去上海参加婚礼的谎言，不顾远在天津的女童父亲的＿＿＿＿，让坏人在自己的眼皮底下把女童带走了。

③俩人带女童＿＿＿＿越了好几个＿＿＿＿，根本没有去上海。

④开始几天，女童爸爸还能用手机和他们通话，俩人说起自己的行踪时＿＿＿＿，令女童爸爸心生＿＿＿＿。

⑤警方在接到报警后，开始寻找女童，虽然有大量女童和＿＿＿＿在一起的情报和＿＿＿＿，但始终找不到女童本人。

⑥在网上众人也进行了各种各样的＿＿＿＿，大家都很关心女童的下落。

⑦警方出动了大量人马在各个地方继续找寻，最终在海上，一艘渔船的船长发现了＿＿＿＿着的女童遗体，打捞上来后立刻送往＿＿＿＿部门进行＿＿＿＿。

⑧解剖结果＿＿＿＿，＿＿＿＿的女童是被两个＿＿＿＿的罪犯抛进大海淹死的。

⑨噩耗传来，人们除了哀悼、＿＿＿＿女童以外，对如何防范同样事件的发生也进行了思索。

⑩两个犯罪者把自己伪装成＿＿＿＿善良的老实人，他们此次犯罪，不是公开放火＿＿＿＿，而是找准＿＿＿＿对容易哄骗的老人下手，骗取老人的信任。

⑪就连大人＿＿＿＿ ＿＿＿＿不出他们的真面目，何况一个9岁的孩子，她又如何＿＿＿＿得了谁是好人、谁是坏人。

⑫女童居住地的村支部＿＿＿＿也来到女童家＿＿＿＿，他表示说曾见过两个犯罪者，感觉他们虚荣心强，爱＿＿＿＿，却没有任何真本事。

⑬也有网民拿出了以前留宿女童家时，和女童拍摄的＿＿＿＿，大家看到画面里健康活泼的女童，都不禁湿了眼角。

❶ 赤いシートを当てて、本文を見ながら聞き、見えない箇所の単語をチェックしてください。
❷ 赤いシートを外して、本文を見ながら聞き、聞き取った単語が合っているか、確認してください。
❸ 本文を見ないで聞き、全体の意味が把握できるか確認してください。

杭州女童失踪案

近日，杭州一个九岁女童被害案引起了人们的关注。两个犯罪嫌疑人是租住在女童家里的房客，道德品质极差，毫无人性，撒谎成瘾。他们先从女童的爷爷奶奶身上打开缺口，装扮成老实人接近两位老人。一直勤俭持家，忙忙碌碌没怎么接触过社会的两位老人家果然中了圈套，听信了坏人要带女童去上海参加婚礼的谎言，不顾远在天津的女童父亲的阻拦，让坏人在自己的眼皮底下把女童带走了。

俩人带女童跨越了好几个省会，根本没有去上海。开始几天，女童爸爸还能用手机和他们通话，俩人说起自己的行踪时吞吞吐吐，令女童爸爸心生疑惑。在多次要求他们送还女童而得不到回应后，女童爸爸决定报警。

警方在接到报警后，开始寻找女童，虽然有大量女童和罪犯在一起的情报和线索，但始终找不到女童本人。在网上众人也进行了各种各样的推测，大家都很关心女童的下落。就在这时，传来了两个罪犯自杀的消息，女童却仍然没有找到。

警方出动了大量人马在各个地方继续找寻，最终在海上，一艘渔船的船长发现了漂浮着的女童遗体，打捞上来后立刻送往司法部门进行解剖。解剖结果认定，无辜的女童是被两个无耻的罪犯抛进大海淹死的。

噩耗传来，人们除了哀悼、思念女童以外，对如何防范同样事件的发生也进行了思索。两个犯罪者把自己伪装成心眼儿善良的老实人，他们此次犯罪，不是公开放火抢劫，而是找准时机对容易哄骗的老人下手，骗取老人的信任。就连大人尚且识别不出他们的真面目，何况一个9岁的孩子，她又如何区分得了谁是好人、谁是坏人。

女童居住地的村支部书记也来到女童家慰问，他表示说曾见过两个犯罪者，感觉他们虚荣心强，爱炫耀，却没有任何真本事。村长为没有及时提醒女童爷爷奶奶感到后悔。

也有网民拿出了以前留宿女童家时，和女童拍摄的片段，大家看到画面里健康活泼的女童，都不禁湿了眼角。

杭州の少女失踪事件

　近ごろ、杭州の9歳の少女殺害事件が人々の関心を集めた。二人の（犯罪）容疑者は、少女の家の間借人で、道徳的な品性が極めて低く、人間性のかけらもない、大嘘つきであった。彼らは、まず、少女の祖父、祖母を突破口とし、誠実な人のふりをして、二人の年寄りに近づいた。ずっとつましく家計を切り盛りし、あくせくと忙しくしていて、世の中にあまり触れたことがない二人の年寄りは、案の定、わなに引っ掛かり、悪人が少女を上海に連れて行って結婚式に出席するという嘘を信じてしまった。遠く天津にいる少女の父親が止めるのもかまわず、自分の目の前で、悪人に少女を連れて行かれてしまった。

　容疑者二人は、少女を連れて、いくつもの省都をまたいで移動したが、上海には近づかなかった。最初の何日間かは、少女の父親が携帯電話で彼らと話をしたが、二人は、自分たちの行く先については言葉を濁したので、少女の父親の心には疑惑が生まれた。何回彼らに少女を送り返すよう要求しても、応じなかったため、少女の父親は警察に通報することを決心した。

　警察は通報を受けて、少女の捜索を始めた。少女と犯人が一緒にいるという情報や手がかりはたくさんあったが、とうとう少女本人を探し出すことはできなかった。ネットでいろいろな推測を行う人も多く、皆少女の行方を心配していた。ちょうどその時、二人の犯人が自殺したという知らせが伝わってきたが、少女は依然として見つからなかった。

　警察は、多くの人員を動員して各地で捜索を継続し、最後に、漁船の船長が海に浮かんでいる少女の遺体を発見した。引き上げて直ちに司法機関に送り、解剖を行った。解剖の結果、無辜の少女は恥知らずな二人の犯人に海に投げ込まれて、おぼれ死んだと認定された。

　訃報が伝わると、人々は少女を哀悼し偲ぶばかりでなく、どのように同様の事件の発生を防止するかについても思索をめぐらした。二人の犯人は、心根が善良で誠実な人間になりすました。彼らの今回の犯罪は、公然と放火、強奪を働いたのではなく、すきをねらって騙しやすい年寄りから手をつけ、年寄りの信頼を騙し取ったのである。大人でさえ犯人の本当の姿を見極められなかったのに、ましてや9歳の子供が、どうやって誰がいい人で誰が悪い人かを区別できるだろうか。

　少女の居住地の村支部の書記も少女の家に慰問に来た。書記は、かつて二人の犯人に会ったことがあり、犯人たちは虚栄心が強く、いろいろ自慢していたが、本当の能力は何もないと感じた、と語った。村長はタイミングよく少女の祖父と祖母に注意を促せなかったことを後悔した。

　以前、少女の家に宿泊した時に、少女と一緒に撮った映像の一コマを公開したネットユーザーもあった。画面の健康で元気あふれる少女を見て、皆、思わず目を潤ませた。

准婆婆与准儿媳 お母さんと息子の婚約者

[STEP 1 単語] 今日習得すべき単語を、聞き取れるまで繰り返し聞いてください。 **091**

拜年 bàinián
(動) 新年のあいさつをする

精密 jīngmì
(形) 精密である

化验 huàyàn
(動) 化学検査をする

保密 bǎomì
(動) 機密を守る

鼻涕 bítì
(名) 鼻水

残酷 cánkù
(形) 残酷である、ひどい

风暴 fēngbào
(名) あらし、暴風雨

急躁 jízào
(形) いらだつ、焦る

沉着 chénzhuó
(形) 落ち着いている

分歧 fēnqí
(名) 相違、不一致

兑现 duìxiàn
(動) 約束を果たす

补贴 bǔtiē
(動 / 名) 補助する／
補助金、手当

串 chuàn
(量) つながっているものを数える

搓 cuō
(動) もむ、こする

端 duān
(動) 水平に保つように持つ、
捧げ持つ

喂 wèi
(動) 食べさせる

便条 biàntiáo
(名) 書き置き、メモ

辫子 biànzi
(名) お下げ、弁髪

动手 dòngshǒu
(動) 取りかかる

截止 jiézhǐ
(動) 締め切る

慷慨 kāngkǎi
(形) 物惜しみしない、気前がよい

除 chú
(動) 取り除く

端午节 Duānwǔ Jié
(名) 端午の節句

搁 gē
(動) 置く

化妆 huàzhuāng
(動) 化粧する

偿还 chánghuán
(動) 償還する、返済する

[STEP 2 センテンス] STEP1 の単語を上から順番に、発音しながら＿＿＿＿＿＿＿に書き入れてください。センテンスの意味を把握することも学習目標の一つです。

① 24 岁的陈蓓春节去男友家＿＿＿＿＿＿＿，在饭桌上，两个人宣布了订婚的消息。

②到医院做了＿＿＿＿＿＿＿检查和各种＿＿＿＿＿＿＿，结果显示她患上了癌症——髓系 M5 型白血病，医院下了病危通知书。

③陈蓓是孤儿，未婚夫一家人决定先对她＿＿＿＿＿＿＿，等住院治疗，度过了危险期后再告诉她病名。

④得知真实病情之后，小陈哭得一把＿＿＿＿＿＿＿一把眼泪，她想不通，为什么命运对她这么＿＿＿＿＿＿＿。

⑤陈蓓的准婆婆叫陆红，在这场突然降临的＿＿＿＿＿＿＿面前，没有慌张，更没有＿＿＿＿＿＿＿，表现得很＿＿＿＿＿＿＿。

⑥全家人的意见没有＿＿＿＿＿＿＿，一致同意全力给陈蓓治病。

⑦陆红＿＿＿＿＿＿＿了她的承诺，没几天就把以前为＿＿＿＿＿＿＿家用而开的卖羊肉串小摊儿重新搭建起来，每天 5 点就起来在街头摆摊卖一＿＿＿＿＿＿＿串的羊肉。

⑧干到下午，丈夫来替换她，她再赶到医院照顾陈蓓，帮陈蓓洗澡＿＿＿＿＿＿＿后背，＿＿＿＿＿＿＿茶倒水，洗衣＿＿＿＿＿＿＿饭。

⑨有时陈蓓在睡觉，陆红就把煲好的汤轻轻放在小桌上，旁边放一张＿＿＿＿＿＿＿，叮嘱陈蓓汤一定要加热再喝。

⑩陈蓓的长＿＿＿＿＿＿＿影响治疗，陆红亲自＿＿＿＿＿＿＿帮陈蓓剪去，并安慰准儿媳说："别心疼，病一好，头发很快就能长起来。"

⑪＿＿＿＿＿＿＿到现在，陆红花在陈蓓身上的治疗费已经是一笔可观的数字了。

⑫有人问她为什么这么＿＿＿＿＿＿＿，她说："儿子喜欢的人，我就喜欢。花多少钱也不会心疼，只要能药到病＿＿＿＿＿＿＿。"

⑬＿＿＿＿＿＿＿那天，她拿着粽子来病房，把粽子＿＿＿＿＿＿＿到桌子上，用慈祥的目光看着陈蓓。

⑭病情初步稳定下来的陈蓓，虽然没有＿＿＿＿＿＿＿，但气色很好。

⑮她对坐在一旁的准婆婆说："妈妈，您对我这么好，我该怎么＿＿＿＿＿＿＿您的恩情呢？"

❶ 赤いシートを当てて、本文を見ながら聞き、見えない箇所の単語をチェックしてください。
❷ 赤いシートを外して、本文を見ながら聞き、聞き取った単語が合っているか、確認してください。
❸ 本文を見ないで聞き、全体の意味が把握できるか確認してください。

准婆婆与准儿媳

　　24 岁的陈蓓春节去男友家拜年，在饭桌上，两个人宣布了订婚的消息。得到大家的祝福。谁想到刚刚订婚，病魔就突如其来。那年四月，她总是浑身无力，牙龈出血，种种迹象表明身体出了问题。到医院做了精密检查和各种化验，结果显示她患上了癌症——髓系 M5 型白血病，医院下了病危通知书。

　　陈蓓是孤儿，未婚夫一家人决定先对她保密，等住院治疗，度过了危险期后再告诉她病名。得知真实病情之后，小陈哭得一把鼻涕一把眼泪，她想不通，为什么命运对她这么残酷。

　　陈蓓的准婆婆叫陆红，在这场突然降临的风暴面前，没有慌张，更没有急躁，表现得很沉着。陆红对儿子说："我不会丢下陈蓓不管，就是砸锅卖铁也要给她治好病。"全家人的意见没有分歧，一致同意全力给陈蓓治病。陆红兑现了她的承诺，没几天就把以前为补贴家用而开的卖羊肉串小摊儿重新搭建起来，每天 5 点就起来在街头摆摊卖一串串的羊肉。干到下午，丈夫来替换她，她再赶到医院照顾陈蓓，帮陈蓓洗澡搓后背，端茶倒水，洗衣喂饭。有时陈蓓在睡觉，陆红就把煲好的汤轻轻放在小桌上，旁边放一张便条，叮嘱陈蓓汤一定要加热再喝。陈蓓的长辫子影响治疗，陆红亲自动手帮陈蓓剪去，并安慰准儿媳说："别心疼，病一好，头发很快就能长起来。"

　　截止到现在，陆红花在陈蓓身上的治疗费已经是一笔可观的数字了。有人问她为什么这么慷慨，她说："儿子喜欢的人，我就喜欢。花多少钱也不会心疼，只要能药到病除。"

　　端午节那天，她拿着粽子来病房，把粽子搁到桌子上，用慈祥的目光看着陈蓓。病情初步稳定下来的陈蓓，虽然没有化妆，但气色很好。她对坐在一旁的准婆婆说："妈妈，您对我这么好，我该怎么偿还您的恩情呢？"陆红回答说："你能好起来，就是对我最大的安慰。"

　　陈蓓何其不幸，遇到残酷的疾病，陈蓓何其有幸，遇到这么善良的准婆婆。

羊肉串：羊肉の串焼き

お母さんと息子の婚約者

　24 歳の陳蓓は、春節にボーイフレンドの実家に新年の挨拶に行った。食事のテーブルに着くと、二人は婚約することを報告し、皆から祝福をうけた。婚約したばかりなのに、突然病魔がやってくるとは思いもよらなかった。その年の 4 月、陳蓓は常に全身がだるく、歯ぐきからの出血が続いた。さまざまな予兆は、体に異状が生じたことをはっきり示していた。病院で精密検査のほか各種検査を受けた。その結果、彼女は癌（の一種）骨髄性 M5 型白血病にかかっていることが明らかになり、病院は重症と判断した。

　陳蓓は孤児だったので、婚約者一家は、まず彼女には秘密にしたまま入院して治療を受けさせ、危険な時期が過ぎてから病名を伝えようと決めた。本当の病状を知ったとき、陳さんは泣きの涙に暮れた。彼女は、運命がなぜ自分にこんなに残酷なのか納得がいかなかった。

　陳蓓の婚約者のお母さんは陸紅といい、この突然やって来た嵐を前にして、慌てることも、いらだつこともなく、とても落ち着いていた。陸紅は息子に「私は陳蓓をほったらかしになんかしないよ。たとえ、ありったけの財産を投げ出してもあの娘の病気を治してあげるんだ」と言った。家族全員、意見が一致し、揃って全力で陳蓓の病気を治すことに賛成した。陸紅は約束を実行した。何日も経たないうちに、以前、家計の足しにと開いていた羊肉の串焼きの露店を組み立てなおし、毎日 5 時に起きて街頭に露店を出して一串一串羊肉の串焼きを売った。午後まで働いて夫と交替すると、彼女は病院に駆けつけ陳蓓の面倒を見た。陳蓓を風呂に入れ、背中を流してやり、お茶を出し、水を注いでやり、洗濯をし、ご飯を食べさせた。陳蓓が寝ているときには、陸紅は煮込んだスープをそっと小さなテーブルの上に置き、必ず温めてから飲むようにと言い含めるメモを添えた。陳蓓の長いお下げが治療の邪魔になるので、陸紅が自ら陳蓓のお下げを切り、そして息子の婚約者を「惜しがることはないよ。病気がよくなったら髪はすぐ長くなるからね」と慰めた。

　今までに、陸紅が陳蓓のために払った治療費は既に相当な金額となっている。なぜこんなに気前がよいのかと陸紅に尋ねる人がいると、陸紅は「息子が好きな人は、私も好きなんだよ。いくら金がかかっても惜しくはないよ。薬を飲んで病気が治りさえすれば」と言った。

　端午の節句のその日、陸紅は粽（ちまき）を持って病室にやってきた。粽をテーブルの上に置くと、優しいまなざしで陳蓓を見つめた。病状がひとまず安定してきた陳蓓は、化粧をしていなくても、血色がとても良かった。陳蓓は、そばに座る婚約者のお母さんに「お母さん、お母さんがこんなによくして下さるのに、私はどうやってこのご恩をお返しすればいいのでしょうか」と言った。陸紅は「あなたがよくなればそれが私への一番の慰めだよ」と答えた。

　陳蓓はなんと不幸なことか、ひどい病を患って。陳蓓はなんと幸運なことか、こんなに気立ての良い婚約者のお母さんに出会えるなんて。

咖啡 コーヒー

[STEP 1 単語] 今日習得すべき単語を、聞き取れるまで繰り返し聞いてください。 **093**

起源 qǐyuán
（名）起源

殖民地 zhímíndì
（名）植民地

领土 lǐngtǔ
（名）領土

气味 qìwèi
（名）におい、香り

朝气蓬勃 zhāoqì péngbó
元気はつらつとしている

有条不紊 yǒutiáo-bùwěn
筋道が立っていて乱れたところが
ない

畅通 chàngtōng
（形）滞りなく通じる

过渡 guòdù
（动）移行する

职位 zhíwèi
（名）（職務上の）地位

职务 zhíwù
（名）職務

托运 tuōyùn
（动）託送する

太空 tàikōng
（名）宇宙

手艺 shǒuyì
（名）腕前、技量

兴旺 xīngwàng
（形）盛んである、繁盛する

惯例 guànlì
（名）慣例

搅拌 jiǎobàn
（动）かき混ぜる

鉴别 jiànbié
（动）鑑別する、識別する

转移 zhuǎnyí
（动）移る

噪音 zàoyīn
（名）騒音、雑音

争议 zhēngyì
（动）言い争う、論争する

收缩 shōusuō
（动）収縮する

比重 bǐzhòng
（名）比率、割合

忌讳 jìhuì
（动）極力避けるべきである、
してはならない

检讨 jiǎntǎo
（动）自己の間違いを反省する

糟蹋 zāotà
（动）粗末にする、だめにする

种族 zhǒngzú
（名）種族、人種

公道 gōngdào
（形）公平である

[STEP 2 センテンス] STEP1 の単語を上から順番に、発音しながら＿＿＿＿＿＿＿に書き入れてください。センテンスの意味を把握することも学習目標の一つです。

①挖掘咖啡的历史，可以知道咖啡＿＿＿＿＿＿于非洲。

②咖啡在 17 世纪传入欧洲，由于欧洲不能种植咖啡，各国开始在＿＿＿＿＿＿种植，后来随着荷兰最早种植成功，欧洲渐渐形成了咖啡文化。

③有一点要注意，由于以前希腊和土耳其的＿＿＿＿＿＿纷争不断，即使到了现在，如果身在希腊，千万别说来一杯土耳其咖啡，会遭白眼的。

④咖啡的＿＿＿＿＿＿芳香，呈棕色，是人们工作学习的好助手。

⑤一杯咖啡可以让一个困倦的人变得＿＿＿＿＿＿＿，也可以让因劳累而不能合理思考的人恢复＿＿＿＿＿＿＿的思考力，大脑变得＿＿＿＿＿＿＿无阻。

⑥还可以让一个饥肠辘辘的人靠"咖啡饱"＿＿＿＿＿＿一下，从而熬到开饭时间。

⑦无论一个人处于什么＿＿＿＿＿＿，做着什么＿＿＿＿＿＿，都很容易成为咖啡的俘虏。

⑧有些人就连出差也要把喜欢的一款咖啡打进行李＿＿＿＿＿＿，这类咖啡依赖者即使是要上＿＿＿＿＿＿去，也不会忘了带上咖啡吧。

⑨做一杯味道正宗的咖啡需要＿＿＿＿＿＿，对水温、浓淡、冲泡时间都有很多要求。

⑩这就是虽然速溶咖啡有很多种，但咖啡店还是生意＿＿＿＿＿＿的原因。

⑪在咖啡店里，常客们按照＿＿＿＿＿＿欣赏着各种咖啡器皿的造型，把牛奶和咖啡不无诗意地＿＿＿＿＿＿在一起，＿＿＿＿＿＿不同种类咖啡的味道。

⑫他们通过做这些美好的事情＿＿＿＿＿＿生活中的压力，度过一段美妙的时光。

⑬比起其他公共场所来，咖啡店里的＿＿＿＿＿＿都相对轻减很多。

⑭近年来，人们对咖啡存在着很多＿＿＿＿＿＿。

⑮有些人饮用咖啡后会出现心脏＿＿＿＿＿＿、血压升高等不良反应。

⑯虽然咖啡不适者在喝咖啡的总体人群中所占＿＿＿＿＿＿较轻，爱喝咖啡者还是应该有所＿＿＿＿＿＿，把咖啡饮用量控制在一天 4 杯以内，以免给身体器官带去负面影响。

⑰而带病生存者要＿＿＿＿＿＿一下自己的身体，适合不适合喝咖啡。

⑱如有骨质疏松症、贫血、精神焦虑等疾病，就应该离咖啡远一些，不要盲目饮用咖啡，＿＿＿＿＿＿身体。

⑲美国南加州大学研究人员曾分析过喝咖啡对不同＿＿＿＿＿＿人群的健康影响，发现喝咖啡能降低不同种族人群的死亡风险。

⑳可以还咖啡一个＿＿＿＿＿＿的说法，咖啡本身并没有害处，但每一个人对咖啡的接受度是不一样的。

❶ 赤いシートを当てて、本文を見ながら聞き、見えない箇所の単語をチェックしてください。
❷ 赤いシートを外して、本文を見ながら聞き、聞き取った単語が合っているか、確認してください。
❸ 本文を見ないで聞き、全体の意味が把握できるか確認してください。

咖啡

　　挖掘咖啡的历史，可以知道咖啡起源于非洲。最早种植咖啡的是埃塞俄比亚。据说一个牧童发现自己的羊吃了一种植物的种子即咖啡豆后，变得异常兴奋，由此发现了咖啡。咖啡在 17 世纪传入欧洲，由于欧洲不能种植咖啡，各国开始在殖民地种植，后来随着荷兰最早种植成功，欧洲渐渐形成了咖啡文化。有一点要注意，由于以前希腊和土耳其的领土纷争不断，即使到了现在，如果身在希腊，千万别说来一杯土耳其咖啡，会遭白眼的。而今咖啡已成为人类社会中流行最广泛的饮料。

　　咖啡的气味芳香，呈棕色，是人们工作学习的好助手。一杯咖啡可以让一个困倦的人变得朝气蓬勃，也可以让因劳累而不能合理思考的人恢复有条不紊的思考力，大脑变得畅通无阻。还可以让一个饥肠辘辘的人靠"咖啡饱"过渡一下，从而熬到开饭时间。无论一个人处于什么职位，做着什么职务，都很容易成为咖啡的俘虏。有些人就连出差也要把喜欢的一款咖啡打进行李托运，这类咖啡依赖者即使是要上太空去，也不会忘了带上咖啡吧。

　　做一杯味道正宗的咖啡需要手艺，对水温、浓淡、冲泡时间都有很多要求。这就是虽然速溶咖啡有很多种，但咖啡店还是生意兴旺的原因。在咖啡店里，常客们按照惯例欣赏着各种咖啡器皿的造型，把牛奶和咖啡不无诗意地搅拌在一起，鉴别不同种类咖啡的味道。他们通过做这些美好的事情转移生活中的压力，度过一段美妙的时光。比起其他公共场所来，咖啡店里的噪音都相对轻减很多。

　　近年来，人们对咖啡存在着很多争议。有些人饮用咖啡后会出现心脏收缩、血压升高等不良反应。虽然咖啡不适者在喝咖啡的总体人群中所占比重较轻，爱喝咖啡者还是应该有所忌讳，把咖啡饮用量控制在一天 4 杯以内，以免给身体器官带去负面影响。而带病生存者要检讨一下自己的身体，适合不适合喝咖啡。如有骨质疏松症、贫血、精神焦虑等疾病，就应该离咖啡远一些，不要盲目饮用咖啡，糟蹋身体。

　　美国南加州大学研究人员曾分析过喝咖啡对不同种族人群的健康影响，发现喝咖啡能降低不同种族人群的死亡风险。可以还咖啡一个公道的说法，咖啡本身并没有害处，但每一个人对咖啡的接受度是不一样的。所以咖啡虽美味，不要过分贪杯。

希腊	：ギリシャ	**白眼**	：白い目で見る
土耳其	：トルコ	**速溶咖啡**	：インスタントコーヒー

コーヒー

　コーヒーの歴史を掘り起こすと、コーヒーはアフリカに起源があることが分かる。コーヒーを最も早く栽培したのはエチオピアである。一人の牧童が、自分の羊がある植物の種、つまりコーヒー豆を食べると、異常に興奮することに気づき、このことからコーヒーを発見したそうだ。コーヒーは 17 世紀にヨーロッパに伝わったが、ヨーロッパではコーヒーを栽培することができないため、各国は植民地での栽培をはじめた。その後、オランダが初めて（植民地での）栽培に成功し、ヨーロッパでは次第にコーヒー文化が生まれていった。やや注意が必要なのは、ギリシャとトルコは以前から領土紛争が絶えないので、現在でも、ギリシャでは、絶対にトルコのコーヒーを 1 杯くださいと言ってはいけない。白い目で見られると思うので。今日、コーヒーは人類社会で最も広く流行した飲み物となった。

　コーヒーの香りは芳しく、色は茶褐色を呈しており、人々の仕事や勉強の良いアシスタントである。1 杯のコーヒーは疲れて眠い人を元気はつらつとさせ、疲労のあまり合理的に考えることができなくなった人に筋道立った思考力を回復させるなど、大脳がなんの支障もなく働くようになる。また、空腹でおなかがぐうぐう鳴る人が「コーヒーで腹を満たす」ことで一時的にしのぎ、食事の時間まで我慢することもできる。どんな職位にあっても、また、どんな職務に就いていても、いともたやすくコーヒーの虜となる。ある一部の人は出張に行く時でさえも好みのコーヒーを荷物に入れて託送する。このようなコーヒー依存者はたとえ宇宙に行くとしても、コーヒーを持って行くのを忘れないだろう。

　本格的な味わいのコーヒーを入れるには技量が必要とされ、湯の温度、濃さ、入れる時間全てについて多くを要求される。これこそ、インスタントコーヒーの種類がたくさんあっても、やはり喫茶店が繁盛する理由なのである。喫茶店で常連客たちは慣例に従って各種のコーヒーカップの造形を楽しみながら、ミルクをコーヒーに少々、詩情をこめてかき混ぜ、様々な種類のコーヒーの味を識別している。彼らは、こういった素敵な経験を通して生活上のプレッシャーを追いやり、うるわしいひとときを過ごしている。他の公共の場と比べて、喫茶店の騒音は相対的にずいぶん抑えられている。

　数年来、（人々の間に）コーヒーについて多くの論争がある。コーヒーを飲むと心臓が収縮して、血圧が上昇する等よくない反応が現れる人がいる。コーヒーが体に合わない人は、コーヒーを飲む人全体から見れば比較的割合は低い。とはいえ、コーヒーの愛好者もいくつか避けるべきことがある。体の器官にマイナスの作用を与えないように、コーヒーを飲む量は一日 4 杯以内に抑えるべきである。そして病気を持っている人は自分の体がコーヒーを飲むことに合っているかどうか振り返ってみる必要がある。もし、骨粗鬆症、貧血、神経症等の疾病があれば、コーヒーをちょっと遠ざけるべきである。無分別にコーヒーを飲んで体をだめにしてはならない。

　アメリカの南カリフォルニア大学の研究員がかつてコーヒーが様々な人種グループの健康に与える影響を分析したことがあり、その結果、コーヒーを飲むと様々な人種グループの死亡リスクを下げられることを発見した。これによって、コーヒーに公正な言葉を返すことができる。コーヒーそれ自体に悪いところはないが、一人一人のコーヒーを受け入れる程度が違う。だから、コーヒーは美味しいが、度を越して飲んではいけないのだ。

地震 地震

[STEP 1 単語] 今日習得すべき単語を、聞き取れるまで繰り返し聞いてください。 **095**

摇摆 yáobǎi
（動）揺れ動く

把手 bǎshou
（名）引き手、ノブ

倾斜 qīngxié
（動）傾斜する、傾く

甭 béng
（副）…する必要がない

镇定 zhèndìng
（形）落ち着いている

演习 yǎnxí
（動）演習をする、訓練をする

治安 zhì'ān
（名）治安

治理 zhìlǐ
（動）統治する、管理する

台风 táifēng
（名）台風

袭击 xíjī
（動）襲撃する

心得 xīndé
（名）（仕事や学習で得た）収穫、
会得したもの

体积 tǐjī
（名）体積

英明 yīngmíng
（形）英明である、賢明である

掩护 yǎnhù
（動）かくまう、かばう

愚蠢 yúchǔn
（形）愚かである

遮挡 zhēdǎng
（動）遮る

扎 zhā
（動）刺さる、刺す

周边 zhōubiān
（名）周辺、周り

指定 zhǐdìng
（動）指定する

区域 qūyù
（名）地域、区域

镇静 zhènjìng
（形）落ち着いている、冷静である

轮胎 lúntāi
（名）タイヤ

桥梁 qiáoliáng
（名）橋梁、橋

罐 guàn
（名）缶

压缩 yāsuō
（動）圧縮する

变质 biànzhì
（動）変わる、変質する

专题 zhuāntí
（名）特定のテーマ

呼吁 hūyù
（動）呼びかける

沿海 yánhǎi
（名）沿海

地势 dìshì
（名）地勢

含糊 hánhu
（形）いいかげんである

[STEP 2 センテンス] STEP1の単語を上から順番に、発音しながら＿＿＿＿に書き入れてください。センテンスの意味を把握することも学習目標の一つです。

①凌晨地震了，朦胧中感觉震度还不小，房屋像风中的旗子在＿＿＿＿。

②我赶紧摸黑起床走到门边，找到门＿＿＿＿把门拉开，这样做是因为如果房子被震＿＿＿＿，门就会变形，到那时，就＿＿＿＿想逃生了。

③做这些动作时我很＿＿＿＿，一点儿也没有惊慌失措，因为平时经过了很多次防灾＿＿＿＿，可以说是训练有素了。

④日本是个＿＿＿＿非常好的国家，气候宜人，环境也＿＿＿＿得很不错。

⑤唯一美中不足的是这个国家常常被＿＿＿＿和地震所＿＿＿＿。

⑥常言道："入乡随俗"，一来二去，我们这些外国人也掌握了很多防灾技巧，下面说说我的地震＿＿＿＿。

⑦首先房间里的家具要避开＿＿＿＿太大的，这是为了防止地震时它们倒下来压住人。

⑧其次，地震到来时最＿＿＿＿的做法是先找到能＿＿＿＿身体的物体躲藏起来，桌子底下或床底下都可以。

⑨此时盲目向外跑是很＿＿＿＿的行为，因为失去了＿＿＿＿物的身体有可能被高空落体砸中。

⑩脚也会被一些损坏的玻璃器皿＿＿＿＿伤。

⑪再次，平时要把握好住宅区＿＿＿＿的避难＿＿＿＿ ＿＿＿＿，摇晃减轻后应该到这些指定场所自主避难。

⑫避难过程中要保持＿＿＿＿，不要开车，因为＿＿＿＿如果被路上的碎玻璃等落下物扎中的话，车就成了废品，有碍他人通行。

⑬避开＿＿＿＿等危险物，认清前往避难场所的道路。

⑭另外，家里应储存一些防灾系列食品，比如＿＿＿＿装的＿＿＿＿饼干、方便粥、不易＿＿＿＿的矿泉水等等。

⑮还有电视里也常常播放一些有关地震的＿＿＿＿节目，＿＿＿＿住在＿＿＿＿地区的人们在地震过后到＿＿＿＿高的地方避难，因为有时海啸造成的二次灾害要比地震还要厉害。

⑯最后做防灾准备时一定要细致，千万不能＿＿＿＿了事。

❶ 赤いシートを当てて、本文を見ながら聞き、見えない箇所の単語をチェックしてください。
❷ 赤いシートを外して、本文を見ながら聞き、聞き取った単語が合っているか、確認してください。
❸ 本文を見ないで聞き、全体の意味が把握できるか確認してください。

地震

　　凌晨地震了，朦胧中感觉震度还不小，房屋像风中的旗子在摇摆。我赶紧摸黑起床走到门边，找到门把手把门拉开，这样做是因为如果房子被震倾斜，门就会变形，到那时，就甭想逃生了。然后我钻到桌子底下，打开手里一直攥着的智能手机查看震源地。做这些动作时我很镇定，一点儿也没有惊慌失措，因为平时经过了很多次防灾演习，可以说是训练有素了。

　　日本是个治安非常好的国家，气候宜人，环境也治理得很不错。唯一美中不足的是这个国家常常被台风和地震所袭击。常言道：“入乡随俗”，一来二去，我们这些外国人也掌握了很多防灾技巧，下面说说我的地震心得。

　　首先房间里的家具要避开体积太大的，这是为了防止地震时它们倒下来压住人。

　　其次，地震到来时最英明的做法是先找到能掩护身体的物体躲藏起来，桌子底下或床底下都可以。此时盲目向外跑是很愚蠢的行为，因为失去了遮挡物的身体有可能被高空落体砸中。脚也会被一些损坏的玻璃器皿扎伤。

　　再次，平时要把握好住宅区周边的避难指定区域，摇晃减轻后应该到这些指定场所自主避难。避难过程中要保持镇静，不要开车，因为轮胎如果被路上的碎玻璃等落下物扎中的话，车就成了废品，有碍他人通行。避开桥梁等危险物，认清前往避难场所的道路。

　　另外，家里应储存一些防灾系列食品，比如罐装的压缩饼干、方便粥、不易变质的矿泉水等等。

　　还有电视里也常常播放一些有关地震的专题节目，呼吁住在沿海地区的人们在地震过后到地势高的地方避难，因为有时海啸造成的二次灾害要比地震还要厉害。

　　最后做防灾准备时一定要细致，千万不能含糊了事。这样才能真正做到有备无患。

地震

　明け方、地震があった。意識がぼんやりしている中でも震度が弱くないと感じた。家は風に吹かれる旗のように揺れている。私はいそいで暗やみの中を手探りで起き上がり、ドアの所まで行って、ドアノブをさぐりドアを開けた。こうするのは、もし地震で家が傾いたら、ドアが変形し、そうなると助からなくなるからである。それから、私はテーブルの下にもぐり込み、ずっと手に握っていたスマートフォンを開いて震源地を調べた。このような動作をする時、私はとても落ち着いていて、少しも慌てふためくことはなかった。なぜなら、普段から何度も防災訓練をやってきたからであり、日頃から訓練を積んできたと言えるのである。

　日本は治安が非常に良い国で、気候が穏やかで心地よく、環境の管理も行き届いている。唯一、玉に瑕と言えるのは、この国はいつも台風や地震に襲われることである。ことわざにも「郷に入っては郷に従え」と言うように、我々外国人も、だんだん防災のテクニックをいろいろ身につけるようになる。以下に、私の地震についての体験や知識などを話してみたい。

　まず、部屋に置く家具は（体積が）大きすぎるものは避けるべきである。これは地震の時、倒れて人が押しつぶされるのを防ぐためである。

　その次に、地震が来た時、最も賢明なやり方は、すぐに体をかばってくれるものを探して隠れることで、テーブルの下でもベッドの下でもどちらでもいい。この時、むやみに外に駆け出すのは愚かな行為である。なぜなら、遮るもののない体に高い所から物が落ちてきて当たるかもしれないからだ。足も割れたガラス（の容器）の破片が刺さってけがをするかもしれない。

　それから、普段から居住地区周辺の避難指定区域をよく把握して、揺れが軽くなったらこれらの指定場所に自主的に避難すべきである。避難の途中は冷静さを保ち、車で避難してはいけない。なぜなら、もしタイヤに割れたガラス等の道路に落ちた物が刺さったら、車は役に立たなくなり、他の人の通行の妨げになるからだ。橋梁等の危険物を避け、避難場所へ向かう道をはっきり見極めなければならない。

　その他に、家には防災用の食品セットを貯蔵しておかなければならない。例えば缶入りの乾パン、インスタントのお粥、変質しにくいミネラルウォーター等。

　それから、テレビでもよく地震関連の特別報道番組が放送され、沿海地区に住む人々に地震が過ぎた後は、地形が高い場所へ避難するよう呼び掛けている。なぜなら、時には津波による二次災害は、地震よりももっと恐ろしいからである。

　最後に、防災準備をする時は、必ず細心の注意を払ってやらなければならない。こうしてこそ、本当に備えあれば憂いなしということになる。

可食用的塑料袋 食用ビニール袋

[STEP 1 単語] 今日習得すべき単語を、聞き取れるまで繰り返し聞いてください。 **097**

诸位 zhūwèi
(代) 各位、みなさま

幼稚 yòuzhì
(形) 幼稚である、未熟である

古怪 gǔguài
(形) 変てこである

职能 zhínéng
(名) 機能、働き、役目

溶解 róngjiě
(动) 溶解する

回收 huíshōu
(动) 回収して利用する、
回収する

湖泊 húpō
(名) 湖の総称

生态 shēngtài
(名) 生態

现状 xiànzhuàng
(名) 現状

荒谬 huāngmiù
(形) でたらめである

牺牲 xīshēng
(动) 犠牲にする

借鉴 jièjiàn
(动) 参考にする、手本にする

显著 xiǎnzhù
(形) 著しい

结晶 jiéjing
(名) 結晶

闲话 xiánhuà
(名) 陰口、文句、悪口

制止 zhìzhǐ
(动) 制止する、阻止する

削弱 xuēruò
(动)（力や勢力を）そぐ、弱める

信念 xìnniàn
(名) 信念

主流 zhǔliú
(名) 主流

勇于 yǒngyú
(动) 勇敢に…する

浸泡 jìnpào
(动) 液体に浸す

摄氏度 shèshìdù
(量) 摂氏

野心 yěxīn
(名) 野心

任重道远
rènzhòng-dàoyuǎn
任重くして道遠し

容器 róngqì
(名) 容器

包装 bāozhuāng
(动 / 名) 包装する／
包装、パッキング

[STEP 2 センテンス] STEP1 の単語を上から順番に、発音しながら_____に書き入れてください。センテンスの意味を把握することも学習目標の一つです。

① _____，要是有人设想发明一种能吃的塑料袋，你会不会觉得他的想法既_____
又_____？

② 但最近在印度，还真有了可以放嘴里吃的塑料袋，在塑料袋完成它应有的_____后，
就可以把它放嘴里吃了，如果不想干着吃，还可以_____到水里喝。

③ 发明这个塑料袋的印度小伙出生在印度郊区，那里垃圾成山，垃圾_____和分类还
没有普及。

④ 他说："对印度人而言，土地、_____，甚至整个宇宙都有神灵存在。为了神灵以及
人类的将来，必须努力保护_____平衡，改善环境，改变_____。"

⑤ 他的想法当然被看作是_____的。

⑥ 在没有得到任何资助的情况下，他自费尝试了上百种原料，_____了大量的休息时间，
不断实验，_____了多次失败的经验和教训，他的实验效率有了_____提高，他
的努力也终于有了_____，制造出了可食用塑料袋。

⑦ 其间他听到了很多_____，也有人想_____他正在做的事情，规劝他干点儿"正
经事"。

⑧ 这些都没有_____他的勇气，动摇他的_____。

⑨ 因为他觉得要想成功，就必须反_____，得_____挑战未知的世界。

⑩ 埋土里，45 天可分解，_____在水里，一天可分解，放进_____达 100 的沸水里，
只要 15 秒就可分解。

⑪ 他的_____还不止于此，他说，未来_____，今后的课题有关牛奶产业和其他
_____制造业，也许将来，大家喝完袋装牛奶，就可以把_____吃了，或者吃完布丁，
就把布丁罐放嘴里嚼了，一点儿都不会浪费，更不会污染环境。

❶ 赤いシートを当てて、本文を見ながら聞き、見えない箇所の単語をチェックしてください。
❷ 赤いシートを外して、本文を見ながら聞き、聞き取った単語が合っているか、確認してください。
❸ 本文を見ないで聞き、全体の意味が把握できるか確認してください。

可食用的塑料袋

　　诸位，要是有人设想发明一种能吃的塑料袋，你会不会觉得他的想法既幼稚又古怪？但最近在印度，还真有了可以放嘴里吃的塑料袋，在塑料袋完成它应有的职能后，就可以把它放嘴里吃了，如果不想干着吃，还可以溶解到水里喝。

　　发明这个塑料袋的印度小伙出生在印度郊区，那里垃圾成山，垃圾回收和分类还没有普及。他说："对印度人而言，土地、湖泊，甚至整个宇宙都有神灵存在。为了神灵以及人类的将来，必须努力保护生态平衡，改善环境，改变现状。"

　　他的想法当然被看作是荒谬的。整整 4 年，在没有得到任何资助的情况下，他自费尝试了上百种原料，牺牲了大量的休息时间，不断实验，借鉴了多次失败的经验和教训，他的实验效率有了显著提高，他的努力也终于有了结晶，制造出了可食用塑料袋。这种袋子用可食用原料做成，连袋上的油墨都可以吃。

　　其间他听到了很多闲话，也有人想制止他正在做的事情，规劝他干点儿"正经事"。这些都没有削弱他的勇气，动摇他的信念。因为他觉得要想成功，就必须反主流，得勇于挑战未知的世界。

　　如果不想吃，可以把塑料袋扔了，也完全无害。埋土里，45 天可分解，浸泡在水里，一天可分解，放进摄氏度达 100 的沸水里，只要 15 秒就可分解。

　　成功了的小伙应印度环保部邀请，回到家乡成立了公司，又创建了工厂，现在每月能产 1 吨可食用塑料袋。他的野心还不止于此，他说，未来任重道远，今后的课题有关牛奶产业和其他容器制造业，也许将来，大家喝完袋装牛奶，就可以把包装吃了，或者吃完布丁，就把布丁罐放嘴里嚼了，一点儿都不会浪费，更不会污染环境。

　　小伙还说，今后在研发时，会更注重味道，让这些可食用包装和容器变得更加美味。

布丁 ：プリン

食用ビニール袋

　皆さん、もし、誰かが食べられるビニール袋を発明しようと考えていたとしたら、あなたはその人の考えは幼稚で風変わりと思うだろうか？　しかし、最近インドで、なんと本当に食べられるビニール袋が現れた。ビニール袋は必要な役目を果たした後は、口に入れて食べられるのだ。乾燥したものを食べたくなければ、水に溶かして飲むこともできる。

　このビニール袋を発明した青年はインドの郊外に生まれた。そこにはゴミが山のように積み重なり、ゴミの回収と再利用や分類はまだ普及していなかった。その青年は「インド人にとっては、土地、湖沼さらには宇宙にさえ神霊が宿っている。神霊と人類の将来のために、必ず生態系のバランス保護に力を尽くし、環境を改善し、現状を変えなければならない」と語った。

　青年の考えは、当然ででたらめであると見なされた。まる4年、どんな経済的援助も受けずに、その青年は自費で100種類にのぼる原料を試し、多くの睡眠時間を犠牲にした。絶え間なく実験を続け、度々の失敗の経験や教訓を参考にすることで、実験の効率が著しく向上した。努力の成果がついに現れ、食べられるビニール袋が完成した。この袋は食べられる原料で出来ており、袋に印刷したインクも食べることができる。

　この間、青年はあれこれたくさんの陰口も耳にした。青年がやっていることをやめさせようと、「まともな事」をやれ、と忠告する人もいた。これらは全て青年の勇気を挫くことにはならず、信念が揺らぐこともなかった。彼は、成功を望むなら世の主流に反発し、勇敢に未知の世界に挑戦しなければならないと思っていたからである。

　もし、食べたくなければビニール袋を捨てても全く害にならない。土に埋めれば45日で、水に浸したら1日で分解でき、摂氏100度の熱湯に入れると、わずか15秒で分解できる。

　成功した青年はインドの環境保護部の招請に応じて、故郷に戻って会社を設立し、工場を創設した。現在、毎月1トンの食べられるビニール袋の生産ができる。青年の野心はここに止まらない。未来は任重くして道遠し、であるが、乳製品とその容器の製造を今後の課題としており、おそらく将来、人々は袋入りの牛乳を飲んだらそのパックを食べ、あるいはプリンを食べたらその缶をかみくだき、少しの無駄もなく、環境を汚染することもなくなるだろう。

　この青年は、今後、研究開発を進める時は、味の面をもっと重視し、これらの食べられる包装や容器がより一層美味しくなるようにしたい、とも言った。

学会独处 —人暮らしを身につける

[STEP 1 単語] 今日習得すべき単語を、聞き取れるまで繰り返し聞いてください。 **099**

啰嗦 luōsuo
(形)（言葉が）くだくだしい、
くどい

牢骚 láosāo
(名) 愚痴

视野 shìyě
(名) 視野

开阔 kāikuò
(形) 広い、広々としている

漫画 mànhuà
(名) 漫画

冷落 lěngluò
(动) 冷遇する、粗末に扱う

冒犯 màofàn
(动) 機嫌を損ねる、礼を失する

就职 jiùzhí
(动) 就職する

开支 kāizhī
(名) 費用、支払い、支出

磨合 móhé
(动) 協議し調整する

开拓 kāituò
(动) 開拓する、切り開く

例外 lìwài
(名) 例外

联想 liánxiǎng
(动) 連想する

惊奇 jīngqí
(形) 不思議がる、珍しげである

瞄准 miáozhǔn
(动) 狙いを定める

井 jǐng
(名) 井戸

垄断 lǒngduàn
(动) 独占する

迷惑 míhuò
(形) 戸惑う、訳がわからない

利害 lìhài
(名) 利害、損得

恼火 nǎohuǒ
(形) 腹立たしい

无能为力 wúnéngwéilì
無力である、どうすることも
できない

溜 liū
(动) こっそり逃げる

界限 jièxiàn
(名) けじめ、境界線

礼尚往来 lǐshàngwǎnglái
礼を受ければ礼を返さねば
ならない

挎 kuà
(动) 腕に掛ける、腕を組む

立交桥 lìjiāoqiáo
(名) 立体交差橋

[STEP 2 センテンス] STEP1 の単語を上から順番に、発音しながら_____に書き入れてください。センテンスの意味を把握することも学習目標の一つです。

①比如尝试一个人去旅游，你会发现没有_____的同行人在一旁发_____，_____变得格外_____。

②比如尝试一个人去吃饭，在等待上菜的时候，你可以看看_____书，发发呆，不用担心因为没有话题而_____了同桌人，更不用担心因聊到某个敏感话题而_____了坐在旁边的人。

③每一个刚刚_____的年轻人，都应该尝试一下独自生活，把_____合理地计划一下，一个人享受自由的时间，不会因作息时间不同而与合租者发生争执，也不需要改变自己的性格去与他人_____。

④只有学会了独处，才能在精神上独立；不依附他人，才能_____更好的人生。

⑤一听到独处这个单词，很多人就会毫无_____地_____到空虚或无聊这样的单词。

⑥更有很多人会把_____的目光_____在一个独处的人身上。

⑦其实把独处与寂寞等同起来，是_____底之蛙的想法，这样看待独处，未免有失准确。

⑧当你的生活被人际关系所_____，当你为他人过分消耗了自己的时间而感到_____，当你与他人的_____关系给你带来了烦恼，当你不好意思拒绝一次本不想去的聚会而感到_____，当你口头答应了他人的请求心里却感到_____，当你忍受着别人的夸夸其谈又找不到借口开_____时，你也许应该考虑适当独处一段时间，借此来调整好与他人的_____与距离。

⑨当然，独处并不是让人离群索居，而是在与人保持适度的交往和_____的同时给自己留出一个空间。

⑩有和你_____着手臂在_____上看风景的朋友是非常必要的，但如果你总是和别人挎着手臂行走，可能有一天你发现没有了别人的手臂，你自己已经变得不会走路了，而一个自己不会独立行走的人，怎么能应付人生中各种突发的局面？

学会独处

害怕孤独，是每个人的天性。其实，独处有时没有你想象得那么糟糕。比如尝试一个人去旅游，你会发现没有啰嗦的同行人在一旁发牢骚，视野变得格外开阔。比如尝试一个人去吃饭，在等待上菜的时候，你可以看看漫画书，发发呆，不用担心因为没有话题而冷落了同桌人，更不用担心因聊到某个敏感话题而冒犯了坐在旁边的人。

每一个刚刚就职的年轻人，都应该尝试一下独自生活，把开支合理地计划一下，一个人享受自由的时间，不会因作息时间不同而与合租者发生争执，也不需要改变自己的性格去与他人磨合。只有学会了独处，才能在精神上独立；不依附他人，才能开拓更好的人生。

一听到独处这个单词，很多人就会毫无例外地联想到空虚或无聊这样的单词。更有很多人会把惊奇的目光瞄准在一个独处的人身上。其实把独处与寂寞等同起来，是井底之蛙的想法，这样看待独处，未免有失准确。当你的生活被人际关系所垄断，当你为他人过分消耗了自己的时间而感到迷惑，当你与他人的利害关系给你带来了烦恼，当你不好意思拒绝一次本不想去的聚会而感到恼火，当你口头答应了他人的请求心里却感到无能为力，当你忍受着别人的夸夸其谈又找不到借口开溜时，你也许应该考虑适当独处一段时间，借此来调整好与他人的界限与距离。

当然，独处并不是让人离群索居，而是在与人保持适度的交往和礼尚往来的同时给自己留出一个空间。因为毕竟人和人是需要互相帮助的嘛。

有和你挎着手臂在立交桥上看风景的朋友是非常必要的，但如果你总是和别人挎着手臂行走，可能有一天你会发现没有了别人的手臂，你自己已经变得不会走路了，而一个自己不会独立行走的人，怎么能应付人生中各种突发的局面？

学会独处吧，做你自己最好的朋友。

一人暮らしを身につける

　孤独を恐れるのは人の天性である。実際は、一人暮らしは、時にはあなたが想像するほど悪いものではない。例えば、一人で旅行に出かけてみると、連れが傍でくどくどと愚痴をこぼすのを聞くこともなく、視野がことのほか広くなったことに気がつく。例えば、一人で食事に出かけてみると、料理が出てくるのを待っている間、あなたは漫画の本を読んだり、ぼんやりしていてもいいのだ。話題がなくて同席の人を粗末に扱っているのではと気にすることもなく、また、微妙な話題になって、隣に座っている人の機嫌を損ねる心配もしなくてよい。

　就職したばかりの若者は、みんな一人で生活して、無駄なく有効な支出の計画を立て、一人で自由な時間を楽しんでみるといい。仕事と休みの時間が合わないからといってルームシェアの相手と言い争うこともなく、自分の性格を変えてまで他人と妥協する必要もない。一人暮らしを身につけてこそ精神的に独り立ちし、他人に頼らず、より良い人生を切り開くことができる。

　一人暮らしというこの言葉を聞くと、多くの人が例外なく空虚あるいは退屈という言葉を連想する。更に、不思議そうな目つきで一人暮らしの人を見つめる人も多い。実は、一人暮らしと寂しさは同じだと見なすのは、井の中の蛙の考え方で、一人暮らしをこのように取り扱うのは少し正確さを欠いていると言わざるをえない。あなたの生活が人間関係に独占された時、あなたが他人のために自分の時間を消耗しすぎたことで戸惑いを感じた時、他の人との利害関係があなたを悩ませた時、もともと行きたくない集まりをどうしても断れないことに腹が立った時、あなたが口では他人の頼みを承諾しても、心の中では仕方がなかったと思った時、あなたが他人の大げさな話を我慢していて、口実を設けて逃げられなかった時、こういう時は、あなたも、もしかしたら適度に一人でいる時間を考慮に入れ、この機会に他人との境界と距離をちゃんと調整したほうがいいかもしれない。

　当然、一人暮らしは、決して仲間から離れて孤独に生活するということではない。適度な付き合いを保ち、礼には礼を返すというのは、同時に、自分に空間を残しておくことでもある。結局、人と人とはお互いの助けが必要なのだから。

　あなたと腕を組んで立体交差橋の上で、風景を眺めてくれる友達は必要なのである。しかし、あなたがいつも他人と腕を組んで歩いていたら、おそらくある日、他人の腕がなくなったら、あなた自身はもう道を歩けなくなるであろう。そして、自分一人で歩いていけない人が、どうして人生に起きるいろいろな突発的局面に対処できるだろうか。

　一人暮らしを身につけよう、あなた自身の最良の友達として。

抓住人生中最重要的部分

人生の最も重要な部分をしっかり捉える

[STEP 1 単語] 今日習得すべき単語を、聞き取れるまで繰り返し聞いてください。 **101**

轨道 guǐdào
（名）軌道

高峰 gāofēng
（名）最高点、ピーク

陡峭 dǒuqiào
（形）険しい

沼泽 zhǎozé
（名）沼沢、湿地

打仗 dǎzhàng
（动）戦いをする、戦争する

攻克 gōngkè
（动）攻め落とす、攻略する

分辨 fēnbiàn
（动）見分ける、識別する

过失 guòshī
（名）過ち、過失

维护 wéihù
（动）守る、保つ、擁護する

董事长 dǒngshìzhǎng
（名）理事長、取締役会長

晋升 jìnshēng
（动）昇進する

解雇 jiěgù
（动）解雇する

熨 yùn
（动）平らにのばす、アイロンをかける

配偶 pèi'ǒu
（名）配偶者

搭档 dādàng
（名）協力者

布置 bùzhì
（动）（部屋などを）装飾する、しつらえる

宫殿 gōngdiàn
（名）宮殿

沉闷 chénmèn
（形）重苦しい

嫉妒 jídù
（动）嫉妬する

级别 jíbié
（名）等級、ランク

坚实 jiānshí
（形）頑丈である

高尚 gāoshàng
（形）気高い、崇高な

人格 réngé
（名）人格

天文 tiānwén
（名）天文（学）

开采 kāicǎi
（动）採掘する

罢工 bàgōng
（动）ストライキを行う

节奏 jiézòu
（名）リズム、テンポ

撤退 chètuì
（动）撤退する、撤収する

就近 jiùjìn
（副）近所で

坚韧 jiānrèn
（形）強靭である、ねばり強い

奖励 jiǎnglì
（动）奨励する

季度 jìdù
（名）四半期

记性 jìxing
（名）記憶力

精益求精 jīngyìqiújīng
（学問や作品などに）さらに磨きをかける

倔强 juéjiàng
（形）強情である、意地っ張りである

境界 jìngjiè
（名）境地

呼啸 hūxiào
（动）鋭く長い音を立てる

[STEP 2 センテンス] STEP1 の単語を上から順番に、発音しながら＿＿＿＿に書き入れてください。センテンスの意味を把握することも学習目標の一つです。

①人生的＿＿＿＿非常漫长，会遇见＿＿＿＿，也会碰到低谷，有＿＿＿＿的悬崖，也有平坦的路途。

②有＿＿＿＿泥潭，也有清泉湖泊。

③人生有时就好像＿＿＿＿一样，需要＿＿＿＿的堡垒多如牛毛。

④＿＿＿＿清楚孰轻孰重，把功夫用在重要的事情上，才能减少＿＿＿＿，避开歧途，顺利到达终点。

⑤＿＿＿＿好家庭。

⑥不论你是公司的＿＿＿＿，还是一个小职员，不论你即将得到＿＿＿＿，还是面临＿＿＿＿，家庭都是能＿＿＿＿平你心灵的创伤、让你感到最安心的地方。

⑦记住，＿＿＿＿是你人生中最重要的＿＿＿＿，如果不能和配偶和谐相处，哪怕家里＿＿＿＿得像＿＿＿＿一样豪华，也不会令你感到舒适。

⑧一个善于经营家庭的人，人生一定不会＿＿＿＿，因为欢乐会常伴他左右。

⑨好朋友也许能力不如你，但他绝不会＿＿＿＿你，好朋友可能职位＿＿＿＿没有你高，但当你失落时，总是会用他＿＿＿＿的肩膀托起你低垂的头。

⑩好朋友不一定有完美＿＿＿＿的＿＿＿＿，但他一定是对你最好的人。

⑪好朋友也许不是一个上知＿＿＿＿、下知地理的博学者，但他对你的心事了如指掌。

⑫好朋友犹如＿＿＿＿不尽的宝藏，总能带给人喜悦；好朋友需要在时间的长河中过滤，那些最终陪伴在你左右的才是真正的好朋友。

⑬如果对自己的健康疏于管理，早晚有一天，你的身体会出故障，甚至＿＿＿＿。

⑭如果你的生活＿＿＿＿过快，应该试着让自己慢下来，如果你饮食单调，应该注意荤素搭配，营养均衡。

⑮如果你总是被强迫加班，你应该考虑从这个岗位＿＿＿＿，找一个更能胜任的工作。

⑯如果你每天被漫长的通勤时间剥夺了睡眠，你应该想办法换一个工作，尽量＿＿＿＿上班。

⑰即便你是一个性格非常＿＿＿＿的人，也需要时不常给自己一些＿＿＿＿，给身心放个假，好应付下一个繁忙的＿＿＿＿。

⑱有时＿＿＿＿不妨差一点儿，忘掉让你不愉快的事；有时不妨偷点儿懒，用不着事事＿＿＿＿。

⑲不要太＿＿＿＿，该放弃时就放弃，当你达到了"中庸"的＿＿＿＿，你的身体会感谢你善待它。

⑳人生就是一列＿＿＿＿而过的列车。

❶ 赤いシートを当てて、本文を見ながら聞き、見えない箇所の単語をチェックしてください。
❷ 赤いシートを外して、本文を見ながら聞き、聞き取った単語が合っているか、確認してください。
❸ 本文を見ないで聞き、全体の意味が把握できるか確認してください。

抓住人生中最重要的部分

　　人生的轨道非常漫长，会遇见高峰，也会碰到低谷，有陡峭的悬崖，也有平坦的路途。有沼泽泥潭，也有清泉湖泊。人生有时就好像打仗一样，需要攻克的堡垒多如牛毛。分辨清楚孰轻孰重，把功夫用在重要的事情上，才能减少过失，避开歧途，顺利到达终点。

　　维护好家庭

　　不论你是公司的董事长，还是一个小职员，不论你即将得到晋升，还是面临解雇，家庭都是能熨平你心灵的创伤、让你感到最安心的地方。记住，配偶是你人生中最重要的搭档，如果不能和配偶和谐相处，哪怕家里布置得像宫殿一样豪华，也不会令你感到舒适。一个善于经营家庭的人，人生一定不会沉闷，因为欢乐会常伴他左右。

　　拥有好朋友

　　好朋友也许能力不如你，但他绝不会嫉妒你，好朋友可能职位级别没有你高，但当你失落时，总是会用他坚实的肩膀托起你低垂的头。好朋友不一定有完美高尚的人格，但他一定是对你最好的人。好朋友也许不是一个上知天文、下知地理的博学者，但他对你的心事了如指掌。好朋友犹如开采不尽的宝藏，总能带给人喜悦；好朋友需要在时间的长河中过滤，那些最终陪伴在你左右的才是真正的好朋友。

　　健康的身体

　　如果对自己的健康疏于管理，早晚有一天，你的身体会出故障，甚至罢工。如果你的生活节奏过快，应该试着让自己慢下来，如果你饮食单调，应该注意荤素搭配，营养均衡。如果你总是被强迫加班，你应该考虑从这个岗位撤退，找一个更能胜任的工作。如果你每天被漫长的通勤时间剥夺了睡眠，你应该想办法换一个工作，尽量就近上班。照顾好自己的心情，因为它关系着你的健康。即便你是一个性格非常坚韧的人，也需要时不常给自己一些奖励，给身心放个假，好应付下一个繁忙的季度。有时记性不妨差一点儿，忘掉让你不愉快的事；有时不妨偷点儿懒，用不着事事精益求精。不要太倔强，该放弃时就放弃，当你达到了"中庸"的境界，你的身体会感谢你善待它。

　　人生就是一列呼啸而过的列车。抓住最重要的部分，珍惜有限时光，让你的人生更精彩。

人生の最も重要な部分をしっかり捉える

　人生の道程は非常に長いもので、絶頂期に巡り合うこともあれば、低迷期に出くわすこともあり、険しい断崖もあれば、平坦な道のりもある。湿地や泥沼もあれば清らかな泉や湖もある。人生は、時にはあたかも戦闘のようなもので、攻め落とさなければならない砦が数えきれないほどある。なにが重要でなにが重要でないかをはっきりと見分けて、重要なことに時間をかけてはじめて、過失を減らし、わき道を避け、順調に終着点にたどり着けるのである。

　家庭をしっかり守る：あなたが会社の取締役会長であっても、普通の社員であっても、あなたがまもなく昇進することになっていても、解雇に直面していても、いつも家庭は、心の傷を癒すものであり、最も心の平静を取り戻せる場所である。しっかり覚えておいて下さい。配偶者は、人生の最も重要なパートナーであり、もし配偶者となごやかに過ごすことができなければ、家を宮殿のように豪華に飾り立ててもあなたは快適だとは思えないということを。家庭の切り盛りが上手な人は、決してその人生が暗く重苦しくなることはない。なぜなら、うれしいことや楽しいことがいつもその人の左右に付き従っているからである。

　良き友を持つ：親友は、たとえ能力があなたより劣っていたとしても絶対にあなたに嫉妬することはない。親友は、職位のランクがあなたほど高くなかったとしても、あなたが失意にある時はいつでもそのがっちりした肩であなたのうなだれた頭を支えてくれるであろう。親友は、完璧で崇高な人格を持っているとは限らないが、その人は間違いなくあなたにとって最も親しい人なのである。親友は、上は天文から下は地理に至るまで何でも知っている博学な人ではないかもしれないが、あなたの心配事を手に取るようによく分かっている。親友とは採掘しても尽きない宝物のようなもので、いつも人に喜びをもたらしてくれる。親友は、時間という長い流れの中で濾過されることが必要で、そして最後にあなたの左右に寄り添ってくれる人達、そういう人こそ本当の親友なのである。

　健康な体：自分の健康管理をおろそかにすると、いずれある日、あなたの体に不具合が生じ、体がストライキを起こすことさえある。もし、あなたの生活リズムが早すぎるのならば、自分のリズムを緩やかにしていくよう試みるべきである。もし、あなたの食生活が変化の乏しいものならば、肉料理と野菜料理を組み合わせ、栄養のバランスに気を付けなければならない。もし、あなたがいつも残業を強いられているのなら、その部署を退き、自分に適した仕事を探すことを考えなければならない。もし、あなたが毎日長い通勤時間のため睡眠を奪われているのなら、仕事を変え、なるべく近い所で勤務できるよう何とか方法を考えるべきである。自分の気持ちに十分気を配らなければいけない。なぜなら、それはあなたの健康にかかわることだからである。たとえあなたがとてもがまん強い性格の人であったとしても、ちょくちょく自分に少しだけご褒美を与え、心身を休ませ、次の忙しい時期にしっかり応じられるよう備える必要がある。時には少し記憶力を鈍らせてはどうだろうか、不愉快な事を忘れてしまうために。また、時には少し怠けてはどうだろうか。何事にも向上に向上を重ねる必要はないのだから。意地を張りすぎないで、諦めるべき時は諦めたほうがいい。あなたが「中庸」の境地に到達したら、あなたの体も大切にしてくれた、とあなたに感謝するはずだ。

　人生は、汽笛を上げて走り去る列車のようなものだ。最も重要な部分をしっかり捉え、限りある時間を大切にし、あなたの人生をより素晴らしいものにしよう。

开卷有益 読書はためになる

[STEP 1 単語] 今日習得すべき単語を、聞き取れるまで繰り返し聞いてください。 **103**

坚定 jiāndìng
（形）（意志や立場が）しっかり
している、かたい

辽阔 liáokuò
（形）果てしなく広い、広々と
している

谦逊 qiānxùn
（形）謙虚である

迁就 qiānjiù
（动）我慢して相手に合わせる、
折り合う、譲歩する

胸怀 xiōnghuái
（名）胸の内、気持ち、度量

枯萎 kūwěi
（形）枯れしぼむ

庸俗 yōngsú
（形）俗っぽい、低級である

愚昧 yúmèi
（形）愚昧である、愚かで無知で
ある

志气 zhìqì
（名）気骨、気概、意気

考古 kǎogǔ
（动）遺跡・遺物などを調査
研究する

赤道 chìdào
（名）赤道

勘探 kāntàn
（动）（地下資源を）調査する、
探査する

矿产 kuàngchǎn
（名）鉱産物、鉱物

探测 tàncè
（动）探測する、測定する

盆地 péndì
（名）盆地

拣 jiǎn
（动）選ぶ

寓言 yùyán
（名）寓言、寓話

侦探 zhēntàn
（名）探偵

凶手 xiōngshǒu
（名）凶悪犯

推理 tuīlǐ
（动）推理する

见义勇为 jiànyì-yǒngwéi
正義感に燃えて勇敢に行動する

徘徊 páihuái
（动）躊躇する、決心がつきかねる

虚伪 xūwěi
（形）うそ偽りである、誠意がない

尖锐 jiānruì
（形）鋭い

麻醉 mázuì
（动）麻痺させる

涉及 shèjí
（动）触れる、関係する

间接 jiànjiē
（形）間接的な

内涵 nèihán
（名）内面の修養

简体字 jiǎntǐzì
（名）簡体字

繁体字 fántǐzì
（名）繁体字

枚 méi
（量）多くは形が小さいもの
を数える

零星 língxīng
（形）こまごました、まとまり
がない

镶嵌 xiāngqiàn
（动）象眼する、はめこむ

引导 yǐndǎo
（动）…するように導く

靠拢 kàolǒng
（动）近寄る、接近する

奖赏 jiǎngshǎng
（动）褒賞する

扭转 niǔzhuǎn
（动）（情勢を）ひっくり返す、
逆転させる

决策 juécè
（名）策略、方策

推翻 tuīfān
（动）（これまでの見解・計画・
決定などを）覆す

偶像 ǒuxiàng
（名）偶像、アイドル

卡通 kǎtōng
（名）動画、アニメーション、
漫画

[STEP 2 センテンス] STEP1の単語を上から順番に、発音しながら_____に書き入れてください。センテンスの意味を把握することも学習目標の一つです。

①读书，能提高人的素质，让意志_____，让视野_____。

②爱读书的人，都很_____，因为他们越读书越发现自己的知识不够丰富；爱读书的人，善于_____他人，因为他们越读书_____越宽阔；爱读书的人，心灵不会_____，因为他们的心灵有知识的雨露来滋润。

③爱读书的人，会少一些_____，多一些高雅，少一些_____，多一些智慧，少一些懦弱，多一些_____。

④爱读书的人都能"坐地日行八万里"，刚刚还在西安和科学家一起_____，转眼已身在_____，感受着热带雨林气候。

⑤昨天还在加拿大_____ _____，今天已随着火星_____器降落在火星上。

⑥从沙漠到_____，天空到海洋，爱读书的人可以自由来去，无所不往。

⑦爱读书的人，从不挑挑_____拣，才读罢让人思考的_____，又拿起让人忍不住跟着书中_____寻找_____的_____小说。

⑧书中有_____的英雄，也有_____在人生十字路口的普通人，有对时事高谈阔论的人，也有言谈举止狡诈_____的人。

⑨有意见_____的人，也有以酒精_____心灵的人。

⑩一本书的内容，总会_____各色人马，只要爱读书，就可以_____地认识他们，从而增加自己的_____，提高自己的判断力。

⑪爱读书的人，不论是_____的书，还是_____的书都喜欢。

⑫在书里放上一_____精致的书签，走到哪里就看到哪里。

⑬哪怕是没有完整的时间，也要_____地看上几行过过瘾。

⑭每一本书，都是_____在读书人心中的一颗宝石，每一本书，都能_____人们往正确的方向_____。

⑮每一本书，都是对爱读书人的_____。

⑯读书，虽不能_____乾坤，但也许能帮助人们作出_____，读书，虽不能彻底_____人们心中的成见，但也许能帮助人们结识新_____，以此为契机改变三观，从而遇见更好的人生。

⑰快来读书吧，开卷有益，就算是本_____书，也一定会让人从中受到启发的。

❶ 赤いシートを当てて、本文を見ながら聞き、見えない箇所の単語をチェックしてください。

❷ 赤いシートを外して、本文を見ながら聞き、聞き取った単語が合っているか、確認してください。

❸ 本文を見ないで聞き、全体の意味が把握できるか確認してください。

开卷有益

读书，能提高人的素质，让意志坚定，让视野辽阔。

爱读书的人，都很谦逊，因为他们越读书越发现自己的知识不够丰富；爱读书的人，善于迁就他人，因为他们越读书胸怀越宽阔；爱读书的人，心灵不会枯萎，因为他们的心灵有知识的雨露来滋润。爱读书的人，会少一些庸俗，多一些高雅，少一些愚昧，多一些智慧，少一些懦弱，多一些志气。

爱读书的人都能"坐地日行八万里"，刚刚还在西安和科学家一起考古，转眼已身在赤道，感受着热带雨林气候。昨天还在加拿大勘探矿产，今天已随着火星探测器降落在火星上。从沙漠到盆地，天空到海洋，爱读书的人可以自由来去，无所不往。

爱读书的人，从不挑挑拣拣，才读罢让人思考的寓言，又拿起让人忍不住跟着书中侦探寻找凶手的推理小说。书中有见义勇为的英雄，也有徘徊在人生十字路口的普通人，有对时事高谈阔论的人，也有言谈举止狡诈虚伪的人。有意见尖锐的人，也有以酒精麻醉心灵的人。一本书的内容，总会涉及各色人马，只要爱读书，就可以间接地认识他们，从而增加自己的内涵，提高自己的判断力。

爱读书的人，不论是简体字的书，还是繁体字的书都喜欢。在书里放上一枚精致的书签，走到哪里就看到哪里。哪怕是没有完整的时间，也要零星地看上几行过过瘾。

每一本书，都是镶嵌在爱读书人心中的一颗宝石，每一本书，都能引导人们往正确的方向靠拢。每一本书，都是对爱读书人的奖赏。

读书，虽不能扭转乾坤，但也许能帮助人们作出决策，读书，虽不能彻底推翻人们心中的成见，但也许能帮助人们结识新偶像，以此为契机改变三观，从而遇见更好的人生。

快来读书吧，开卷有益，就算是本卡通书，也一定会让人从中受到启发的。

読書はためになる

　読書は、人々の素質を高め、意志を堅固にし、視野を広くする。

　読書の好きな人は、みんな謙虚である。なぜなら、（彼らは）本を読めば読むほど自分の知識の足りなさに気づくからだ。読書の好きな人は、他人に譲歩するのが上手である。なぜなら、（彼らは）本を読めば読むほど度量が広くなるからだ。読書の好きな人は、心が枯れることはない。なぜなら彼らの心は知識という雨と露をうけて潤っているからだ。読書の好きな人は、俗っぽさが多少抑えられ、上品さが多少増し、愚かさが少々減り、少しばかり知恵がつき、気の弱さが多少なくなって、意気が多少高くなる。

　読書の好きな人は誰もが「座して一日8万里を行く」ことができる。先ほどまで西安で科学者と一緒に考古研究をしていたと思ったら、あっという間に赤道に身を置き、熱帯雨林の気候を体験している。昨日はまだカナダで鉱産物を調査していたのに、今日はもう火星探査機とともに火星に着陸している。砂漠から盆地まで、空から海まで、読書の好きな人は自由自在に行ったり来たりして、行けないところはない。

　読書の好きな人は、あれこれ選り好みを全くせず、人に思考を促す寓話を読み終わったと思ったら、もう（本の中の）探偵の後について凶悪犯を捜さずにはいられない推理小説を手に取る。本の中には、正義感に燃える勇敢な英雄もいれば、人生の十字路で躊躇する普通の人もいる。時事を大いに議論する人もいれば、話しぶりや立ち居ふるまいがずる賢く誠意がない人もいる。鋭い意見を持つ人もいれば、アルコールで心を麻痺させている人もいる。1冊の本であっても、そのなかで常にさまざまな人について触れているので、読書を愛好してさえいれば、間接的に彼らと知り合うことができ、それによって自分自身を涵養し、判断力を高められる。

　読書の好きな人は、簡体字の本も繁体字の本もどちらも好きである。本の間に手の込んだ1枚のしおりをはさんで、どこに行ってもそれを眺める。たとえ、まとまった時間がなくても、断片的に何行か読んでつかの間堪能したりする。

　どの本も、読書の好きな人の心にはめこまれた1粒の宝石であり、人々が正しい方向に近づくよう導いてくれる。どの本も読書の好きな人へのご褒美である。

　読書は、天地をひっくり返すことはできないが、人々の意思決定の手助けになるかもしれない。読書は、人々の既成概念を完全に覆すことはできないが、人々が新しい偶像と知己になる手助けになるかもしれない。そうして、これをきっかけに世界観・人生観・価値観を変え、より良き人生にめぐり会える。

　さあ、早く読書をしよう。読書は有益である。たとえ、それが漫画であっても、必ずそこから啓発を受けるはずだ。

如何养发护发　髪をどのようにケアするか

[STEP 1 単語]　今日習得すべき単語を、聞き取れるまで繰り返し聞いてください。　**105**

清洁 qīngjié
（形）清潔である

缘故 yuángù
（名）原因、わけ

周期 zhōuqī
（名）周期、サイクル

为期 wéiqī
（动）…を期間（期限）とする

公务 gōngwù
（名）公務

酗酒 xùjiǔ
（动）大酒をむさぼる

要点 yàodiǎn
（名）要点、ポイント

压制 yāzhì
（动）抑えつける

特定 tèdìng
（形）特定の

运行 yùnxíng
（动）運行する

分裂 fēnliè
（动）分裂する、裂ける

弥补 míbǔ
（动）補う

反馈 fǎnkuì
（动）返ってくる、フィードバックする、反映する

一目了然 yímù-liǎorán
一目瞭然

鉴于 jiànyú
（介）…に鑑みて、…に照らしてみて

拽 zhuài
（动）力いっぱい引っ張る

反射 fǎnshè
（动）反射する

暴露 bàolù
（动）暴露する、明るみに出る

辐射 fúshè
（动）輻射する、放射する

心态 xīntài
（名）心理状態

弦 xián
（名）楽器の弦、糸

一丝不苟 yìsī-bùgǒu
（仕事を念入りにやって）少しもいいかげんなところがない

严厉 yánlì
（形）厳しい、厳格である

眼色 yǎnsè
（名）目の表情、目くばせ

成效 chéngxiào
（名）効果、効き目

泄气 xièqì
（动）気が抜ける、気を落とす

窍门 qiàomén
（名）巧妙かつ簡便な方法、コツ

藐视 miǎoshì
（动）見下げる、蔑視する

当初 dāngchū
（名）最初、もと、以前

[STEP 2 センテンス] STEP1 の単語を上から順番に、発音しながら＿＿＿＿に書き入れてください。センテンスの意味を把握することも学習目標の一つです。

①许多人为此感到疑惑，一直没有生过什么大病，定期清洗让头发保持＿＿＿＿，为什么发质会逐年变差?

②这到底是什么＿＿＿＿呢?

③头发的生长＿＿＿＿为两到四年，分别为生长、退行和休止期。

④头发每天的新陈代谢＿＿＿＿很短，基本在晚上十点到凌晨两点左右。

⑤反之，如果这段时间你＿＿＿＿繁忙不能入睡，或者常常贪杯＿＿＿＿到深夜，都会影响到头发的正常生长。

⑥护理头发的＿＿＿＿在于营养，头发生长需要优异的蛋白质和 B 族维生素。

⑦长期＿＿＿＿食欲减肥瘦身的人，往往缺乏让头发生长的＿＿＿＿营养素，会造成血气失和，＿＿＿＿不良，有时甚至会引起内分泌紊乱。

⑧这些因素都会使毛囊缺氧，营养断流，当然发质也会相应变差，导致发梢末端＿＿＿＿，就是所谓的开叉。

⑨如果不想让发质继续恶化，一定要尽早在饮食上进行＿＿＿＿，你摄取的营养好或坏，都会＿＿＿＿到你的发质上。

⑩应该多吃瘦肉及动物的肝脏、多喝牛奶豆浆，因为它们护发的效果是立竿见影、＿＿＿＿的。

⑪另外，＿＿＿＿头发比较脆弱，平时梳头时要轻柔，不要生拉硬＿＿＿＿，也不要长期把头发扎起来。

⑫最好不要在炎天去海边，因为即使你戴着帽子，沙子也会＿＿＿＿紫外线，从而伤害到＿＿＿＿在帽子以外的头发。

⑬还要勤洗头发，因为大气中的＿＿＿＿也是头发杀手。

⑭保持良好＿＿＿＿也很重要。

⑮如果你每天箭在＿＿＿＿上，处于紧张状态，或工作起来＿＿＿＿，不允许自己出半点儿错误，再或者老板非常＿＿＿＿，你处处得看他的＿＿＿＿行事，这些都会给你的头发增加压力，影响发质。

⑯如果你天天做对头发有利的事而尚未见＿＿＿＿，千万别＿＿＿＿。

⑰养发没有什么＿＿＿＿，贵在坚持。

⑱不要＿＿＿＿生活中的小习惯，比如，不勤换枕套的人有可能引发毛囊炎。

⑲到那时再后悔："早知今日，何必＿＿＿＿"，已为时晚矣。

211

❶ 赤いシートを当てて、本文を見ながら聞き、見えない箇所の単語をチェックしてください。
❷ 赤いシートを外して、本文を見ながら聞き、聞き取った単語が合っているか、確認してください。
❸ 本文を見ないで聞き、全体の意味が把握できるか確認してください。

如何养发护发

有人天生一头秀发，却出现发梢分叉、枯黄、头发变细、脱发等现象。许多人为此感到疑惑，一直没有生过什么大病，定期清洗让头发保持清洁，为什么发质会逐年变差？这到底是什么缘故呢？让我们来了解一下头发的常识。

头发的生长周期为两到四年，分别为生长、退行和休止期。头发每天的新陈代谢为期很短，基本在晚上十点到凌晨两点左右。这段时间如果保持充足睡眠，头发就得以正常新陈代谢。反之，如果这段时间你公务繁忙不能入睡，或者常常贪杯酗酒到深夜，都会影响到头发的正常生长。

护理头发的要点在于营养，头发生长需要优异的蛋白质和 B 族维生素。长期压制食欲减肥瘦身的人，往往缺乏让头发生长的特定营养素，会造成血气失和，运行不良，有时甚至会引起内分泌紊乱。这些因素都会使毛囊缺氧，营养断流，当然发质也会相应变差，导致发梢末端分裂，就是所谓的开叉。如果不想让发质继续恶化，一定要尽早在饮食上进行弥补，你摄取的营养好或坏，都会反馈到你的发质上。应该多吃瘦肉及动物的肝脏、多喝牛奶豆浆，因为它们护发的效果是立竿见影、一目了然的。

另外，鉴于头发比较脆弱，平时梳头时要轻柔，不要生拉硬拽，也不要长期把头发扎起来。最好不要在炎天去海边，因为即使你戴着帽子，沙子也会反射紫外线，从而伤害到暴露在帽子以外的头发。还要勤洗头发，因为大气中的辐射也是头发杀手。

保持良好心态也很重要。如果你每天箭在弦上，处于紧张状态，或工作起来一丝不苟，不允许自己出半点儿错误，再或者老板非常严厉，你处处得看他的眼色行事，这些都会给你的头发增加压力，影响发质。

如果你天天做对头发有利的事而尚未见成效，千万别泄气。养发没有什么窍门，贵在坚持。不要藐视生活中的小习惯，比如，不勤换枕套的人有可能引发毛囊炎。坏习惯攒多了，头发可能就越来越少了。到那时再后悔："早知今日，何必当初"，已为时晚矣。

髪をどのようにケアするか

　生まれつき美しい髪をしていたのに、毛先に枝毛ができ、潤いがなくなって黄ばみ、髪の毛が細くなり、抜け毛等の現象が現れる人がいる。多くの人は、このことに、納得がいかない。今までずっとどんな大病もしたことがないし、定期的にきれいに洗って髪を清潔にしていたのに、なぜ髪の質が年々衰えていくのか。これは一体どういうわけだろうか。では、（我々は）髪に関する常識をちょっと調べてみよう。

　髪の生長の周期は2年から4年で、生長、衰弱、休止期に分かれる。毎日の髪の代謝が進む時間は短く、だいたい夜の10時から真夜中の2時ぐらいである。この時間に、十分な睡眠が保たれたら、髪は正常な新陳代謝をすることができる。反対に、もし、この時間にあなたの仕事が忙しくて眠れなかったり、あるいは、いつも深夜まで大酒を飲んだりしていると髪の正常な生長に影響がでる。

　髪をケアするポイントは栄養にあり、髪の生長には質の良いタンパク質とビタミンBが必要である。長い間、食欲を抑えるダイエットをして（痩せて）いる人は、往々にして髪の生長を促す特定の栄養素が欠乏しており、血気の乱れ、循環不全を引き起こし、時には、内分泌の乱れを誘発することさえある。これらの要因によって毛嚢に酸素の欠乏が起こり、栄養の流れが断たれる。そうなると、当然、髪の質もそれに応じて衰え、毛髪の先端に裂目が生じる。つまり、いわゆる枝毛ができるのである。髪の質の悪化を食い止めたいと思うのなら、（どうしても）できるだけ早く飲食で不足を補う必要がある。あなたが摂取する栄養の良し悪しが全てあなたの髪の質に反映する。赤身の肉やレバーを多く食べ、牛乳や豆乳もたくさん飲むべきである。なぜなら、これらが髪をケアする効果は直ちに現れ、一目瞭然だからである。

　その他に、髪が比較的もろくて弱いことを鑑みて、普段から髪をとかす時は軽く柔らかにし、無理やりに引っ張ってはいけない、また長い間、髪を束ねているのもよくない。できるだけ炎天下の海岸に行かないほうがいい。なぜなら、帽子をかぶっていても、砂も紫外線を反射するので、帽子の外に出ている髪を傷つけることになるからである。それからこまめに髪を洗うことだ。大気中の輻射も髪の殺し屋である。

　良好な心理状態を保つのも大切である。もしあなたが、毎日ぴんと張った弦のような緊張状態に置かれていたなら、あるいは仕事は一切手を抜かず、自分が少しの過ちを犯すのも許さず、しかも、経営者が非常に厳格で、万事、その顔色をうかがいながら事を進めなければならないとしたら、それらはすべてあなたの髪へのストレスを増やし、髪の質に影響を与えることになる。

　あなたが毎日髪のために有益なことをしているのに、まだ効き目が現れないとしても、絶対に気を落としてはならない。髪の養生にはこれといった秘訣などなく、大事なのは続けることである。生活の中の小さな習慣を軽視してはいけない。例えば、こまめに枕カバーを換えない人は、毛嚢炎になる可能性がある。悪い習慣がたくさんたまると、髪の毛はますます少なくなるであろう。その時になって「こうなると分かっていれば、最初からしなければよかった」と後悔してももう手遅れなのである。

自拍与不健康心理 自撮りと不健康な心理

[STEP 1 単語] 今日習得すべき単語を、聞き取れるまで繰り返し聞いてください。 **107**

不择手段 bùzé-shǒuduàn
手段を選ばない

打猎 dǎliè
（動）猟をする

悬崖峭壁 xuányá qiàobì
断崖絶壁

边缘 biānyuán
（名）ふち、へり、きわ

奔驰 bēnchí
（動）疾走する、駆け回る

飘扬 piāoyáng
（動）風に翻る

实事求是 shíshì-qiúshì
事実に基づいて真実を求める

伪造 wěizào
（動）偽造する

把关 bǎguān
（動）検査する、チェックする

合成 héchéng
（動）合成する、複合する

完毕 wánbì
（動）終了する、完了する

虚假 xūjiǎ
（形）うそである、偽りである

反感 fǎngǎn
（名/形）反感／反感を持っている

原先 yuánxiān
（名）はじめ、以前、もと

放大 fàngdà
（動）拡大する

陶瓷 táocí
（名）陶磁器

冒充 màochōng
（動）偽る、成りすます

羞耻 xiūchǐ
（形）恥ずかしい

丢人 diūrén
（動）恥をかく

推论 tuīlùn
（動）推論する

大体 dàtǐ
（副）だいたい、大概

姿态 zītài
（名）態度、様子

暗示 ànshì
（動）暗示する

确立 quèlì
（動）確立する

贬义 biǎnyì
（名）けなす意味

标记 biāojì
（名）標識、記号

团体 tuántǐ
（名）団体

奥秘 àomì
（名）深奥な秘訣、極意

指望 zhǐwàng
（動/名）一心に期待する／望み、見込み、期待

人家 rénjia
（代）ほかの人、他人

作弊 zuòbì
（動）インチキをする、不正をはたらく、カンニングをする

泄露 xièlòu
（動）漏洩する、漏らす

隐私 yǐnsī
（名）プライバシー

巴不得 bābudé
（動）したくてたまらない

散布 sànbù
（動）散布する、ばらまく、散らばる

确切 quèqiè
（形）適切である、ぴったりしている

[STEP 2 センテンス] STEP1 の単語を上から順番に、発音しながら＿＿＿＿に書き入れてください。センテンスの意味を把握することも学習目標の一つです。

①最近，因为＿＿＿＿地沉迷于自拍而发生的人身事故非常多。

②一对英国夫妇＿＿＿＿时站在＿＿＿＿的＿＿＿＿自拍，结果掉下去双双毙命。

③印度一男子为博眼球，拍下自己冲向＿＿＿＿的列车的画面，不幸殒命。

④而在中国，有一女子为了展示自己迎风＿＿＿＿的衣裙而将身体探出阳台自拍，结果摔成重伤。

⑤为了拍出自己心目中完美的相片，他们忘记了＿＿＿＿，使用滤镜和美颜等功能，＿＿＿＿格外美丽或帅气的容颜，而且越来越相信这就是自己真实的外表，在严格＿＿＿＿、把相片精修＿＿＿＿＿＿＿＿后，放上平台展现给他人看。

⑥天天发这种＿＿＿＿照片的人，慢慢会引起他人的＿＿＿＿：哼，这个人明明＿＿＿＿满脸皱纹，但现在无论把照片＿＿＿＿多少倍，皮肤都像＿＿＿＿一样光滑，这样＿＿＿＿美女帅哥难道不觉得＿＿＿＿和＿＿＿＿吗？

⑦美国某大学的教授经研究后＿＿＿＿如下：爱发这种自拍照的人＿＿＿＿比较孤独，挫败感强。

⑧他们通过在平台上包装自己、展示自己美好的＿＿＿＿来＿＿＿＿别人：我过得不错，并借此来＿＿＿＿自己在他人心目中的地位。

⑨现在被人说爱自拍，已经有了＿＿＿＿的感觉。

⑩有专家建议，尽量控制自拍的愿望，当你旅游到某地希望拍照留下到此一游的＿＿＿＿时，与其单独自拍，不如和＿＿＿＿留下合影。

⑪另外，现在制造美颜的＿＿＿＿已尽人皆知，别＿＿＿＿＿＿＿＿会相信你照片中的美丽。

⑫如果要自拍，尽量不使用滤镜"＿＿＿＿"，试着接受照片中自己自然的样子。

⑬绝不是耸人听闻，发自拍照不仅有可能＿＿＿＿你的＿＿＿＿，还有坏人＿＿＿＿你把自拍放上社交平台，好利用你的照片做小广告或把它们＿＿＿＿到不良网站中。

⑭＿＿＿＿地说，一旦你的照片放上公共平台，你就再也无法控制它的去向了，所以为安全起见，还是少发自拍照为好。

❶ 赤いシートを当てて、本文を見ながら聞き、見えない箇所の単語をチェックしてください。
❷ 赤いシートを外して、本文を見ながら聞き、聞き取った単語が合っているか、確認してください。
❸ 本文を見ないで聞き、全体の意味が把握できるか確認してください。

自拍与不健康心理

最近，因为不择手段地沉迷于自拍而发生的人身事故非常多。一对英国夫妇打猎时站在悬崖峭壁的边缘自拍，结果掉下去双双毙命。印度一男子为博眼球，拍下自己冲向奔驰的列车的画面，不幸殒命。而在中国，有一女子为了展示自己迎风飘扬的衣裙而将身体探出阳台自拍，结果摔成重伤。

一项心理学研究表明：每天在社交平台上发很多自拍的人普遍有心理障碍，他们过分看重、依赖自己的外表。为了拍出自己心目中完美的相片，他们忘记了实事求是，使用滤镜和美颜等功能，伪造格外美丽或帅气的容颜，而且越来越相信这就是自己真实的外表，在严格把关、把相片精修合成完毕后，放上平台展现给他人看。

天天发这种虚假照片的人，慢慢会引起他人的反感：哼，这个人明明原先满脸皱纹，但现在无论把照片放大多少倍，皮肤都像陶瓷一样光滑，这样冒充美女帅哥难道不觉得羞耻和丢人吗？

美国某大学的教授经研究后推论如下：爱发这种自拍照的人大体比较孤独，挫败感强。他们通过在平台上包装自己、展示自己美好的姿态来暗示别人：我过得不错，并借此来确立自己在他人心目中的地位。

现在被人说爱自拍，已经有了贬义的感觉。有专家建议，尽量控制自拍的愿望，当你旅游到某地希望拍照留下到此一游的标记时，与其单独自拍，不如和团体留下合影。另外，现在制造美颜的奥秘已尽人皆知，别指望人家会相信你照片中的美丽。如果要自拍，尽量不使用滤镜"作弊"，试着接受照片中自己自然的样子。

绝不是耸人听闻，发自拍照不仅有可能泄露你的隐私，还有坏人巴不得你把自拍放上社交平台，好利用你的照片做小广告或把它们散布到不良网站中。确切地说，一旦你的照片放上公共平台，你就再也无法控制它的去向了，所以为安全起见，还是少发自拍照为好。

自拍	：自撮り、自撮りをする
平台	：（ハード・ソフトの）作業環境プラットフォーム
滤镜	：フィルター
美颜	：美肌
不良网站	：闇サイト

自撮りと不健康な心理

　最近、手段を選ばず、自撮りに熱中するあまり発生する人身事故が非常に多い。イギリスのある夫婦が猟をしていた時、断崖絶壁のふちに立って自撮りをした。その結果、落ちて二人とも命を落とした。インドのある男性は人目を引こうとして、自分が疾走する列車に突き進む画像を撮り、不幸にも命を落とした。また、中国ではある女性が風を受けて翻る自分のスカートを見せるためにベランダから身を乗り出して自撮りをした。その結果、落ちて重傷を負った。

　ある心理学の研究によると、毎日SNSに多くの自撮りをアップする人は、全体的に心理的な障害があり、彼らは自分の外見を重視し、それに頼りすぎている、という。自分の心の中の完璧な写真を撮るために、彼らは事実に即して正しく行動することを忘れ、フィルターや美肌効果モード等の機能を使って、ことさら美しい、あるいは格好いい顔立ちを偽造する。しかも、だんだんこれが自分の本当の外見だと信じるようになるのである。厳しくチェックし、写真を細かく修正、合成を加えてから、サイトに載せて他人に見せる。

　毎日、このような偽りの写真をアップする人は、次第に（他人の）反感を買うようになる、ふん、この人は明らかにもとは顔中しわだらけなのに、今、写真を何倍に拡大しても、肌はまるで陶磁器のようになめらかで、こんな美女やイケメンに成りすますとは、恥ずかしくないのだろうか。

　アメリカの某大学の教授は研究の結果、以下のように推論した。このような自撮りアップを好む人はおおむね比較的孤独で挫折や失敗の思いが強い。彼らはサイトを通して自分を包装して自分のすばらしい様子を見せ、自分はなかなかの暮らしをしていると他人に暗示する。そして、それを利用して他人の心の中の自分の地位を確立するのだと。

　現在、（人から）自撮りが好きだねと言われることは、すでにけなす意味合いを持つようになっている。専門家は、できるだけ自撮り願望をコントロールし、旅行である場所に行き、写真を撮ってここに来て遊覧したというしるしを残そうと思った時には、一人で自撮りをするより、グループで写真を撮ったほうがいい、と提案している。また、現在、美肌を作る極意はもうだれでも知っているのだから、写真の中のあなたの美しさを他人が信じるなどと期待してはいけない。自撮りをするのであれば、できるだけ、フィルターを使った「インチキ」ではなく、写真の中の自分の自然な姿を受け入れようと試みることだ。

　決して驚かせるために言うわけではない。自撮りをアップすると、あなたのプライバシーが漏れる可能性がある。それだけではなく、悪人はあなたが自撮りをSNSに載せることをねらっていて、あなたの写真を悪用して宣伝をしたり、それを闇サイトにばらまくこともある。正確に言えば、いったんあなたの写真がサイトに載ると、あなたはもうその行方をコントロールすることはできなくなる。だから、安全の見地からも、やはり自撮りのアップは控えたほうがいい。

你想活出怎样的人生 君たちはどう生きるか

[STEP 1 単語] 今日習得すべき単語を、聞き取れるまで繰り返し聞いてください。 **109**

背诵 bèisòng
（动）暗唱する

鞭策 biāncè
（动）鞭撻する、励ます

扁 biǎn
（形）平たい、扁平である

出路 chūlù
（名）解決・発展・脱出のための道、生きていく道

孤立 gūlì
（形）孤立している

荣誉 róngyù
（名）栄誉

新颖 xīnyǐng
（形）斬新である、ユニークである

文凭 wénpíng
（名）卒業証書、修了証

答复 dáfù
（动）回答する、返答する、返事する

堕落 duòluò
（动）堕落する

资本 zīběn
（名）資本

剥削 bōxuē
（动）搾取する

雇佣 gùyōng
（动）雇用する

报酬 bàochou
（名）報酬、謝礼

诚挚 chéngzhì
（形）真摯である、誠実である

丑恶 chǒu'è
（形）醜い

背叛 bèipàn
（动）裏切る

等级 děngjí
（名）等級、ランク

层次 céngcì
（名）レベル、層

座右铭 zuòyòumíng
（名）座右の銘

闪烁 shǎnshuò
（动）ちらちらする、ちらつく、きらめく

立场 lìchǎng
（名）立場

打架 dǎjià
（动）けんかする

侮辱 wǔrǔ
（动）侮辱する

摸索 mōsuǒ
（动）模索する

领会 lǐnghuì
（动）理解する、把握する

纯粹 chúncuì
（副）単に、ただ

编织 biānzhī
（动）編む、織る、作り上げる

贬低 biǎndī
（动）（人や物に対する評価を）下げる、貶める

检验 jiǎnyàn
（动）検証する

当前 dāngqián
（名）当面、目前

放射 fàngshè
（动）放射する、放出する

倡导 chàngdǎo
（动）先に立って主張する、提唱する

次序 cìxù
（名）順序、順番

①这是一本在日本高中要求学生必读的书，很多人甚至已经能_____出其中的经典段落。

②这是一本多年来_____了无数日本人，帮助人们建立初步人生观的书。

③千万不要看_____这本书。

④许多现在功成名就的人，曾经在人生的低迷期靠着这本书重拾奋斗的勇气，最终找到了_____。

⑤更有很多人在因某种原因而感到_____时，这本书给了他们温暖和鼓励。

⑥这本书给作者吉野源三郎带来了巨大的_____。

⑦在书中他用_____的手法，刻画了一个 15 岁少年的成长。

⑧少年有很多需要思索的问题，他有着大学_____的舅舅，并没有对他的疑问给予直接的_____，而是引导、启发他去寻求答案。

⑨对于崇高与_____、_____与_____、_____与_____、_____的友谊、_____的_____，人到底分不分_____和_____等课题一一进行探讨，最终这个 15 岁的少年领悟了人之所以为人的价值。

⑩而书中舅舅说过的很多金句都可以当作人生的_____，_____着智慧的光芒。

⑪当这个 15 岁的少年出于懦弱不敢站出来表明_____，不敢帮好朋友_____一起反抗_____时，他的内心无比痛苦。

⑫少年就这样不断_____着前行，一点一点_____到人生的真谛。

⑬作者的高明之处是没有_____去_____一个美好的世界，也没有一味_____世界上所有的不美好，他把黑与白、善与恶都公平地摆出来，让少年用自己的眼睛去判断。

⑭时间是_____一本好书的唯一标准。

⑮八十年过去，这本书在_____依然_____着无穷的魅力，备受读者推崇。

⑯书中所_____的作为人的基本品格，令每一个读者终生难忘。

⑰整部书一共分十章，由浅入深，按_____读下去，越读越引人入胜。

❶ 赤いシートを当てて、本文を見ながら聞き、見えない箇所の単語をチェックしてください。
❷ 赤いシートを外して、本文を見ながら聞き、聞き取った単語が合っているか、確認してください。
❸ 本文を見ないで聞き、全体の意味が把握できるか確認してください。

你想活出怎样的人生

人最大的本钱是修养，会读书的人眼界才会开阔。今天来介绍一本好书，它的名字叫《你想活出怎样的人生》。

这是一本虽已历时八十年，但仍在日本不断再版发行的书。这是一本在日本高中要求学生必读的书，很多人甚至已经能背诵出其中的经典段落。这是一本多年来鞭策了无数日本人，帮助人们建立初步人生观的书。

可能你会说，不过就是一本书嘛。千万不要看扁这本书。许多现在功成名就的人，曾经在人生的低迷期靠着这本书重拾奋斗的勇气，最终找到了出路。更有很多人在因某种原因而感到孤立时，这本书给了他们温暖和鼓励。

这本书给作者吉野源三郎带来了巨大的荣誉。在书中他用新颖的手法，刻画了一个 15 岁少年的成长。少年有很多需要思索的问题，他有着大学文凭的舅舅，并没有对他的疑问给予直接的答复，而是引导、启发他去寻求答案。对于崇高与堕落、资本与剥削、雇佣与报酬、诚挚的友谊、丑恶的背叛，人到底分不分等级和层次等课题一一进行探讨，最终这个 15 岁的少年领悟了人之所以为人的价值。而书中舅舅说过的很多金句都可以当作人生的座右铭，闪烁着智慧的光芒。

当这个 15 岁的少年出于懦弱不敢站出来表明立场，不敢帮好朋友打架一起反抗侮辱时，他的内心无比痛苦。但"因为内心痛苦，我们才能在内心好好认清人本来应该是什么样子。"少年就这样不断摸索着前行，一点一点领会到人生的真谛。

作者的高明之处是没有纯粹去编织一个美好的世界，也没有一味贬低世界上所有的不美好，他把黑与白、善与恶都公平地摆出来，让少年用自己的眼睛去判断。

时间是检验一本好书的唯一标准。八十年过去，这本书在当前依然放射着无穷的魅力，备受读者推崇。书中所倡导的作为人的基本品格，令每一个读者终生难忘。整部书一共分十章，由浅入深，按次序读下去，越读越引人入胜。

君たちはどう生きるか

　人の最も大きな資本は教養であり、読書に長ずる人であってはじめて視野を広げることができる。今日は、1冊の本を紹介する。その本の名は『君たちはどう生きるか』である。

　これは、（刊行から）すでに80年の時を経ているが、日本ではいまでも途切れることなく重版され続けている本である。これは、日本の高校で生徒の必読書として求められている本で、既にその中の重要な一節を暗唱できる人も多い。これは、長年数えきれないほどの日本人を励まし、人々が人生観を形成しはじめるときの手助けとなってきた本である。

　あなたは1冊の本にすぎないではないか、と言うかもしれない。絶対に、この本を見くびってはいけない。今、功成り名遂げた多くの人は、かつて人生の低迷期にこの本に頼り、もう一度勇気を奮い立たせ、最後には活路を見出した。もっと多くの人びとは、何らかの原因で孤立していると感じたとき、この本からぬくもりと励ましを与えられた。

　この本は、作者の吉野源三郎にきわめて大きな栄誉をもたらした。彼は斬新な手法を用いて、本の中に15歳の一少年の成長を描き出した。少年は多くの思索すべき問題を抱えていた。彼には大学卒業という学歴を持つおじいたが、彼の疑問には決して直接的な回答を与えず、彼が回答を探し求めていくよう導き、啓発した。崇高さ（を保つこと）と堕落すること、資本と搾取、雇用と報酬、真摯な友情、醜い裏切り、人は結局身分や階級で分けられるのか、等の課題に対して一つ一つ討議を重ね、最終的にこの15歳の少年は、人が人であることの価値を悟った。本の中に出てくるおじさんの名言の数々は、すべて人生の座右の銘となるもので、知恵の光がきらめいている。

　この15歳の少年は、気が弱いために立場をはっきり示すことができず、勇気を出して親友を助けてけんかに加わり、共に侮辱に抵抗することができなかった。彼は内心、この上なく苦しんだ。しかし「内心苦しんだからこそ、私達はしっかり人の本来あるべき姿を見分けることができるようになるのだ」。少年はこうして絶えず模索しながら前へ進み、少しずつ人生の真理を理解していった。

　作者のすぐれているところは、単にすばらしい世の中を作り上げることを示すのではなく、一途にこの世のあらゆる美しくないものを貶めるのでもなく、黒と白、善と悪を公平に並べて少年に自分の目で判断するようにさせたことである。

　時間はある本が良書かどうかを検証する唯一の基準である。80年の歳月が過ぎ去ったが、この本は、今も依然として尽きない魅力を放っていて、広く読者から高評価を得ている。本の中で提唱している人としての基本的な品格は、一人一人の読者にとって生涯忘れられないものだ。全篇合わせて10章、やさしいところからはじめて深く入っていく構成で、順番に読み進めていくにしたがって、どんどん引き込まれていく。

珍珠奶茶热 タピオカミルクティーブーム

[STEP 1 単語] 今日習得すべき単語を、聞き取れるまで繰り返し聞いてください。 **111**

赤字 chìzì
(名) 赤字

倒闭 dǎobì
(动) 破産する、つぶれる

液体 yètǐ
(名) 液体

爆发 bàofā
(动) 爆発する、湧き上がる

声势 shēngshì
(名) 勢い、気勢

蔓延 mànyán
(动) 蔓延する、広がる

潜力 qiánlì
(名) 潜在力

贩卖 fànmài
(动) 販売する

落成 luòchéng
(动) 落成する

遗留 yíliú
(动) 残しておく、残す

投票 tóupiào
(动) 投票する

竞赛 jìngsài
(动) 競技する、競争する、
競い合う

雌雄 cíxióng
(名) 勝ち負け、優劣

来历 láilì
(名) 来歴、由来

登陆 dēnglù
(动) 上陸する

若干 ruògān
(代) 若干の、いくらかの

嘿 hēi
(叹) 驚いた時に発する言葉、
ええっ

踊跃 yǒngyuè
(形) 積極的である、先を争って

泼 pō
(动) (液体を) まく、ぶっかける

馋 chán
(形) 食べたがっている、
口が卑しい

宁愿 nìngyuàn
(副) …するよりもむしろ…したい

频率 pínlǜ
(名) 頻度

嚷 rǎng
(动) 大声で叫ぶ

响应 xiǎngyìng
(动) 応ずる、呼応する

附和 fùhè
(动) 付和する、同調する

不屑一顾 búxiè yígù
一顧だに値しない

欣欣向荣 xīnxīn-xiàngróng
草木がすくすくと伸びる、(事業
などが) 勢いよく発展し繁栄する

效应 xiàoyìng
(名) 反応、効果

冷却 lěngquè
(动) 冷却する

猛烈 měngliè
(形) 猛烈である、激しい

进攻 jìngōng
(动) 進撃する、攻め寄せる

占据 zhànjù
(动) 占拠する、占領する

盈利 yínglì
(名) 利潤、利益

先前 xiānqián
(名) 以前、もと、昔

深奥 shēn'ào
(形) 奥深い

专利 zhuānlì
(名) 特許

①要是在日本开一家珍珠奶茶店，绝不会出现＿＿＿＿，更不会有＿＿＿＿的风险。

②因为珍珠奶茶这种神奇的＿＿＿＿正在日本＿＿＿＿出前所未有的人气，而且＿＿＿＿
　浩大，＿＿＿＿迅速，＿＿＿＿无穷。

③走上日本街头，涩谷、新宿、到处都有＿＿＿＿珍珠奶茶的新店铺＿＿＿＿，而垃圾箱
　里则＿＿＿＿着数不清的空奶茶杯。

④我觉得如果让日本人给喜爱的饮品＿＿＿＿，珍珠奶茶定会排在首位，没有什么饮料
　能和它＿＿＿＿、一决＿＿＿＿。

⑤珍珠奶茶的＿＿＿＿如何？

⑥它又是何时飓风般＿＿＿＿了日本的呢？

⑦我品尝了几家奶茶店的珍珠奶茶，味道有＿＿＿＿不同，相同的是不论在哪家奶茶店，
　你都会在心里暗暗地叫上一声："＿＿＿＿！怎么会有这么多人在＿＿＿＿排队！"不
　过得承认，珍珠奶茶的封闭式包装真方便，倒着拿也不会＿＿＿＿出来。

⑧年轻女孩子好像更＿＿＿＿奶茶，她们＿＿＿＿不吃饭，也要省下钱买一杯奶茶喝，没
　有什么可以阻拦她们喝奶茶的决心。

⑨我认识的几个女孩子喝奶茶的＿＿＿＿相当高，几乎每天一杯。

⑩如果两天没喝，准会＿＿＿＿着喝奶茶，一旁的人也准会马上＿＿＿＿，随声＿＿＿＿，
　要是此时你提议喝咖啡或橘汁，她们绝对会＿＿＿＿，还会惊讶你怎么这么不合潮流。

⑪现在日本最＿＿＿＿的行业当属珍珠奶茶了吧。

⑫虽然已火了一年以上，奶茶＿＿＿＿却丝毫没有＿＿＿＿，而且越发＿＿＿＿。

⑬听说珍珠已经开始＿＿＿＿啤酒领域，出现了珍珠啤酒，甚至还＿＿＿＿了拉面市场，
　出现了珍珠拉面。

⑭也许商家觉得，只要沾上珍珠二字，就会＿＿＿＿吧。

⑮现在网上还有教人自制珍珠奶茶的，＿＿＿＿我还以为会很难，看了才知道，做法一
　点儿也不＿＿＿＿。

⑯以后，做珍珠奶茶可能就不是店铺才有的＿＿＿＿了，人人自制珍珠奶茶的日子也许
　已为期不远。

❶ 赤いシートを当てて、本文を見ながら聞き、見えない箇所の単語をチェックしてください。
❷ 赤いシートを外して、本文を見ながら聞き、聞き取った単語が合っているか、確認してください。
❸ 本文を見ないで聞き、全体の意味が把握できるか確認してください。

珍珠奶茶热

要是在日本开一家珍珠奶茶店，绝不会出现赤字，更不会有倒闭的风险。因为珍珠奶茶这种神奇的液体正在日本爆发出前所未有的人气，而且声势浩大，蔓延迅速，潜力无穷。走上日本街头，涩谷、新宿、到处都有贩卖珍珠奶茶的新店铺落成，而垃圾箱里则遗留着数不清的空奶茶杯。我觉得如果让日本人给喜爱的饮品投票，珍珠奶茶定会排在首位，没有什么饮料能和它竞赛、一决雌雄。

珍珠奶茶的来历如何？它又是何时飓风般登陆了日本的呢？据说台湾是这次珍珠潮的引发地，旅游者把奶茶推荐到公共社交平台上，由此掀起了日本的奶茶热。据统计，在热门的奶茶品牌店买一杯珍珠奶茶平均要排上 6 个小时队，真是名副其实的翘首以待啊。用这时间，完全够坐飞机直接去台湾喝一杯奶茶的了。

我品尝了几家奶茶店的珍珠奶茶，味道有若干不同，相同的是不论在哪家奶茶店，你都会在心里暗暗地叫上一声："嘿！怎么会有这么多人在踊跃排队！"不过得承认，珍珠奶茶的封闭式包装真方便，倒着拿也不会泼出来。

年轻女孩子好像更馋奶茶，她们宁愿不吃饭，也要省下钱买一杯奶茶喝，没有什么可以阻拦她们喝奶茶的决心。我认识的几个女孩子喝奶茶的频率相当高，几乎每天一杯。如果两天没喝，准会嚷着喝奶茶，一旁的人也准会马上响应，随声附和，要是此时你提议喝咖啡或橘汁，她们绝对会不屑一顾，还会惊讶你怎么这么不合潮流。

现在日本最欣欣向荣的行业当属珍珠奶茶了吧。虽然已火了一年以上，奶茶效应却丝毫没有冷却，而且越发猛烈。听说珍珠已经开始进攻啤酒领域，出现了珍珠啤酒，甚至还占据了拉面市场，出现了珍珠拉面。另外，珍珠寿司等料理也应运而生。也许商家觉得，只要沾上珍珠二字，就会盈利吧。

现在网上还有教人自制珍珠奶茶的，先前我还以为会很难，看了才知道，做法一点儿也不深奥。以后，做珍珠奶茶可能就不是店铺才有的专利了，人人自制珍珠奶茶的日子也许已为期不远。

封闭式包装：真空パック

タピオカミルクティーブーム

　日本でタピオカミルクティーの店を開いたら、絶対に赤字を出すことはなく、倒産のリスクは更に低いだろう。なぜなら、タピオカミルクティーというこの不思議な液体は、日本で空前の人気が湧き上がっており、しかもその勢いはすさまじく、広がりが迅速で、潜在力が底知れないからである。日本の街を歩いてみると、渋谷、新宿では至る所にタピオカミルクティーを販売する新しい店舗が開店し、ごみ箱には数えきれないほどの空のカップが捨ててある。もし、日本人が好きな飲み物の投票をするとしたら、タピオカミルクティーは必ず第1位を占め、タピオカミルクティーに敵う飲み物はなく、一挙に優劣が決まると私は思う。

　タピオカミルクティーはどこから来たのか。またいつハリケーンのように日本に上陸したのだろうか。どうやら、台湾が今回のタピオカブームの震源地で、旅行者がタピオカミルクティーをSNSに推薦したことで、日本のミルクティーブームが巻き起こった、ということのようだ。統計によると、人気のあるミルクティーブランド店では、1杯のタピオカミルクティーを買うのに平均6時間並ばなければならず、これこそ名実ともに首を長くして待つということだ。この時間を利用して、飛行機で直接台湾に行ってミルクティーを1杯飲んでも、まったく時間は十分足りる。

　私はいろいろな店のミルクティーを味わってみたが、味には若干の違いがある。同じなのは、どの店でも、あなたは心の中でひそかに「ええっ、どうしてこんなに多くの人がわれがちに並ぶのだろうか」と叫ぶであろうことだ。しかし、ミルクティーの真空パックは本当に便利だということは認めなければなるまい。逆さまに持ってもこぼれないのだ。

　若い女の子たちは、もっとミルクティーを飲みたがっているようで、彼女たちは、ご飯を抜いてでもお金を節約してミルクティーを1杯買おうとする。彼女たちのミルクティーを飲むという決意を阻めるものは何もない。私が知っている何人かの女の子のミルクティーを飲む頻度は相当高く、ほぼ毎日1杯飲む。もし、2日飲まなかったら、きっとミルクティーが飲みたいとわめきだし、周囲の人も必ずすぐに呼応し、同調するだろう。もし、その時、あなたがコーヒーあるいはオレンジジュースを飲もうと提案したとしたら、彼女たちは、絶対に一顧だにせず、なぜあなたがそんなに時代の流れに合わないかと不思議に思うだろう。

　今、日本で最も発展し繁盛している業種はタピオカミルクティーであろう。既に1年以上ブームは続いているが、ミルクティーの反響は少しも冷めず、それどころか、いっそう盛り上がっている。タピオカは、既にビールの領域に進出しはじめ、タピオカビールが登場し、ラーメン市場まで占領して、タピオカラーメンも現れたそうだ。その他に、タピオカ寿司等の料理も時運に乗って現れた。業者はタピオカの文字がついていれば利益が上がると考えているのかもしれない。

　今、ネットでタピオカミルクティーの作り方を教える人もいる。私は、以前は難しいと思っていたが、見てみたら作り方は少しも難しくないことが分かった。今後、タピオカミルクティーを作るのは、お店だけの専売特許ではなくなるかもしれない。人々が自分でタピオカミルクティーを作る日もおそらくそう遠くはないだろう。

一只念念不忘主人的狗

片時も飼い主を忘れない犬

[STEP 1 単語] 今日習得すべき単語を、聞き取れるまで繰り返し聞いてください。 **113**

隆重 lóngzhòng
（形）盛大である

拜托 bàituō
（动）お願いする、お頼みする

杂交 zájiāo
（动）交雑する、交配する

锤 chuí
（名）金槌

茫茫 mángmáng
（形）広々して果てしがないさま

布告 bùgào
（名）布告、掲示、知らせ

捕捉 bǔzhuō
（动）捉える、得る

蒸发 zhēngfā
（动）蒸発する

往常 wǎngcháng
（名）いままで、ふだん

畔 pàn
（名）（川や湖の）岸、ほとり、
（道などの）そば、付近

磁带 cídài
（名）録音テープ、磁気テープ

贝壳 bèiké
（名）貝殻

源泉 yuánquán
（名）源泉、源

固执 gùzhi
（形）頑固である、強情である

疤 bā
（名）傷やできもののあと

蹦 bèng
（动）跳ぶ、はねる

胸膛 xiōngtáng
（名）胸

舔 tiǎn
（动）なめる

测量 cèliáng
（动）測量する、測定する

流浪 liúlàng
（动）さすらう、放浪する

排除 páichú
（动）排除する、取り除く

恐吓 kǒnghè
（动）脅迫する、脅かす

驱逐 qūzhú
（动）追い払う、追放する

棍棒 gùnbàng
（名）棒

殴打 ōudǎ
（动）殴打する、殴る

真相 zhēnxiàng
（名）真相

智商 zhìshāng
（名）知能指数、IQ

嗅觉 xiùjué
（名）嗅覚

忠诚 zhōngchéng
（形）忠実である、忠誠心の
ある

固有 gùyǒu
（形）固有の、特有の

彩票 cǎipiào
（名）宝くじ

跟随 gēnsuí
（动）あとについて行く

掰 bāi
（动）（物を）両手で割る、
折って二つにする

[STEP 2 センテンス] STEP1 の単語を上から順番に、発音しながら＿＿＿＿に書き入れてください。センテンスの意味を把握することも学習目標の一つです。

①最近，王先生准备举办一场＿＿＿＿的银婚纪念宴会，为了把家中布置得漂漂亮亮，他把养了三年的狗＿＿＿＿给朋友照管。

②这是一条松狮犬与拉布拉多的＿＿＿＿狗，名叫乐乐。

③谁想第二天坏消息就像重＿＿＿＿一样把王先生砸得站立不稳，他的乐乐趁朋友开门窜逃了出去，消失在＿＿＿＿夜色中。

④朋友连夜打印了很多＿＿＿＿张贴在小区和附近的路口，但至今都没有＿＿＿＿到一丁点儿有关乐乐的消息。

⑤乐乐就像＿＿＿＿了一样，毫无踪影。

⑥王先生把＿＿＿＿和乐乐常去散步的河＿＿＿＿来来回回搜寻了好几遍，想起乐乐一定粒米未进，又赶紧跑回家，拿了狗粮和乐乐的小饭碗放到和乐乐散步时常坐着休息的长椅下。

⑦从这一天开始，王先生每天都带新的狗粮来守候，这一等就是一个月，在等待中，他和乐乐在一起的点点滴滴仿佛＿＿＿＿循环回放一般涌上心头，回忆是那么多，就像散落在沙滩上的＿＿＿＿，数也数不清。

⑧乐乐是他快乐的＿＿＿＿，他无法想象失去了乐乐，往后的日子该怎么过。

⑨周围的人都说乐乐不会回来了，但他＿＿＿＿地相信乐乐一定也在焦急地寻找主人。

⑩它又瘦又虚弱，耳朵上还有一道＿＿＿＿，远远地冲着坐在长椅上的王先生呜咽起来。

⑪王先生激动得＿＿＿＿了起来，把乐乐紧紧搂在＿＿＿＿，乐乐＿＿＿＿着王先生的手，流下了眼泪。

⑫谁都不知道乐乐跨越了几个省，也＿＿＿＿不出这小家伙到底走了多少公里路，只知道它＿＿＿＿了一个多月，千辛万苦回到了主人的身旁。

⑬在这段时间里，不＿＿＿＿它可能遭受过＿＿＿＿、＿＿＿＿、甚至是＿＿＿＿的＿＿＿＿，因为它不会表达，＿＿＿＿永远都是个谜。

⑭经过训练的狗能拥有等同于一个 7 岁孩子的＿＿＿＿。

⑮它们的＿＿＿＿出奇地灵敏，闻过一次的味道据说能 7 年不忘。

⑯它对主人的＿＿＿＿是天性中＿＿＿＿的，与生俱来，这也是狗让人类最着迷的地方。

⑰王先生这几天简直比中了＿＿＿＿还高兴。

⑱住在小区的人又能看到他和乐乐散步了，王先生背着手走在前面，乐乐＿＿＿＿在他身后，走走停停，王先生还不时＿＿＿＿一块肉干给乐乐加餐，那人狗相依的画面，温馨极了。

❶ 赤いシートを当てて、本文を見ながら聞き、見えない箇所の単語をチェックしてください。
❷ 赤いシートを外して、本文を見ながら聞き、聞き取った単語が合っているか、確認してください。
❸ 本文を見ないで聞き、全体の意味が把握できるか確認してください。

一只念念不忘主人的狗

　　最近，王先生准备举办一场隆重的银婚纪念宴会，为了把家中布置得漂漂亮亮，他把养了三年的狗拜托给朋友照管。这是一条松狮犬与拉布拉多的杂交狗，名叫乐乐。谁想第二天坏消息就像重锤一样把王先生砸得站立不稳，他的乐乐趁朋友开门窜逃了出去，消失在茫茫夜色中。朋友连夜打印了很多布告张贴在小区和附近的路口，但至今都没有捕捉到一丁点儿有关乐乐的消息。

　　乐乐就像蒸发了一样，毫无踪影。王先生把往常和乐乐常去散步的河畔来来回回搜寻了好几遍，想起乐乐一定粒米未进，又赶紧跑回家，拿了狗粮和乐乐的小饭碗放到和乐乐散步时常坐着休息的长椅下。从这一天开始，王先生每天都带新的狗粮来守候，这一等就是一个月，在等待中，他和乐乐在一起的点点滴滴仿佛磁带循环仿佛播放一般涌上心头，回忆是那么多，就像散落在沙滩上的贝壳，数也数不清。乐乐是他快乐的源泉，他无法想象失去了乐乐，往后的日子该怎么过。周围的人都说乐乐不会回来了，但他固执地相信乐乐一定也在焦急地寻找主人。

　　谁都没想到，乐乐真的出现在了河畔。它又瘦又虚弱，耳朵上还有一道疤，远远地冲着坐在长椅上的王先生呜咽起来。王先生激动得蹦了起来，把乐乐紧紧搂在胸膛，乐乐舔着王先生的手，流下了眼泪。

　　谁都不知道乐乐跨越了几个省，也测量不出这小家伙到底走了多少公里路，只知道它流浪了一个多月，千辛万苦回到了主人的身旁。在这段时间里，不排除它可能遭受过恐吓、驱逐、甚至是棍棒的殴打，因为它不会表达，真相永远都是个谜。

　　狗的智力与其他动物相比算是好的。经过训练的狗能拥有等同于一个7岁孩子的智商。它们的嗅觉出奇地灵敏，闻过一次的味道据说能7年不忘。它对主人的忠诚是天性中固有的，与生俱来，这也是狗让人类最着迷的地方。

　　王先生这几天简直比中了彩票还高兴。住在小区的人又能看到他和乐乐散步了，王先生背着手走在前面，乐乐跟随在他身后，走走停停，王先生还不时掰一块肉干给乐乐加餐，那人狗相依的画面，温馨极了。

松狮犬 ：チャウ・チャウ
拉布拉多 ：ラブラドール・レトリーバー

片時も飼い主を忘れない犬

　先ごろ、王さんは盛大な銀婚記念パーティーを開く準備をしていて、家の中をきれいに飾り付けるために、3年飼っている犬の世話を友達にお願いした。この犬はチャウ・チャウとラブラドール・レトリーバーの雑種犬で、名前を「楽楽」と言う。思いがけないことに、翌日、悪い知らせがもたらされ、王さんはまるで重い金槌で打たれたように立っていられなくなった。彼の「楽楽」は友達がドアを開けているすきに逃げ出して、果てしない夜の闇に消えてしまったのだ。友達はその夜すぐポスターをたくさんプリントアウトして、住宅地とその周辺の路地の入り口に貼り出したが、今になっても「楽楽」についてほんの少しの情報も得られていない。

　「楽楽」はまるで蒸発したように、全く影も形もなくなってしまった。王さんは、ふだん「楽楽」と散歩に行った川のほとりを行ったり来たりして、何回も探した。「楽楽」はきっと何も食べていないだろうと思いついた王さんは、急いで家に走って帰り、ドックフードと「楽楽」の小さな茶碗を持って来て、「楽楽」と散歩した時、いつも座って休憩していたベンチの下に置いた。この日から、王さんは毎日新しいドックフードを持って待っていた。こうして待つこと1か月、待っている間に、彼と「楽楽」が一緒にいたさまざまなエピソードがまるで録音テープが繰り返しリプレイされるように心に湧き上がってきた。思い出はなんと多いことか、砂浜に散らばった貝殻のようで、数えても数えきれないほどだった。「楽楽」は王さんの楽しみの源で、「楽楽」を失ったら、その後の日々をどのように過ごしたらいいか想像もつかなかった。周りの人はみんな「楽楽」はもう戻ってこないだろうと言ったが、王さんは、「楽楽」もきっとやきもきしながら飼い主を探している、と頑なに信じていた。

　誰も「楽楽」が本当に川のほとりに現れるとは思わなかった。「楽楽」は痩せて衰弱していた。耳には傷あともあり、遠くからベンチに座っている王さんに向かってすすり泣くような声をあげはじめた。王さんは感激のあまり跳び上がって、「楽楽」を胸にぎゅっと抱きしめた。「楽楽」は王さんの手をなめて、涙を流した。

　「楽楽」がいくつの省を越えてきたのか、誰にも分からない。また、この子がいったいどれぐらいの道のりを歩いてきたのかも推測できない。ただ、1か月以上も放浪して、ありとあらゆる苦労を重ね、飼い主のそばに戻って来たことが分かっただけだ。その間に、「楽楽」は脅かされ、追い払われ、時には棒で殴られたことさえあったであろうことは排除できない。「楽楽」は言葉で伝えることができないため、真相は全て永遠に謎なのである。

　犬の知能は他の動物と比べていいほうだと言える。訓練を受けた犬は、7歳の子供に等しいIQを持っている。犬の嗅覚は並外れて敏感で、一度嗅いだにおいは7年忘れないと言う。犬の飼い主への忠誠はもともと具わっているもので、生まれながらにして持っているものなのである。これも犬が人を最も夢中にさせるところである。

　王さんは数日、宝くじに当たったかのように喜んだ。住宅街に住む人は、また王さんが「楽楽」と散歩するのを見ることができるようになった。王さんは手を後ろに組んで前を歩き、「楽楽」はその後ろをついて行って、歩いたり止まったり。王さんはたびたび干し肉を二つに割って「楽楽」におやつを与える。人と犬が寄り添うその風景はこの上なく心温まる。

猫为人类所喜爱的理由 猫が人類に好かれるわけ

[STEP 1 単語] 今日習得すべき単語を、聞き取れるまで繰り返し聞いてください。 **115**

性感 xìnggǎn
（形）セクシーだ

杂技 zájì
（名）曲芸

天赋 tiānfù
（名）生まれつきの

选手 xuǎnshǒu
（名）選手

跳跃 tiàoyuè
（動）跳躍する、ジャンプする

误差 wùchā
（名）誤差

响亮 xiǎngliàng
（形）（音や声が）高らかである

指甲 zhǐjia
（名）爪

中断 zhōngduàn
（動）中断する

俯视 fǔshì
（動）高い所から見下ろす

耸 sǒng
（動）（肩や筋肉などを）
そびやかす、そば立てる

鸽子 gēzi
（名）ハト

巴结 bājie
（動）とりいる、機嫌を取る

讨好 tǎohǎo
（動）機嫌を取る、
気に入られようとする

指令 zhǐlìng
（名）指令、指示

准则 zhǔnzé
（名）基準、規範

政权 zhèngquán
（名）政権

株 zhū
（量）植物を数える

窝 wō
（名）巣、小屋

主管 zhǔguǎn
（動／名）主管する、取り仕切る
／主管者、責任者

主权 zhǔquán
（名）主権

无理取闹 wúlǐ-qǔnào
理由なく悶着を起こす

指责 zhǐzé
（動）非難する

干预 gānyù
（動）関与する、口出しをする、
干渉する

英勇 yīngyǒng
（形）すぐれて勇敢である、
英雄的である

占领 zhànlǐng
（動）占領する

丸 wán
（名）球形のもの、たま

幢 zhuàng
（量）建物を数える、棟

管辖 guǎnxiá
（動）管轄する、管理する

重心 zhòngxīn
（名）重点

侵犯 qīnfàn
（動）侵害する

卓越 zhuóyuè
（形）卓越している、
ずば抜けている

生物 shēngwù
（名）生物

着重 zhuózhòng
（動）重点を置く

主导 zhǔdǎo
（動）全体を導く、主導する

附属 fùshǔ
（形）付属の

贿赂 huìlù
（動）そでの下を使う、
賄賂を贈る

文雅 wényǎ
（形）上品である、
優雅である

腥 xīng
（形）（魚などが）生臭い

间谍 jiàndié
（名）スパイ

指南针 zhǐnánzhēn
（名）羅針盤

文艺 wényì
（名）文芸

[STEP 2 センテンス] STEP1の単語を上から順番に、発音しながら＿＿＿＿＿に書き入れてください。センテンスの意味を把握することも学習目標の一つです。

①它们迈着＿＿＿＿＿的猫步走路的样子，就连服装模特儿们也竞相模仿。

②会做高难＿＿＿＿＿动作。

③运动是猫的＿＿＿＿＿，它们是天生的种子＿＿＿＿＿。

④你能看见一只猫准确地＿＿＿＿＿到想到达的物体上，几乎不会出现＿＿＿＿＿。

⑤它们还会用后腿站立，在树干上＿＿＿＿＿地磨＿＿＿＿＿，完事后可以轻易地爬上树顶，动作连贯，毫无＿＿＿＿＿。

⑥在高处＿＿＿＿＿完风景，再轻松地返回到地面。

⑦我们都见过一只猫弓起后背，塌下后腰，＿＿＿＿＿起尾巴，吓唬一只＿＿＿＿＿的样子，那柔软的身体，就是一个天生的瑜伽师。

⑧猫绝不刻意＿＿＿＿＿、＿＿＿＿＿主人，对主人的＿＿＿＿＿更是置若罔闻。

⑨我行我素，是它的行动＿＿＿＿＿。

⑩猫不会像狗那样把家里人按地位分高下，对它来说，＿＿＿＿＿掌握在谁手里都无所谓。

⑪只要让它卧在一＿＿＿＿＿牡丹花下晒太阳、看白云，困了回＿＿＿＿＿睡大觉，家里谁是＿＿＿＿＿这件事，它一点儿也没兴趣。

⑫但日常作息的＿＿＿＿＿猫得自己掌控："出入自由自在，行动随心所欲。我不＿＿＿＿＿，主人也不能＿＿＿＿＿我、＿＿＿＿＿我的生活。"

⑬＿＿＿＿＿顽强。

⑭白天，猫会＿＿＿＿＿房间里最舒服的地方，把身体缩成一＿＿＿＿＿，慵懒地睡大觉，到了夜深人静，整＿＿＿＿＿建筑物就都成了猫的＿＿＿＿＿区域，它活动的＿＿＿＿＿是看家护院，绝不允许老鼠来＿＿＿＿＿。

⑮它们身手＿＿＿＿＿，武功高强，不把老鼠制服不罢休。

⑯猫是一种喜欢独处的＿＿＿＿＿，不像狗那样黏人。

⑰你看重互动，它却＿＿＿＿＿独来独往。

⑱感情的起落在不知不觉中被猫所＿＿＿＿＿。

⑲但它不会当你的＿＿＿＿＿品，更不会被你用美味＿＿＿＿＿，很快就又会和你拉开距离，只有在它以＿＿＿＿＿的姿态进食你给它准备的晚餐时，才允许你的手抚摸一下它的后背。

⑳猫坚定地喜爱着鱼＿＿＿＿＿，绝不移情别恋。

㉑据说美国中央情报局曾花费重金训练猫当＿＿＿＿＿，虽然计划未曾实现，但选择猫的理由当然是因为它比别的动物聪明喽。

㉒追求有趣和特立独行的"猫生观"，其实可以当人类生活的＿＿＿＿＿，有许多＿＿＿＿＿作品的主角就是猫，如果你感兴趣，不妨看一看。

❶ 赤いシートを当てて、本文を見ながら聞き、見えない箇所の単語をチェックしてください。
❷ 赤いシートを外して、本文を見ながら聞き、聞き取った単語が合っているか、確認してください。
❸ 本文を見ないで聞き、全体の意味が把握できるか確認してください。

猫为人类所喜爱的理由

一、外形可爱。传神的大眼睛，胖乎乎的身体。它们迈着性感的猫步走路的样子，就连服装模特儿们也竞相模仿。

二、会做高难杂技动作。运动是猫的天赋，它们是天生的种子选手。你能看见一只猫准确地跳跃到想到达的物体上，几乎不出现误差。它们还会用后腿站立，在树干上响亮地磨指甲，完事后可以轻易地爬上树顶，动作连贯，毫无中断。在高处俯视完风景，再轻松地返回到地面。我们都见过一只猫弓起后背，塌下后腰，耸起尾巴，吓唬一只鸽子的样子，那柔软的身体，就是一个天生的瑜伽师。

三、性格迷人。猫绝不刻意巴结、讨好主人，对主人的指令更是置若罔闻。我行我素，是它的行动准则。猫不会像狗那样把家里人按地位分高下，对它来说，政权掌握在谁手里都无所谓。只要让它卧在一株牡丹花下晒太阳、看白云，困了回窝睡大觉，家里谁是主管这件事，它一点儿也没兴趣。但日常作息的主权猫得自己掌控："出入自由自在，行动随心所欲。我不无理取闹，主人也不能指责我、干预我的生活。"

四、英勇顽强。白天，猫会占领房间里最舒服的地方，把身体缩成一丸，慵懒地睡大觉，到了夜深人静，整幢建筑物就都成了猫的管辖区域，它活动的重心是看家护院，绝不允许老鼠来侵犯。它们身手卓越，武功高强，不把老鼠制服不罢休。

五、不惧孤独。猫是一种喜欢独处的生物，不像狗那样黏人。你看重互动，它却着重独来独往。正因为如此，在猫对你撒娇以示亲热时，你会变得受宠若惊。感情的起落在不知不觉中被猫所主导。但它不会当你的附属品，更不会被你用美味贿赂，很快就又会和你拉开距离，只有在它以文雅的姿态进食你给它准备的晚餐时，才允许你的手抚摸一下它的后背。

六、口味专一。猫坚定地喜爱着鱼腥，绝不移情别恋。

七、聪明。据说美国中央情报局曾花费重金训练猫当间谍，虽然计划未曾实现，但选择猫的理由当然是因为它比别的动物聪明喽。

追求有趣和特立独行的"猫生观"，其实可以当人类生活的指南针，有许多文艺作品的主角就是猫，如果你感兴趣，不妨看一看。

猫が人類に好かれるわけ

一、見た目が可愛い。生き生きとした大きな目、ぷっくりした体。セクシーなキャットウォーク（で歩く様子）は、ファッションモデルたちでさえも競って真似をする。

二、高度な曲芸が上手い。運動（神経のよさ）は猫の生まれつきの才能で、猫たちは天性のシード選手である。一匹の猫が目標物に正確に跳びかかり、ほとんど誤差がないのを目の当たりにすることがある。猫たちは後ろ足で立ち上がり、木の幹でがりがりと音をたてて爪を研ぎ、研ぎ終わると、易々と木のてっぺんに登る。その動作は連続していて、少しも途切れることがない。高い所から景色を見下ろすと、また悠々と地上に戻ってくる。私達は誰でも、一匹の猫が背中を曲げ、腰を下げて、しっぽを立ててハトを驚かせる様子を見たことがあるだろう。その柔軟な体は、天性のヨガ師である。

三、性格が魅力的である。猫は、苦心して飼い主の機嫌をとったり、気に入られようとすることは絶対になく、飼い主の命令には聞こえないふりをする。わが道を行くのが猫の行動規範である。猫は犬のように、家の人を地位によって上下に分けることはしない。猫にとっては、政権が誰の手に握られようと、どうでもよいのだ。猫はひと株のボタン花の下に寝そべって日向ぼっこをし、白い雲を眺め、眠くなったら小屋に戻ってぐっすり眠れたらそれでよく、家で誰が事を取り仕切るかなどには少しも興味がない。だが、日常の行動に関する主権は猫自身がコントロールできなければならない。「出入りは自由自在、行動は思いのまま。私は理由なく悶着を起こすことはしないので、飼い主も私を非難したり、私の生活に干渉したりしないでもらいたい」ということだ。

四、勇敢で粘り強い。昼間、猫は部屋の一番気持ちのいい場所を一人占めにして体を丸いたまのように縮め、気だるそうにぐっすり眠る。夜が更けて人が寝静まると、建物全体が猫の管轄領域に変わり、猫の活動は留守番や家の警備が重点となる。ネズミの侵犯侵入は絶対に見逃さない。猫たちの腕前はずば抜けていて、武術にすぐれている。ネズミを征服するまでは決してやめない。

五、孤独を恐れない。猫は独居を好む生物で、犬のように人にまとわりつかない。あなたが互いに影響し合うことを重んじても、猫は自由気ままな行動に重きを置いている。だからこそ、猫があなたに甘えて親しくしてくる時は、あなたは身に余る寵愛を受けることになって戸惑ってしまう。感情の起伏が知らず知らずのうちに猫に主導権を握られてしまう。しかし、猫は、あなたの付属物にならないし、さらに美味しい食べ物の賄賂で買収されることはなく、すぐさまあなたと距離を置く。猫が優雅な姿であなたが準備した晩ご飯を食べるその時だけ、あなたの手が自分の背中をなでるのを許す。

六、食べ物の好みが一貫している。猫は魚の生臭さをひたすら好み、絶対に心変わりしない。

七、賢い。アメリカの中央情報局がかつて大金を使って猫をスパイにしようと訓練したことがあったそうだ。計画はうまくいかなかったが、なぜ猫を選んだかと言えば、それはもちろん他の動物より賢いからだ。

興味深く、独立独歩の「猫生観」を追求することは、実は、人間の生活の羅針盤になる。多くの文芸作品の主役と言えばまさに猫である。もし興味があれば、ちょっと読んでみては。

大禹治水 　大禹の治水

[STEP 1 単語] 今日習得すべき単語を、聞き取れるまで繰り返し聞いてください。 **117**

文献 wénxiàn
（名）文献

策略 cèlüè
（名）策略、方策

联盟 liánméng
（名）連盟、同盟

追究 zhuījiū
（動）（責任を）追及する、
（原因を）突き止める

大臣 dàchén
（名）大臣

嘱咐 zhǔfù
（動）言いつける、言い聞かせる

率领 shuàilǐng
（動）率いる、統率する

洪水 hóngshuǐ
（名）洪水

耕地 gēngdì
（動）田畑を耕す

庄稼 zhuāngjia
（名）農作物

振兴 zhènxīng
（動）振興する、盛んにする

妥善 tuǒshàn
（形）妥当である、適切である

驻扎 zhùzhā
（動）駐留する、駐在する

发动 fādòng
（動）働きかける、発動する

水利 shuǐlì
（名）水利

修建 xiūjiàn
（動）建造する、修築する

阵地 zhèndì
（名）陣地、活動の場

摊 tān
（動）広げる、並べる

肥沃 féiwò
（形）肥沃である

装备 zhuāngbèi
（名）設備、装備

原始 yuánshǐ
（形）原始的な

物资 wùzī
（名）物資

周转 zhōuzhuǎn
（動）回転する

流通 liútōng
（動）流通する

舟 zhōu
（名）舟

致力 zhìlì
（動）力を尽くす

政策 zhèngcè
（名）政策

拥护 yōnghù
（動）擁護する、支持する

号召 hàozhào
（動）呼びかける

支援 zhīyuán
（動）支援する、助成する

威信 wēixìn
（名）威信、権威

阵容 zhènróng
（名）陣容、陣形

转让 zhuǎnràng
（動）譲る、譲り渡す

铸造 zhùzào
（動）鋳造する

废除 fèichú
（動）廃棄する

皇帝 huángdì
（名）皇帝

野蛮 yěmán
（形）野蛮

独裁 dúcái
（動）独裁する

灭亡 mièwáng
（動）滅びる、滅亡する

①据《山海经》等＿＿＿＿＿记载，很久以前水灾泛滥。

②大禹的父亲用水来土挡的＿＿＿＿＿治水，没有成效。

③因被当时炎黄部落＿＿＿＿＿的君王舜＿＿＿＿＿责任，而流放到羽山。

④舜询问身边的＿＿＿＿＿谁能治好水灾，众人推荐了大禹。

⑤舜＿＿＿＿＿大禹一定要治好水害。

⑥大禹为了执行任务，＿＿＿＿＿手下走遍了中原大地，看到人民深受＿＿＿＿＿之害，田园荒芜，无法＿＿＿＿＿种＿＿＿＿＿，百姓生活贫困，流离失所。

⑦为＿＿＿＿＿经济，大禹发誓一定要＿＿＿＿＿治理水害。

⑧他采取了疏通水道的办法，每发现一个需要治理的地方，他就＿＿＿＿＿下来，＿＿＿＿＿群众施工，每当＿＿＿＿＿＿＿＿＿＿工程开始时，他都坚守＿＿＿＿＿，亲力亲为。

⑨他把中国分为九个州，＿＿＿＿＿开治理，先治理九个州的土地，使大量曾经闹水害的地方变成了＿＿＿＿＿的土地。

⑩那个时候工具和＿＿＿＿＿非常＿＿＿＿＿，没有通讯设备，＿＿＿＿＿ ＿＿＿＿＿和＿＿＿＿＿都很缓慢。

⑪大禹每天＿＿＿＿＿车劳顿，＿＿＿＿＿于导水入海的劳作，非常辛苦。

⑫但他先治理土地后治理大山的＿＿＿＿＿得到人们的＿＿＿＿＿。

⑬在他的＿＿＿＿＿下，居民们齐心协力＿＿＿＿＿大禹，他在人们心中的＿＿＿＿＿不断提高，治水的＿＿＿＿＿也逐渐强大起来。

⑭大禹治水成功后，舜把自己的首领位置＿＿＿＿＿给了他。

⑮公元前 2070 年，大禹建立了夏朝，＿＿＿＿＿了象征王权的九鼎，大禹死后，他的儿子启＿＿＿＿＿了禅让制。

⑯夏朝最后一个＿＿＿＿＿叫桀，是个＿＿＿＿＿而又＿＿＿＿＿的暴君，最终夏朝走向了＿＿＿＿＿，被商朝所取代。

❶ 赤いシートを当てて、本文を見ながら聞き、見えない箇所の単語をチェックしてください。
❷ 赤いシートを外して、本文を見ながら聞き、聞き取った単語が合っているか、確認してください。
❸ 本文を見ないで聞き、全体の意味が把握できるか確認してください。

大禹治水

据《山海经》等文献记载，很久以前水灾泛滥。大禹的父亲用水来土挡的策略治水，没有成效。因被当时炎黄部落联盟的君王舜追究责任，而流放到羽山。

舜询问身边的大臣谁能治好水灾，众人推荐了大禹。舜嘱咐大禹一定要治好水害。

大禹为了执行任务，率领手下走遍了中原大地，看到人民深受洪水之害，田园荒芜，无法耕种庄稼，百姓生活贫困，流离失所。

为振兴经济，大禹发誓一定要妥善治理水害。他采取了疏通水道的办法，每发现一个需要治理的地方，他就驻扎下来，发动群众施工，每当水利修建工程开始时，他都坚守阵地，亲力亲为。

他把中国分为九个州，摊开治理，先治理九个州的土地，使大量曾经闹水害的地方变成了肥沃的土地。

那个时候工具和装备非常原始，没有通讯设备，物资周转和流通都很缓慢。大禹每天舟车劳顿，致力于导水入海的劳作，非常辛苦。但他先治理土地后治理大山的政策得到人们的拥护。在他的号召下，居民们齐心协力支援大禹，他在人们心中的威信不断提高，治水的阵容也逐渐强大起来。

大禹治水成功后，舜把自己的首领位置转让给了他。公元前 2070 年，大禹建立了夏朝，铸造了象征王权的九鼎，大禹死后，他的儿子启废除了禅让制。夏朝最后一个皇帝叫桀，是个野蛮而又独裁的暴君，最终夏朝走向了灭亡，被商朝所取代。

大禹治水这个故事最有名的地方是他三过家门而不入，成为日后很多文学作品的题材，一直被传诵到今天。

大禹	：大禹（人名）
《山海经》	：『山海経』（文献名）
炎黄	：炎帝と黄帝
禅让制	：禅譲制

大禹の治水

『山海経』等の文献には、大昔、水害が頻発していたと記載されている。大禹の父親が取った、水が出たときに土でせき止めるという治水の方策は効果がなかった。そのため、当時、炎帝と黄帝の集落連合の君主だった舜が責任を問われ、羽山に追放された。

舜が、側近の大臣に誰が水害を治められるかと尋ねたところ、大勢の人が大禹を推薦した。舜は大禹に必ず治水をしっかり行い、水害を防ぐよう言い聞かせた。

大禹は任務を遂行するために、部下を率いて中原の大地をくまなく歩いた。そして人民が深刻な洪水の災害を受けており、田園は荒れ果て、田畑を耕して農作物を植えることができず、庶民の生活が困窮し、路頭に迷っている有様を目の当たりにした。

経済を振興するために、大禹は必ず治水を適切に行い、水害をなくす、と誓った。彼は川をさらって流れをよくする方法を取り、治水が必要な所を発見するたびに、そこに滞在し、民衆を動員して、工事を行った。水利（の建設）工事が始まるたびに、彼はいつも現地をしっかり守り、他人の手を借りず、自分の手で工事を行った。

彼は中国を九つの州に分け、治水を広げていった。まず、この九つの州の土地を（状態を把握して）治め、かつて水害が起きた広大な地域を肥沃な土地に変化させた。

その当時、工具や設備は非常に原始的で、通信設備もなかったため、物資の回転や流通はいずれも緩慢であった。大禹は毎日行ったり来たり旅に疲れ果てながらも、水を海に引き込む労働に力を尽くし、大変な苦労を重ねた。しかし、大禹の、先に土地を治め次に大山を治めるという政策は人々に支持された。大禹の呼びかけで、住民たちは一致協力して、大禹を支援した。人々の心の中で大禹の威信は絶えず高まり、治水の陣容も次第に強力になっていった。

大禹が治水に成功した後、舜は、自分の首領の地位を大禹に委譲した。紀元前2070年、大禹は夏王朝を創始し、王権を象徴する九鼎を鋳造した。大禹が死んだ後、その息子啓が禅譲制を廃止した。夏王朝最後の皇帝は桀というが、野蛮で独裁的な暴君であった。最終的に夏王朝は滅亡に向かい、商王朝に取って代わられた。

大禹の治水というこの物語で最も有名なのは、大禹が3回家の前を通ったが、ついに中に入ることはなかったというところで、その後、多くの文学作品の題材となって、今日までずっと語り伝えられている。

《富士日记》 『富士日記』

[STEP 1 単語] 今日習得すべき単語を、聞き取れるまで繰り返し聞いてください。 **119**

贤惠 xiánhuì
(形)（女性が）賢くて気立てが
よい、善良でやさしい

后勤 hòuqín
(名) 後方支援

灵感 línggǎn
(名) 霊感、インスピレーション

才干 cáigàn
(名) 才能、腕前

别墅 biéshù
(名) 別荘

命名 mìngmíng
(动) 命名する、名づける

截至 jiézhì
(动) …までで締め切る、
…で期限を切る

物美价廉 wùměi-jiàlián
品質がよくて値段も安い

拜访 bàifǎng
(动) 訪問する、お訪ねする

礼节 lǐjié
(名) 礼儀作法

告辞 gàocí
(动) いとまを告げる

款式 kuǎnshì
(名) 様式、デザイン

模样 múyàng
(名) 形勢、様子

环节 huánjié
(名) 一環、一部

衔接 xiánjiē
(动) つながる、関連している、
綴る

隔阂 géhé
(名) わだかまり、隔たり

名誉 míngyù
(名) 名誉、評判

自满 zìmǎn
(形) 得意である

收音机 shōuyīnjī
(名) ラジオ

连同 liántóng
(连) …と合わせて、…といっしょに

炉灶 lúzào
(名) かまど、へっつい

呵 hē
(动) 大声で責める、しかる

旋律 xuánlǜ
(名) メロディー

空洞 kōngdòng
(形) 中身がない、非現実的な

海拔 hǎibá
(名) 海抜

雄伟 xióngwěi
(形)（建築物や山河が）雄壮で
ある、雄大である

备忘录 bèiwànglù
(名) 備忘録、メモ、筆記帳

传记 zhuànjì
(名) 伝記

[STEP 2 センテンス] STEP1 の単語を上から順番に、発音しながら_____に書き入れてください。センテンスの意味を把握することも学習目標の一つです。

①武田百合子不仅是一个_____的妻子，也不仅是一个好_____，她还是一个非常有创作_____的作家。

②武田和她富有_____的作家丈夫泰淳 1964 年在富士山脚下建造了_____，这部作品就记录了他们在那里度过的日常，所以_____为《富士日记》。

③日记从昭和 39 年_____到昭和 51 年，记录了每天的饮食起居：早上喝的豆浆、下午烘烤的蛋糕、在哪里买到了_____的商品、好友来_____、有_____地接待好友、好友_____、依依不舍地送到门口、新衣的_____、花开花落的_____，厚厚的三大本，每个_____都由生活中的琐事_____起来，即便在今天读，也完全没有_____感，非常好看。

④富士日记在武田百合子的丈夫去世后出版，为武田百合子带来了巨大的_____。

⑤在书里，武田_____的料理随处可见，读时仿佛能听见早上伴着_____播放的新闻，武田嚓嚓的切菜声，_____ _____上味噌汤的香气，让读者有一种身在家中，备受_____护的安心感。

⑥整本书通篇都流淌着这样一种幸福的_____，生活气息扑面而来，内容一点儿也不_____。

⑦富士山_____ 3776 米，想到当年武田百合子曾生活在这_____的高山下，不禁令人羡慕不已。

⑧这部日记是她人生中的一段_____，也可以当作_____来读，这些文字永远留住了一份美丽的记忆。

239

❶ 赤いシートを当てて、本文を見ながら聞き、見えない箇所の単語をチェックしてください。

❷ 赤いシートを外して、本文を見ながら聞き、聞き取った単語が合っているか、確認してください。

❸ 本文を見ないで聞き、全体の意味が把握できるか確認してください。

《富士日记》

武田百合子不仅是一个贤惠的妻子，也不仅是一个好后勤，她还是一个非常有创作灵感的作家。她最有名的作品叫《富士日记》，1981 年初版，到 2013 年再版 12 次，获田村俊子奖。

武田和她富有才干的作家丈夫泰淳 1964 年在富士山脚下建造了别墅，这部作品就记录了他们在那里度过的日常，所以命名为《富士日记》。

日记从昭和 39 年截至到昭和 51 年，记录了每天的饮食起居：早上喝的豆浆、下午烘烤的蛋糕、在哪里买到了物美价廉的商品、好友来拜访、有礼节地接待好友、好友告辞、依依不舍地送到门口、新衣的款式、花开花落的模样，厚厚的三大本，每个环节都由生活中的琐事衔接起来，即便在今天读，也完全没有隔阂感，非常好看。

《富士日记》在武田百合子的丈夫去世后出版，为武田百合子带来了巨大的名誉。

翻开读上一页，谁都会被里面的温馨感染到。在书里，武田自满的料理随处可见，读时仿佛能听见早上伴着收音机播放的新闻，武田嚓嚓的切菜声，连同炉灶上味噌汤的香气，让读者有一种身在家中，备受呵护的安心感。整本书通篇都流淌着这样一种幸福的旋律，生活气息扑面而来，内容一点儿也不空洞。

富士山海拔 3776 米，想到当年武田百合子曾生活在这雄伟的高山下，不禁令人羡慕不已。这部日记是她人生中的一段备忘录，也可以当作传记来读，这些文字永远留住了一份美丽的记忆。

『富士日記』

　武田百合子は、気立てがよく賢い妻であるだけでなく、夫をよく支えただけでもなく、非凡な創作のインスピレーションを持った作家でもある。彼女の最も有名な作品は『富士日記』であり、1981 年に初版、2013 年までに 12 回再版され、田村俊子賞を受賞している。

　武田と、才能に富んだ作家である夫の泰淳は、1964 年富士山の麓に別荘を建てた。この作品は、彼らがそこで過ごした日常を記録しているので、『富士日記』と命名された。

　日記は、昭和 39 年から昭和 51 年までの、日常生活が記録されている。朝飲んだ豆乳、午後焼いたケーキ、どこかで買った品質がよく値段も安いもの、親友の来訪、礼儀正しい親友の接待、親友のいとま乞い、別れを惜しむ門口までの見送り、新しい衣服のデザイン、花咲き、花散る情景等、分厚い 3 冊の本のどの部分も生活のこまごまとしたことが綴られており、今日読んでも全く（時の）隔たりを感じることもなく、とてもおもしろい。

　『富士日記』は武田百合子の夫の死後出版され、武田百合子に大きな名誉を与えてきた。

　開いて 1 ページ読むと、誰もがその中の温かさに感動する。本の中には、武田の得意料理が至る所に見られる。読んでいると、朝、ラジオが放送するニュースに合わせて武田がさくさくと野菜を切る音が聞こえてくるようだ。かまど（台所）からたち上る味噌汁のいい香りと共に、読者はまるで我が家にいて、そっと守られているような安心感を抱く。書物の全篇にわたって、このような幸せなメロディーが流れ、生活の息吹がふうっと顔に当たるようで、内容はいささかも現実離れしていない。

　富士山は、海抜 3776 メートル、当時、武田百合子が雄大な山の麓で暮らしていたのかと思うと、羨ましくなってくる。この日記は、彼女の人生の覚え書であり、伝記として読むこともできる。これらの文章は、美しい記憶を永遠に書き残している。

浄水器 浄水器

[STEP 1 単語] 今日習得すべき単語を、聞き取れるまで繰り返し聞いてください。 **121**

公关 gōngguān
（名）広報

双胞胎 shuāngbāotāi
（名）双子

布局 bùjú
（動／名）（詩文・絵画などの）
組み立てを考える／（建造物な
どの）配置、レイアウト

岳母 yuèmǔ
（名）妻の母

争端 zhēngduān
（名）争いの発端、紛争

赠送 zèngsòng
（動）贈る

商标 shāngbiāo
（名）商標、ブランド

尖端 jiānduān
（名／形）先端、頂点／
先端の、先進的な

性能 xìngnéng
（名）性能

领先 lǐngxiān
（動）リードする、トップクラスで
ある

混浊 hùnzhuó
（形）濁っている

斟酌 zhēnzhuó
（動）見はからう、考慮する

规格 guīgé
（名）規格

预算 yùsuàn
（名）予算

元素 yuánsù
（名）要素

切实 qièshí
（形）適切である、実情に合った

自力更生 zìlì-gēngshēng
自力更生する、自分の力でやる

武装 wǔzhuāng
（動）武装する

孔 kǒng
（名）穴

拧 nǐng
（動）ねじる、ひねる

生肖 shēngxiào
（名）生まれ年の十二支のこと、
干支

迷信 míxìn
（動）迷信

玩意儿 wányìr
（名）（軽くけなす意味で）もの、
事柄、やつ

反驳 fǎnbó
（動）反駁する

以至 yǐzhì
（连）（そのため）…の結果となる

体谅 tǐliàng
（動）思いやる、他人の気持ちを
理解する

采纳 cǎinà
（動）（意見・提案・要求などを）
受け入れる

候选 hòuxuǎn
（動）立候補する

中央 zhōngyāng
（名）真ん中、中央

水龙头 shuǐlóngtóu
（名）蛇口

装卸 zhuāngxiè
（動）組み立てたり分解したり
する

幅度 fúdù
（名）幅

[STEP 2 センテンス] STEP1 の単語を上から順番に、発音しながら＿＿＿＿に書き入れてください。センテンスの意味を把握することも学習目標の一つです。

①小陈在某公司做＿＿＿＿工作，最近刚刚乔迁新居，妻子又生下＿＿＿＿，可谓双喜临门。

②家里装修得很到位，＿＿＿＿也很合理，谁想到，一个净水器竟成了小陈和＿＿＿＿
发生＿＿＿＿的导火线。

③起因很简单，小陈的上司为了祝贺小陈夫妻俩的乔迁之喜，＿＿＿＿给他们一个有着
驰名＿＿＿＿、技术＿＿＿＿的净水器，据说＿＿＿＿远远＿＿＿＿于其他同类产品。

④小陈早就想买一个净水器了，因为他感觉没经过净水器过滤的水看着有点儿＿＿＿＿，
怕常喝未经过滤的水对身体不好。

⑤只是一番＿＿＿＿之后，觉得符合质量＿＿＿＿的名优牌子价格太贵，超出了他们夫
妻俩的＿＿＿＿，而一些不知名的小牌子，虽然便宜，但需要把质量＿＿＿＿考虑进去。

⑥这样思前想后的结果，小陈和妻子决定先努力攒钱，等经济上有了＿＿＿＿的保障，
再＿＿＿＿，把家里的水道系统＿＿＿＿起来。

⑦因为是壁挂式净水器，小陈马上找来了工具想在墙上打个＿＿＿＿，然后把螺丝钉
＿＿＿＿上去，再把净水器挂在上面。

⑧可是偏偏被岳母看到了，岳母是信奉＿＿＿＿八字的老派人，＿＿＿＿的她以新房间
墙壁打孔不吉利为理由，对小陈说："我在，就不同意你把这个＿＿＿＿安上。"

⑨小陈和岳母理论，＿＿＿＿她的意见，＿＿＿＿发生了口角。

⑩小陈妻子赶紧把小陈拉到一旁，劝他冷静一下，＿＿＿＿老人的苦心。

⑪小陈冷静下来后，＿＿＿＿了岳母的意见。

⑫他在网上搜了一下有关净水器的资料，经过研究，发现除了壁挂式净水器以外，还有
两个＿＿＿＿，一个是＿＿＿＿净水器，另一个是＿＿＿＿净水器。

⑬而水龙头净水器＿＿＿＿都很方便，价格也大众化，但出水量较弱，想到家里以后人
口变化＿＿＿＿不会很大，小陈决定买下水龙头净水器。

❶ 赤いシートを当てて、本文を見ながら聞き、見えない箇所の単語をチェックしてください。
❷ 赤いシートを外して、本文を見ながら聞き、聞き取った単語が合っているか、確認してください。
❸ 本文を見ないで聞き、全体の意味が把握できるか確認してください。

净水器

　　小陈在某公司做公关工作，最近刚刚乔迁新居，妻子又生下双胞胎，可谓双喜临门。家里装修得很到位，布局也很合理，谁想到，一个净水器竟成了小陈和岳母发生争端的导火线。

　　起因很简单，小陈的上司为了祝贺小陈夫妻俩的乔迁之喜，赠送给他们一个有着驰名商标、技术尖端的净水器，据说性能远远领先于其他同类产品。小陈早就想买一个净水器了，因为他感觉没经过净水器过滤的水看着有点儿混浊，怕常喝未经过滤的水对身体不好。只是一番斟酌之后，觉得符合质量规格的名优牌子价格太贵，超出了他们夫妻俩的预算，而一些不知名的小牌子，虽然便宜，但需要把质量元素考虑进去。这样思前想后的结果，小陈和妻子决定先努力攒钱，等经济上有了切实的保障，再自力更生，把家里的水道系统武装起来。

　　上司送来的这个礼物简直送到小陈的心坎上了。因为是壁挂式净水器，小陈马上找来了工具想在墙上打个孔，然后把螺丝钉拧上去，再把净水器挂在上面。可是偏偏被岳母看到了，岳母是信奉生肖八字的老派人，迷信的她以新房间墙壁打孔不吉利为理由，对小陈说："我在，就不同意你把这个玩意儿安上。"小陈和岳母理论，反驳她的意见，以至发生了口角。小陈妻子赶紧把小陈拉到一旁，劝他冷静一下，体谅老人的苦心。

　　小陈冷静下来后，采纳了岳母的意见。他在网上搜了一下有关净水器的资料，经过研究，发现除了壁挂式净水器以外，还有两个候选，一个是中央净水器，另一个是水龙头净水器。中央净水器价格很贵，但性能优秀，在三种净水器里可以排到亚军。想到钱包不鼓，小陈决定放弃第一候选。而水龙头净水器装卸都很方便，价格也大众化，但出水量较弱，想到家里以后人口变化幅度不会很大，小陈决定买下水龙头净水器。

　　至于上司送的净水器，小陈决定先留着，等岳母什么时候不相信迷信了，再把它安装上。

八字：生年月日による運命判断

浄水器

　陳さんはある会社で広報の仕事をしている。最近、新居へ引っ越したばかりだ。その上、妻が双子を産んだ。重ね重ねのおめでたというべきだ。家の内装も一定の水準に達していて、配置も合理的である。まさか一つの浄水器が陳さんと義母のいさかいのきっかけになるとは思いもよらなかった。

　事の起こりは簡単なことだった。陳さんの上司が、陳さん夫婦の新居への転居のお祝いに、二人に有名ブランドの先端技術を駆使した浄水器をプレゼントした。その浄水器の性能は、他の同種類の製品をはるかにリードしているそうだ。陳さんはずっと前から浄水器を1台買いたいと思っていた。なぜなら、彼は浄水器で濾過していない水は、少し濁っているように見え、濾過していない水をいつも飲んでいると体によくないと心配していたからだ。ただ、よく考えてみると、品質規格に合った有名ブランド品は価格が高すぎて、彼ら夫婦二人の予算を超えている。だが、名が知られていないブランドの製品は価格が安いが、品質面に配慮が必要だ。こうして、あれこれと考えて陳さんと妻は、まず一生懸命お金をためて、実情に合った経済的な裏付けができてから、自分の力で家の水道関連の設備をしっかり整えようと決めた。

　上司が送ってくれたこのプレゼントは、本当に陳さんの心の奥底に届いた。壁に取り付けるタイプの浄水器だったので、陳さんはさっそく工具を出してきて壁に穴をあけてねじで浄水器を壁面に取り付けようとした。ところが、あいにくそれを義母に見られてしまった。義母は十二支と生年月日の運命判断を信じる昔気質の人だった。迷信深い義母は新しい部屋の壁に穴をあけるのは縁起がよくないという理由から、陳さんに「私がいる限り、こんなものを取り付けるなんて承知できない」と言った。陳さんは義母と言い合いになり、義母の意見に反駁したので口げんかとなった。陳さんの妻は急いで陳さんを傍に引っ張っていき、冷静になって年寄りの心配をわかってあげてとなだめた。

　陳さんは落ち着きを取り戻し、義母の意見を受け入れた。彼はネットで浄水器に関する資料を検索して、検討し、壁取り付け型の浄水器のほかに、まだ二つ候補があることを知った。一つはセントラル方式の浄水器で、もう一つは蛇口取り付け型の浄水器である。セントラル方式は価格が高いが、性能が優れ、3種類の浄水器の中では第2位に位置する。財布にお金があまりないことを考えると、陳さんは第一候補をあきらめることにした。一方、蛇口取り付け型の浄水器は取り付け取り外しがとても便利で、価格も大衆的である。ただ、水の出る量がやや少ない。今後、家族の人数に大きな変化がないことを考え、陳さんは蛇口取り付け型の浄水器の購入を決めた。

　上司がプレゼントしてくれた浄水器については、陳さんは、ひとまず保管しておいて、義母がいつの日か迷信を信じなくなったらその時に取り付けようと決めた。

海尔员工被开除真相 ハイアール社員解雇の真相

[STEP 1 単語] 今日習得すべき単語を、聞き取れるまで繰り返し聞いてください。 **123**

开除 kāichú
(動) 除籍する、解雇する

舆论 yúlùn
(名) 輿論、世論

莫名其妙 mòmíngqímiào
何が何だかさっぱりわけが
分からない

震惊 zhènjīng
(動) びっくり仰天する、驚愕する

言论 yánlùn
(名) 言論

集团 jítuán
(名) グループ

公告 gōnggào
(動) 公告する

更正 gēngzhèng
(動) 直す、訂正する

内幕 nèimù
(名) 内幕、内情

颠倒 diāndǎo
(動) 逆さまになる、逆になる

公然 gōngrán
(副) 公然と、おおっぴらに

依据 yījù
(名／介) 根拠／…に基づいて

规章 guīzhāng
(名) 規則

行政 xíngzhèng
(名) 行政、(機関・企業などの)
事務管理

条约 tiáoyuē
(名) 条約

须知 xūzhī
(名) 心得、注意事項

作风 zuòfēng
(名) (仕事・行動や思想上の)
やりかた、態度

觉悟 juéwù
(名／動) 自覚、目覚め／
自覚する、目覚める

兢兢业业 jīngjīngyèyè
(形) 勤勉でまじめである

谣言 yáoyán
(名) デマ

败坏 bàihuài
(動) 損害を与える、傷つける

挽回 wǎnhuí
(動) 挽回する、取り戻す

服气 fúqì
(動) 心服する、納得する

创立 chuànglì
(動) 創立する

整顿 zhěngdùn
(動) 整える、立て直す

落实 luòshí
(動) 実行する、執行する

牵扯 qiānchě
(動) 関係する、影響を及ぼす

活该 huógāi
(動) 当然のことになる、
自業自得になる

品德 pǐndé
(名) 人柄と道徳、人徳

团结 tuánjié
(動) 団結する

规范 guīfàn
(形) 規範に合う

哨 shào
(名) 歩哨

个体 gètǐ
(名) 個体、個人

相辅相成
xiāngfǔ-xiāngchéng
互いに助け合い、互いに
補完する

[STEP 2 センテンス] STEP1 の単語を上から順番に、発音しながら＿＿＿＿に書き入れてください。センテンスの意味を把握することも学習目標の一つです。

①海尔员工被＿＿＿＿真相。

②＿＿＿＿界一片哗然，因休息而处分员工，这也太令人感到＿＿＿＿了吧。

③这个消息＿＿＿＿了众人。

④一时间，网上＿＿＿＿纷纷表露出对 4 个当事员工的同情。

⑤海尔＿＿＿＿人力资源平台就此事对外＿＿＿＿，＿＿＿＿了不实说法，揭开了＿＿＿＿，还原了事情的真相，原来事实被＿＿＿＿了。

⑥公告中说明：4 名员工并非在午休时睡觉，而是在工作时间＿＿＿＿睡觉，违背了公司的员工行为规定，属于一级违约，＿＿＿＿公司的＿＿＿＿给予＿＿＿＿处分，解除劳动合同。

⑦另外在公告中还提到，海尔公司欢迎各界朋友的监督，继续依法依规治理企业，希望每个员工遵守公司＿＿＿＿，牢记员工＿＿＿＿，端正工作＿＿＿＿，提高＿＿＿＿，＿＿＿＿工作，从而展现自我价值。

⑧并希望各界朋友尊重事实，不要传播＿＿＿＿。

⑨网友们在看到公告后发表看法，有人说公司开除不敬业员工是对的，不能因为几个员工而＿＿＿＿了公司的形象，因为公司形象一旦败坏就很难＿＿＿＿，所以公司的决断让人＿＿＿＿。

⑩也有人说＿＿＿＿一个公司不容易，严格管理可以理解。

⑪还有人说＿＿＿＿公司就应该从小事抓起，把理论＿＿＿＿到行动上。

⑫甚至还有评论说，上班时间睡大觉太不像话，把公司的声誉也＿＿＿＿了进去，＿＿＿＿被开除。

⑬作为一名公司员工，良好的＿＿＿＿包括："守时"、"认真"、"＿＿＿＿友爱"、"工作＿＿＿＿化"、"为公司站好岗放好＿＿＿＿"等，公司的集体利益和员工的＿＿＿＿利益其实是＿＿＿＿的，没有了公司的大利益，就不会有个人的小利益。

❶ 赤いシートを当てて、本文を見ながら聞き、見えない箇所の単語をチェックしてください。
❷ 赤いシートを外して、本文を見ながら聞き、聞き取った単語が合っているか、確認してください。
❸ 本文を見ないで聞き、全体の意味が把握できるか確認してください。

海尔员工被开除真相

　　近日有媒体报道，海尔有4名员工被海尔巡查人员拍下了午休时睡觉的照片，因此被解除劳动合同，并限在一周之内办理离职手续。舆论界一片哗然，因休息而处分员工，这也太令人感到莫名其妙了吧。这个消息震惊了众人。一时间，网上言论纷纷表露出对4个当事员工的同情。

　　然而，事态有了反转。海尔集团人力资源平台就此事对外公告，更正了不实说法，揭开了内幕，还原了事情的真相，原来事实被颠倒了。公告中说明：4名员工并非在午休时睡觉，而是在工作时间公然睡觉，违背了公司的员工行为规定，属于一级违约，依据公司的规章给予行政处分，解除劳动合同。

　　另外在公告中还提到，海尔公司欢迎各界朋友的监督，继续依法依规治理企业，希望每个员工遵守公司条约，牢记员工须知，端正工作作风，提高觉悟，兢兢业业工作，从而展现自我价值。并希望各界朋友尊重事实，不要传播谣言。

　　网友们在看到公告后发表看法，有人说公司开除不敬业员工是对的，不能因为几个员工而败坏了公司的形象，因为公司形象一旦败坏就很难挽回，所以公司的决断让人服气。也有人说创立一个公司不容易，严格管理可以理解。还有人说整顿公司就应该从小事抓起，把理论落实到行动上。甚至还有评论说，上班时间睡大觉太不像话，把公司的声誉也牵扯了进去，活该被开除。

　　其中一名网友的评论很精彩，他说，作为一名公司员工，良好的品德包括："守时"、"认真"、"团结友爱"、"工作规范化"、"为公司站好岗放好哨"等，公司的集体利益和员工的个体利益其实是相辅相成的，没有了公司的大利益，就不会有个人的小利益。这位网友的评论，获点赞无数。

点赞 ：「いいね」を押す

ハイアール社員解雇の真相

　近頃、あるメディアが、ハイアールの社員4名が会社の巡回スタッフに昼休み中に眠っているところを写真に撮られ、そのために、就労の契約を解除されることになり、しかも1週間以内に退職手続きをすることになったと報道した。世論は騒然となった。休憩を取っていた社員を処分する、それはあまりにもわけが分からないのではないか。この報道は多くの人を驚愕させた。たちまち、ネットの言論は続々と当事者である社員4人に対する同情を表明した。

　しかし、事態は逆転した。ハイアールグループマンパワー資源のホームページはこのことについて対外的に公告し、不正確な報道を訂正し、内幕を明らかにして、事の真相を復元した。なんと事実が逆さまになっていたのだ。公告の説明するところでは、4名の社員は決して昼休み中に寝たのではなく、勤務時間中に公然と寝たのであり、会社の社員行動規定に違反している。これは第一級の規約違反に当たり、会社の規則に基づいて管理処分を下し、労働契約を解除したものである。

　その他に、公告では、ハイアール社は各業界からの監督を歓迎しており、引き続き法律に従い規則に基づき企業を管理し、社員一人一人には会社の規約を遵守し、社員の心得をしっかりと胸に刻み、勤務の態度を正し、自覚を高め、勤勉でまじめに働くことによって自己の価値を大きく高めることを希望する、と述べている。そして、各界の友人が事実を尊重し、デマを広めることのないよう望むと伝えた。

　ネットユーザーたちは公告を読んで見解を発表した。ある人は、会社が不真面目な社員を解雇したのは正しい、何人かの社員のために会社のイメージが傷つけられてはいけない、会社のイメージはいったん傷つけられると取り戻すのが難しいので、会社の決断は納得できると言った。また、ある人は、会社を立ち上げるのは容易なことではないので、厳しく管理するのは理解できると言った。会社を立て直すには、小さい事からしっかり取り組み、理論を行動として示すべきである、と言っている人もいる。更にある評論では、勤務時間中に熟睡するとは全くけしからん、会社の名誉にも関わることだ、解雇されるのも当然だ、と言っている。

　その中のあるネットユーザーの評論はとてもすばらしい。その人は、一人の会社員として（求められる）道徳的品性としては「時間を守る」、「まじめである」、「堅く団結し、仲がよい」、「業務を正確にこなす」、「会社のためにしっかり職務を果たし、持ち場を守る」等が含まれるとし、会社全体の利益と社員の個人的な利益とは、実は相互に補完し合うもので、会社の大きな利益がなければ個人の小さな利益もないはずだと言っている。このネットユーザーのコメントは、無数の「いいね」を獲得した。

克隆猫 クローン猫

[STEP 1 単語] 今日習得すべき単語を、聞き取れるまで繰り返し聞いてください。 **125**

焦点 jiāodiǎn
（名）焦点

保守 bǎoshǒu
（動 / 形）守る／保守的である

航天 hángtiān
（名）宇宙飛行

人为 rénwéi
（形）人為の、人為的な

模型 móxíng
（名）模型

范畴 fànchóu
（名）範疇、カテゴリー

成交 chéngjiāo
（動）取引が成立する、成約する

冻结 dòngjié
（動）凍結する、氷結する

呼唤 hūhuàn
（動）呼びかける、叫ぶ

阻挠 zǔnáo
（動）邪魔する、妨害する、阻む

实施 shíshī
（動）実施する

采集 cǎijí
（動）採集する

注射 zhùshè
（動）注射する

孕育 yùnyù
（動）妊娠して子供を産む

瞪 dèng
（動）（目を）見張る、見開く

翘 qiào
（動）跳ね上がる、ピンと立てる

胡须 húxū
（名）ひげ

神气 shénqì
（形）元気いっぱいである、
生き生きとしている

威风 wēifēng
（名 / 形）威風、威光／
威風がある、威張っている

屁股 pìgu
（名）尻

拟定 nǐdìng
（動）制定する、規定する

验收 yànshōu
（動）（製品受け取りの際の）
検査をする、検収する

轮廓 lúnkuò
（名）輪郭

偏差 piānchā
（名）誤差、ずれ、偏差

权威 quánwēi
（形 / 名）権威ある／
権威者、権威あるもの

悬念 xuánniàn
（名）懸念、心配

福利 fúlì
（名）福利、福祉

萌芽 méngyá
（動）芽生える

开展 kāizhǎn
（動）繰り広げる、展開する

制约 zhìyuē
（動）制約する

[STEP 2 センテンス] STEP1 の単語を上から順番に、発音しながら_____に書き入れてください。センテンスの意味を把握することも学習目標の一つです。

①这只中国最初的克隆猫成为了人们关注的_____。

②如果你思想比较_____，那么尽管你知道人类的_____、通讯技术都已发展到了登峰造极的水平，但听到_____地制造出一只猫的消息，还是会让你大吃一惊吧。

③因为在一般人的想象中，纪念死去宠物的行为，一般还没有超过把宠物制成_____永久摆放这一_____的。

④痛失爱猫的男士和负责克隆宠物猫的公司，以 3.5 万美元_____了这笔生意。

⑤猫死去的那一天，他悲痛欲绝，觉得像有块冰堵住了胸口，全身的血液都_____了。

⑥他一声又一声_____着爱猫的名字，可是怀中的爱猫再也没能睁开眼睛。

⑦于是他不顾母亲_____，下定决心要和爱猫重逢。

⑧_____克隆的方法是_____死去宠物猫的细胞，把它_____进其他猫的卵子内，再把克隆胚胎植入代孕母猫体内，最终代孕猫_____了这只克隆猫。

⑨克隆猫_____着两只可爱的大眼睛，_____着_____，看上去既_____又_____。

⑩因为出生还未满月，所以摇摇晃晃走上几步就会一_____坐下来，样子呆萌极了。

⑪这家公司_____在克隆猫满两个月的时候，经克隆猫主人_____后，把它交给主人带走。

⑫克隆猫的主人和克隆猫已见过面，觉得它的_____和神态与死去的猫非常像，几乎没有_____。

⑬有_____人士说，虽然被克隆的动物身上会发生什么还是_____，但中国的遗传学技术正在取得突飞猛进的进展。

⑭克隆宠物的技术可以为养宠物的人们谋_____。

⑮克隆了这只宠物猫的公司经理表示，该公司四年前克隆宠物还处于_____状态，至今却已成功克隆了 40 多只狗。

⑯他的下一个目标是_____对克隆濒危动物的研究，包括大熊猫和东北虎，虽然现在技术上还受到一些_____，但也许在不久的将来可以取得成功。

❶ 赤いシートを当てて、本文を見ながら聞き、見えない箇所の単語をチェックしてください。
❷ 赤いシートを外して、本文を見ながら聞き、聞き取った単語が合っているか、確認してください。
❸ 本文を見ないで聞き、全体の意味が把握できるか確認してください。

克隆猫

　　最近，中国一位痛失爱猫的男士迎来了他的克隆猫。这只中国最初的克隆猫成为了人们关注的焦点。如果你思想比较保守，那么尽管你知道人类的航天、通讯技术都已发展到了登峰造极的水平，但听到人为地制造出一只猫的消息，还是会让你大吃一惊吧。因为在一般人的想象中，纪念死去宠物的行为，一般还没有超过把宠物制成模型永久摆放这一范畴的。

　　痛失爱猫的男士和负责克隆宠物猫的公司，以 3.5 万美元成交了这笔生意。猫死去的那一天，他悲痛欲绝，觉得像有块冰堵住了胸口，全身的血液都冻结了。他一声又一声呼唤着爱猫的名字，可是怀中的爱猫再也没能睁开眼睛。于是他不顾母亲阻挠，下定决心要和爱猫重逢。实施克隆的方法是采集死去宠物猫的细胞，把它注射进其他猫的卵子内，再把克隆胚胎植入代孕母猫体内，最终代孕猫孕育了这只克隆猫。

　　克隆猫瞪着两只可爱的大眼睛，翘着胡须，看上去既神气又威风。因为出生还未满月，所以摇摇晃晃走上几步就会一屁股坐下来，样子呆萌极了。这家公司拟定在克隆猫满两个月的时候，经克隆猫主人验收后，把它交给主人带走。

　　克隆猫的主人和克隆猫已见过面，觉得它的轮廓和神态与死去的猫非常像，几乎没有偏差。这让他感到悲喜交加。

　　有权威人士说，虽然被克隆的动物身上会发生什么还是悬念，但中国的遗传学技术正在取得突飞猛进的进展。克隆宠物的技术可以为养宠物的人们谋福利。

　　克隆了这只宠物猫的公司经理表示，该公司四年前克隆宠物还处于萌芽状态，至今却已成功克隆了 40 多只狗。他的下一个目标是开展对克隆濒危动物的研究，包括大熊猫和东北虎，虽然现在技术上还受到一些制约，但也许在不久的将来可以取得成功。

呆萌 ：天然ボケ
东北虎 ：アムールトラ

クローン猫

　最近、可愛がっていた猫を亡くし悲しんでいた中国の男性がクローン猫を迎えた。この中国初の
クローン猫は、人々の注目の的となった。もし、あなたの考え方がやや保守的であれば、たとえ、
人類の宇宙飛行や通信技術が既に最高峰の域に達していることを知っていても、人為的に猫を作
りあげたというニュースを聞くと、やはりびっくり仰天するだろう。普通の人の想像では、死んだペッ
トを記念するという行為は、通常ではペットを模型として複製して永久に手元に置くという範疇を越
えていないからだ。

　愛する猫を失って悲しんでいる男性とクローン猫（の製作）を請け負う会社の間で、3.5万ドル
で商談がまとまった。猫が死んだその日、男性は死ぬほど嘆き悲しみ、まるで、氷が胸に詰まっ
て全身の血液が凍ってしまったような気がした。男性は何回も何回も愛する猫の名前を呼んだが、
懐中の愛する猫はもう目を開けることはなかった。そこで、男性は母親が止めるのも聞かず、愛す
る猫と再会しようと決心した。クローンの実施には、死んだペットの細胞を採集してそれを他の猫
の卵子に注射し、そうしてクローンの胚胎を代理妊娠する雌猫の体内に植え込み、最後に代理妊
娠した猫がこのクローン猫を産むという方法が取られた。

　クローン猫は、可愛くて大きくつぶらな目を見開いて、ひげをぴんと立てている。（見ると、）生
き生きとしていて、しかも颯爽としている。生まれてまだ1か月にもならないので、よろよろと少し
歩くとすとんと腰を下ろしてしまうその姿は、ちょっとまぬけで可愛らしい。この会社は、クローン猫
が満2か月になった時、クローン猫の飼い主の検収を受けて、それから（飼い主に）引き渡すと
規定している。

　クローン猫の飼い主は、クローン猫と既に面会し、その輪郭や表情は死んだ猫に生き写しで、ほ
とんど見分けがつかないと思った。それは飼い主に悲喜こもごもを感じさせた。

　権威ある著名人が語ったところでは、クローン化された動物の体に何が起きるかはまだ心配があ
るが、中国の遺伝学の技術は目覚ましい勢いで発展を遂げていて、クローンペットの技術は、ペッ
トを飼う人々の福利を図ることになるという。

　このペットの猫をクローン化した会社の経営者は、我社は、4年前はまだペットのクローン化の萌
芽の段階にあった。だが、今ではもう40匹あまりの犬のクローン化に成功している、と言っている。
この経営者の目標は、危機に瀕している動物のクローン化の研究を進めることである。パンダやア
ムールトラを含め、現在、技術的にはまだ少し制約もあるが、近い将来、成功を収めることであろう。

単身电器热卖 独身用家電が売れ筋商品

[STEP 1 単語] 今日習得すべき単語を、聞き取れるまで繰り返し聞いてください。 **127**

容纳 róngnà
(動) 収容する、入れる

模式 móshì
(名) モデル、パターン

侄子 zhízi
(名) おい

贵族 guìzú
(名) 貴族

社区 shèqū
(名) 居住地、住宅街、
コミュニティー、地域

拘束 jūshù
(形) 堅苦しい

示意 shìyì
(動)(表情・身ぶり・言葉の含み・
図形などで)意図を示す

打量 dǎliang
(動) 観察する、じろじろ見る

肖像 xiàoxiàng
(名) 肖像

反问 fǎnwèn
(動) 反問する、問い返す

细菌 xìjūn
(名) 細菌

支柱 zhīzhù
(名) 支柱、支え

培育 péiyù
(動) 育成する、育て上げる

模范 mófàn
(形) 模範的である、手本となる

奉献 fèngxiàn
(動) 捧げる

依托 yītuō
(動) 頼る

证书 zhèngshū
(名) 証書

偏见 piānjiàn
(名) 偏見

党 dǎng
(名) 徒党、一味

演奏 yǎnzòu
(動) 演奏する

立足 lìzú
(動) …に立脚点を置く、
足場を置く

一贯 yíguàn
(形) 終始一貫している

展望 zhǎnwàng
(動) 眺める、展望する

埋伏 máifú
(動) 潜伏する、ひそみ隠れる

巩固 gǒnggù
(動) 強固にする、強化する

日新月异 rìxīn-yuèyì
日進月歩、日ごと月ごと新しくなる

定义 dìngyì
(名) 定義

专长 zhuāncháng
(名) 特技、特長

划分 huàfēn
(動) 区別する、一線を画する

排斥 páichì
(動) 排斥する、排除する

①最近热卖的电器是"单身家电"，一人份的烤箱，＿＿＿＿＿一人衣服量的洗衣机，一人份的电饭煲……。

②在单身经济热潮下，小＿＿＿＿＿家电在持续走俏。

③我朋友的＿＿＿＿＿是单身＿＿＿＿＿，和我住在同一个＿＿＿＿＿。

④有一天我陪朋友去她侄子那里借书，敲开门进入房间，她侄子见到我这个生人，有点儿＿＿＿＿＿地＿＿＿＿＿我们坐下，又为我们端来了茶水。

⑤我＿＿＿＿＿了一下房间，墙上挂着房间主人的＿＿＿＿＿画，空间不算大，但收拾得很整洁。

⑥他＿＿＿＿＿了一句。

⑦还有杀＿＿＿＿＿的功能，很好用。

⑧他答："至少现在的想法是不结婚，因为一想到婚后要成为家庭的＿＿＿＿＿，要＿＿＿＿＿孩子成长，要当＿＿＿＿＿丈夫，要把自己的今后＿＿＿＿＿给家庭，就感到负担很重，所以不想把幸福＿＿＿＿＿在一纸结婚＿＿＿＿＿上。"

⑨他说："说一个人寂寞，这是＿＿＿＿＿。我是个甜食＿＿＿＿＿，下了班就去吃吃甜品，听听＿＿＿＿＿会，自己挣钱自己花，＿＿＿＿＿于现在的生活，过好每一天是我做人的＿＿＿＿＿原则。也许老了会寂寞，但我不太＿＿＿＿＿未来，因为不知道有什么会＿＿＿＿＿在未来的路上，所以我现在注重保养身体和＿＿＿＿＿加强经济力量，尽量让今后的日子能过得比较理想。"

⑩现代社会正发生着的＿＿＿＿＿的变化。

⑪很多和朋友侄子一样的人对自由的＿＿＿＿＿是独来独往，他们不喜欢跟别人合伙共事，他们大多有＿＿＿＿＿，有优秀的工作能力，他们把上班和业余时间＿＿＿＿＿得非常清楚。

⑫业余时间比较＿＿＿＿＿他人介入自己的生活。

❶ 赤いシートを当てて、本文を見ながら聞き、見えない箇所の単語をチェックしてください。

❷ 赤いシートを外して、本文を見ながら聞き、聞き取った単語が合っているか、確認してください。

❸ 本文を見ないで聞き、全体の意味が把握できるか確認してください。

单身电器热卖

　　最近热卖的电器是"单身家电"，一人份的烤箱，容纳一人衣服量的洗衣机，一人份的电饭煲……。在单身经济热潮下，小模式家电在持续走销。

　　我朋友的侄子是单身贵族，和我住在同一个社区。有一天我陪朋友去她侄子那里借书，敲开门进入房间，她侄子见到我这个生人，有点儿拘束地示意我们坐下，又为我们端来了茶水。我打量了一下房间，墙上挂着房间主人的肖像画，空间不算大，但收拾得很整洁。

　　聊了一会儿，我发现他房间里的所有电器都很小巧，特别是洗衣机，目测也就三、四公斤重吧。就问他："这么小的洗衣机，能洗衣服吗？""怎么不能？"他反问了一句。又解释说："别看它小，一次能洗两、三件衣服，一个人用足够了。还有杀细菌的功能，很好用。"我又问："结婚的时候再换大的吗？"他答："至少现在的想法是不结婚，因为一想到婚后要成为家庭的支柱，要培育孩子成长，要当模范丈夫，要把自己的今后奉献给家庭，就感到负担很重，所以不想把幸福依托在一纸结婚证书上。"我问："一个人不寂寞吗？"他说："说一个人寂寞，这是偏见。我是个甜食党，下了班就去吃吃甜品，听听演奏会，自己挣钱自己花，立足于现在的生活，过好每一天是我做人的一贯原则。也许老了会寂寞，但我不太展望未来，因为不知道有什么会埋伏在未来的路上，所以我现在注重保养身体和巩固加强经济力量，尽量让今后的日子能过得比较理想。"

　　现代社会正发生着日新月异的变化。在一份调查报告中显示，2018 年中国单身人口已超过两亿，全年结婚率为 7.3%，创下 2008 年以来新低。除了单身家电热卖以外，小户型的青年公寓将来会是非常抢手的住房。很多和朋友侄子一样的人对自由的定义是独来独往，他们不喜欢跟人合伙共事，他们大多有专长，有优秀的工作能力，他们把上班和业余时间划分得非常清楚。业余时间比较排斥他人介入自己的生活。

　　将来或许会出现更多种类的一人份产品。

小户型 ：間取りの小さい家

独身用家電が売れ筋商品

　最近の売れ筋の電気器具は「独身用家電」で、一人用のオーブン、一人分の（服が入る）容量の洗濯機、一人用の電気炊飯器……。独身経済のブームに伴って、小さいモデルの家電の売れ行きがいい状況がずっと続いている。

　私の友達の甥は独身貴族で、私と同じ地域に住んでいる。ある日、私は友達のお供をしてその甥の所へ本を借りに行った。ドアをノックして部屋に入ると、友達の甥は見知らぬ私に会ったので、少しかしこまって私達に掛けるよう示し、それからお茶を持ってきてくれた。（私が）部屋を見回すと、壁には部屋の主の肖像画が掛けてあった。部屋は広いほうではないが、清潔できちんと片付いていた。

　しばらくおしゃべりをしているうちに、私は、部屋に置いてある家電がどれもとても小さく精巧であることに気がついた。特に洗濯機は、目測で重さ3、4キロだろうか。そこで友達の甥に「こんなに小さな洗濯機、服は洗えるの」と聞いた。「なぜ洗えないって思うんですか」と彼は問い返し、そして「小さいけれど、1回で服が2、3枚洗えますよ。一人で使うには十分ですよ。それから殺菌の機能もあって、とても使いやすいですよ」と説明した。私はさらに、「結婚する時には、また大きいものに換えるの」と聞いた。「少なくとも今は結婚するつもりはありません。結婚すれば家庭の大黒柱になり、子供を育て、模範的な夫になり、自分の将来を家庭に捧げなければならない、そう考えると負担が重いと感じるのです。だから、幸せを1枚の結婚証書に頼りたくはないんですよ」と答えた。私が「一人で寂しくないの」と尋ねると「一人が寂しいというのは偏見ですよ。僕は甘党で、仕事が終わったら甘いものを食べに行ったり、演奏を聴きに行ったり、自分で稼いだお金は自分で使います。今の生活に足場を置いて、一日一日を楽しく過ごすというのが僕の一貫した原則なんですよ。年を取ったら寂しいかもしれないけれど、僕は、あまり将来の展望がないんです。なぜなら、未来の道に何が待ち伏せしているかなんてわからないから、今は、体を大切にし、経済力をしっかり強化して、できるだけ今後の日々をわりあいに理想的に過ごせたらと考えているんですよ」と答えた。

　現代社会には、今まさに日に日に新しい変化が起きている。ある調査報告では、2018年の中国の独身人口はすでに2億人を越え、年間の結婚率は7.3％で、2008年以来最低の新記録をつくったことを明らかにしている。独身用家電の売れ行きがいいほかに、間取りの小さな若年層向けマンションも将来非常に人気が高い住宅となるはずである。友達の甥と同じように、自由とは勝手気ままのことだと考える人がとても多く、そういう人たちは共同作業を好まず、そのほとんどが特技を持っており、すぐれた仕事の能力を備えていて、仕事と余暇の時間を極めてはっきりと区別している。余暇の時間に他人が自分の生活に介入するのを比較的排斥している。

　将来、あるいはもっと多くの種類の一人用製品が現れるかもしれない。

酒中极品——茅台 酒の最高級品——マオタイ酒

[STEP 1 単語] 今日習得すべき単語を、聞き取れるまで繰り返し聞いてください。 **129**

举世瞩目 jǔshì zhǔmù
世界の注目を集める

要素 yàosù
（名）要素、要因

酝酿 yùnniàng
（动）酒を醸造する

钻石 zuànshí
（名）ダイヤモンド

淡季 dànjì
（名）シーズンオフ

会晤 huìwù
（动）（首脳が）会見する、
会談する

非法 fēifǎ
（形）不法である

正当 zhèngdàng
（形）正当な

暧昧 àimèi
（形）はっきりしない、
あいまいである

批发 pīfā
（动）卸売りをする

严峻 yánjùn
（形）おごそかで厳しい

良心 liángxīn
（名）良心

勾结 gōujié
（动）結託する、ぐるになる

大肆 dàsì
（副）はばかりなく、ほしいままに

争夺 zhēngduó
（动）争奪する、奪い取る

隐蔽 yǐnbì
（动/形）（物の陰に）隠れる／
非公然である、闇の

渠道 qúdào
（名）ルート

打官司 dǎ guānsi
訴訟をする

案例 ànlì
（名）事件または訴訟の実例、
判例、事例

公安局 gōng'ānjú
（名）公安局、警察署

投诉 tóusù
（动）訴え出る、クレームをつける

诈骗 zhàpiàn
（动）だまし取る、詐欺を働く

途径 tújìng
（名）道、ルート

跟踪 gēnzōng
（动）追跡する、尾行する

通缉 tōngjī
（动）指名手配する

登录 dēnglù
（动）登録する

压榨 yāzhà
（动）搾取する

协会 xiéhuì
（名）協会

保卫 bǎowèi
（动）防衛する、守る

信誉 xìnyù
（名）信用と評判

颁发 bānfā
（动）発布する、公布する

代理 dàilǐ
（动）代理する、代行する

私自 sīzì
（副）ひそかに、無断で

战役 zhànyì
（名）戦役

生效 shēngxiào
（动）効力が発生する、
発効する

正气 zhèngqì
（名）正しい気風、正義感

[STEP 2 センテンス] STEP1の単語を上から順番に、発音しながら＿＿＿＿に書き入れてください。センテンスの意味を把握することも学習目標の一つです。

①茅台酒是＿＿＿＿的世界三大名酒之一，它受欢迎的＿＿＿＿之一在于通过独特的传统工艺精心＿＿＿＿而成。

② 2019年它入选全球最具价值品牌百强榜单，成为白酒类中的＿＿＿＿。

③即便是在非节日的＿＿＿＿，茅台酒的销售量都居高不下。

④在国家领导人与海外贵宾＿＿＿＿时，国宴的餐桌上都能看到茅台酒。

⑤茅台酒的名声越高，被＿＿＿＿倒卖的不＿＿＿＿现象就越严重，致使茅台酒的价格很"＿＿＿＿"，一瓶＿＿＿＿价为一千多元的茅台酒，往往被哄抬到三、四千元甚至更高。

⑥爱饮茅台酒的人喝不上平价茅台酒，是当前茅台酒市场面临的一个＿＿＿＿的问题。

⑦还有一些不知＿＿＿＿为何物的犯罪分子＿＿＿＿起来，＿＿＿＿制造假茅台酒，与真茅台酒＿＿＿＿市场。

⑧他们通过＿＿＿＿ ＿＿＿＿流通、贩卖，有时会影响到人们的生命安全。

⑨因买到假酒而＿＿＿＿的＿＿＿＿也时有发生。

⑩有一次，某＿＿＿＿接到消费者小张的＿＿＿＿，说他祖父遭遇到＿＿＿＿，买了两箱假茅台。

⑪警方经过多种＿＿＿＿ ＿＿＿＿侦查，发现了一个制造假茅台的犯罪团伙，对在逃犯罪分子进行了＿＿＿＿。

⑫据罪犯交代，在造假过程中，平整张贴茅台酒的＿＿＿＿标签非常难，为此，居然高薪聘请了技术员来完成这道工序，难怪很多假茅台的外形能以假乱真。

⑬可见犯罪分子为了＿＿＿＿骗取人们的血汗钱，费尽了心机。

⑭最近，为了让"茅粉"们擦亮双眼，中国酒业＿＿＿＿发布公函推荐了一本名叫《茅台酒鉴别》的新书。

⑮为了＿＿＿＿茅台酒的＿＿＿＿，近日贵州省市场监管局＿＿＿＿公告，公开征集茅台酒市场领域违法违规线索。

⑯公告中指出，销售单位、个人及＿＿＿＿商凡＿＿＿＿ 恶意炒买炒卖茅台的，都属于违法违规行为，应该受到严厉打击。

⑰治理茅台酒的高价、造假不会是一个短期过程，可以预测这将会是一个长期＿＿＿＿。

⑱希望法制快速＿＿＿＿，更希望有＿＿＿＿感的人能自发配合茅台酒市场的整治工作，抵制高价茅台酒，不让坏人有可乘之机。

❶ 赤いシートを当てて、本文を見ながら聞き、見えない箇所の単語をチェックしてください。
❷ 赤いシートを外して、本文を見ながら聞き、聞き取った単語が合っているか、確認してください。
❸ 本文を見ないで聞き、全体の意味が把握できるか確認してください。

酒中极品——茅台

　　茅台酒是举世瞩目的世界三大名酒之一，它受欢迎的要素之一在于通过独特的传统工艺精心酝酿而成。2019 年它入选全球最具价值品牌百强榜单，成为白酒类中的钻石。即便是在非节日的淡季，茅台酒的销售量都居高不下。在国家领导人与海外贵宾会晤时，国宴的餐桌上都能看到茅台酒。

　　茅台酒的名声越高，被非法倒卖的不正当现象就越严重，致使茅台酒的价格很"暧昧"，一瓶批发价为一千多元的茅台酒，往往被哄抬到三、四千元甚至更高。爱饮茅台酒的人喝不上平价茅台酒，是当前茅台酒市场面临的一个严峻的问题。

　　还有一些不知良心为何物的犯罪分子勾结起来，大肆制造假茅台酒，与真茅台酒争夺市场。他们通过隐蔽渠道流通、贩卖，有时会影响到人们的生命安全。因买到假酒而打官司的案例也时有发生。有一次，某公安局接到消费者小张的投诉，说他祖父遭遇到诈骗，买了两箱假茅台。警方经过多种途径跟踪侦查，发现了一个制造假茅台的犯罪团伙，对在逃犯罪分子进行了通缉。据罪犯交代，在造假过程中，平整张贴茅台酒的登录标签非常难，为此，居然高薪聘请了技术员来完成这道工序，难怪很多假茅台的外形能以假乱真。可见犯罪分子为了压榨骗取人们的血汗钱，费尽了心机。最近，为了让"茅粉"们擦亮双眼，中国酒业协会发布公函推荐了一本名叫《茅台酒鉴别》的新书。

　　为了保卫茅台酒的信誉，近日贵州省市场监管局颁发公告，公开征集茅台酒市场领域违法违规线索。公告中指出，销售单位、个人及代理商凡私自恶意炒买炒卖茅台的，都属于违法违规行为，应该受到严厉打击。

　　治理茅台酒的高价、造假不会是一个短期过程，可以预测这将会是一个长期战役。希望法制快速生效，更希望有正气感的人能自发配合茅台酒市场的整治工作，抵制高价茅台酒，不让坏人有可乘之机。

国宴　：政府主催の宴会
"茅粉" ：「マオタイ酒ファン」

酒の最高級品──マオタイ酒

　マオタイ酒は世間の注目を集める世界三大名酒の一つであり、人気がある要素の一つは、独特の伝統的製造工程を経て念入りに醸造されていることにある。2019 年、マオタイ酒は全世界で最も価値あるブランドのベスト 100 のランキングリストに選抜され、（中国の）蒸留酒中のダイヤモンドとなった。たとえ、祝日ではないシーズンオフでもマオタイ酒の販売量は高水準のまま下がることがない。国家の指導者が海外の貴賓と会見する際、政府主催の宴会のテーブルでもマオタイ酒が見られる。

　マオタイ酒の評判が高ければ高いほど、不法に投機的な転売をするという不当な現象の深刻さが増し、マオタイ酒の価格が「不明瞭」となり、一瓶の卸売り価格が一千元あまりのマオタイ酒が往々にして三、四千元、ひいてはもっと高く釣り上がることもある。マオタイ酒を愛飲する人が公正な値段のマオタイ酒を飲めなくなっているのが、目下マオタイ酒市場が直面している厳しい問題である。

　また、良心が何物であるかもわきまえない一部の犯罪者がぐるになって、はばかることなく偽物のマオタイ酒を製造して本物のマオタイ酒の市場を奪い取っている。彼らは闇のルートを通して流通、販売し、時には人命（の安全）にも影響を与えることがある。偽物の酒を買ったことで訴訟を起こす事例も時々発生している。ある時、某公安局は、消費者の張さんの訴えを受理した。張さんの祖父が詐欺に遭って、偽物のマオタイ酒を二箱買ったというのである。警察はいろいろなルートを通じて追跡捜査し、偽物のマオタイ酒を製造した犯罪グループを摘発し、逃走した犯人に対しては指名手配を行った。犯人が白状したところによると、偽物を造る過程で、マオタイ酒の登録ラベルをきちんとずれなく貼り付けるのは非常に難しいので、そのために、なんと、高給で技術者を招聘し、その工程を仕上げたという。道理で多くの外観を装った偽物のマオタイ酒が本物として騙せたわけだ。騙された人たちが汗水を流して稼いだ金を搾取するために、犯人たちがあれこれ知恵をしぼったことは明らかである。最近、「マオタイ酒ファン」たちの目を開かせるために、中国の酒業協会は文書を公布し、『マオタイ酒の鑑別』という新刊書を推薦した。

　マオタイ酒の評判を守るために、近頃、貴州省市場監督局が公告を出し、マオタイ酒市場分野における違法及び規則違反に関する手がかりを公開募集した。公告では、販売元、個人及び代理業者が、無断で悪意を持ってマオタイ酒を闇取引するのは、すべて違法かつ規則違反の行為であり、厳しく攻撃するべきだと指摘した。

　マオタイ酒の高値、偽造品の製造を取り締まるのは、短期間の行程ではなく、長期に及ぶ戦いになる、と予測できる。法がすみやかに発効し、正義感ある人が自発的にマオタイ酒市場の粛正に協力して、高価なマオタイ酒を排斥し、悪人につけ込むすきを与えないよう希望する。

你会表扬孩子吗？ あなたは子供を褒められますか？

[STEP 1 単語] 今日習得すべき単語を、聞き取れるまで繰り返し聞いてください。 **131**

纽扣 niǔkòu
（名）ボタン

乐谱 yuèpǔ
（名）楽譜

科目 kēmù
（名）科目

上游 shàngyóu
（名）先陣、先頭

通用 tōngyòng
（动）通用する

试验 shìyàn
（动）実験する

意图 yìtú
（名/动）意図／意図する

对照 duìzhào
（动）対照する

歪曲 wāiqū
（动）ゆがめる

霸道 bàdào
（形）横暴である

协调 xiétiáo
（动）調整する、調和させる、
協調する

敌视 díshì
（动）敵視する、敵と見なす

算数 suànshù
（动）確認する、有効と認める、
数に入れる

承包 chéngbāo
（动）（仕事を）負け負う、
（大口の注文を）引き受ける

伯母 bómǔ
（名）伯母、父の兄の妻

口音 kǒuyin
（名）なまり

嘲笑 cháoxiào
（动）嘲笑する、からかう

起哄 qǐhòng
（动）冷やかす、からかう

嗨 hāi
（叹）おい、おや

隐约 yǐnyuē
（形）かすかである

开明 kāimíng
（形）進歩的で物わかりがよい、
開けている

约束 yuēshù
（动）束縛する、制限する

方针 fāngzhēn
（名）方針

竞选 jìngxuǎn
（动）選挙に出る、立候補する

飞翔 fēixiáng
（动）飛び回る

拔苗助长
bámiáo-zhùzhǎng
生長を早めようと思って苗を手で
引っ張る

中立 zhōnglì
（动）中立を守る

[STEP 2 センテンス] STEP1の単語を上から順番に、発音しながら＿＿＿＿＿＿＿に書き入れてください。センテンスの意味を把握することも学習目標の一つです。

①孩子自己把＿＿＿＿＿＿＿缝上了，孩子离开＿＿＿＿＿＿＿弹出了第一支完整的曲子，孩子不喜欢的＿＿＿＿＿＿＿考了一百分，孩子的成绩从班里的下游提高到了＿＿＿＿＿＿＿。

②在上述这些时候，家长们有个＿＿＿＿＿＿＿的方法：表扬孩子。

③斯坦福大学发展心理学教授用10年时间，对纽约20所学校的400名学生开展了心理＿＿＿＿＿＿＿，解开表扬对孩子成长的影响。

④＿＿＿＿＿＿＿两组孩子，发现被夸聪明的孩子，基本上选择了简单题目；而被夸努力的孩子，大部分选择了较难的题目。

⑤而长期被夸"聪明"的孩子自尊心会＿＿＿＿＿＿＿，自我膨胀，性格＿＿＿＿＿＿＿跋扈，缺乏与人相处的＿＿＿＿＿＿＿性，＿＿＿＿＿＿＿比自己强的人。

⑥为了维持自己在别人眼中的聪明形象，他们十有八九会养成说话不＿＿＿＿＿＿＿、遇事逃避的习惯，难做的事情都让父母＿＿＿＿＿＿＿。

⑦小东从河南乡下来到大都市上小学，寄宿在＿＿＿＿＿＿＿家。

⑧去学校报到时，他的＿＿＿＿＿＿＿遭到同学＿＿＿＿＿＿＿，还有同学＿＿＿＿＿＿＿说："＿＿＿＿＿＿＿，乡下人，学个牛叫呗。"

⑨伯母＿＿＿＿＿＿＿感觉到小东的异常，但＿＿＿＿＿＿＿的她没用教条去＿＿＿＿＿＿＿小东，而是采取了鼓励的＿＿＿＿＿＿＿，每当小东独立完成一件事时，就称赞他很努力，直到有一天，小东不再敌视看不起他的同学，不但鼓起了勇气重回课堂，还和同学们一起参加了＿＿＿＿＿＿＿班长的活动。

⑩每个家长都希望自己的孩子有一天能展翅＿＿＿＿＿＿＿。

⑪在教育孩子的问题上，人人都知道不能＿＿＿＿＿＿＿，却很少有人意识到夸奖孩子的方式也很重要。

⑫如果你有时不知道该怎么夸奖孩子，那就不夸不贬，保持＿＿＿＿＿＿＿好了。

❶ 赤いシートを当てて、本文を見ながら聞き、見えない箇所の単語をチェックしてください。
❷ 赤いシートを外して、本文を見ながら聞き、聞き取った単語が合っているか、確認してください。
❸ 本文を見ないで聞き、全体の意味が把握できるか確認してください。

你会表扬孩子吗？

孩子自己把纽扣缝上了，孩子离开乐谱弹出了第一支完整的曲子，孩子不喜欢的科目考了一百分，孩子的成绩从班里的下游提高到了上游。在上述这些时候，家长们有个通用的方法：表扬孩子。那么你会怎样表扬孩子？一类妈妈会说："你真聪明，一学就会。"另一类妈妈会说："你真努力，我为你骄傲。"

斯坦福大学发展心理学教授用10年时间，对纽约20所学校的400名学生开展了心理试验，意图解开表扬对孩子成长的影响。他让孩子们做简单的拼图游戏，然后对孩子进行不同的表扬："你很聪明"和"你非常努力"。然后给孩子进行第二轮测试，让孩子自己选择简单的题或较难的题。对照两组孩子，发现被夸聪明的孩子，基本上选择了简单题目；而被夸努力的孩子，大部分选择了较难的题目。教授总结说："当家长夸孩子聪明时，等于是在告诉他们，为了保持你的聪明，不要冒可能犯错的风险。"

而长期被夸"聪明"的孩子自尊心会歪曲，自我膨胀，性格霸道跋扈，缺乏与人相处的协调性，敌视比自己强的人。为了维持自己在别人眼中的聪明形象，他们十有八九会养成说话不算数、遇事逃避的习惯，难做的事情都让父母承包。孩子还会撇嘴说："哼，这有什么难的，我能做得更好。"

小东从河南乡下来到大都市上小学，寄宿在伯母家。去学校报到时，他的口音遭到同学嘲笑，还有同学起哄说："嗨，乡下人，学个牛叫呗。"受到打击的小东第二天就旷课不去学校了。伯母隐约感觉到小东的异常，但开明的她没用教条去约束小东，而是采取了鼓励的方针，每当小东独立完成一件事时，就称赞他很努力，直到有一天，小东不再敌视看不起他的同学，不但鼓起了勇气重回课堂，还和同学们一起参加了竞选班长的活动。心理学教授对此解释说："夸奖孩子努力，能给孩子一个凡事可以自己掌控的感觉。孩子会认为，成功与否掌握在他们自己手中。"

每个家长都希望自己的孩子有一天能展翅飞翔。在教育孩子的问题上，人人都知道不能拔苗助长，却很少有人意识到夸奖孩子的方式也很重要。如果你有时不知道该怎么夸奖孩子，那就不夸不贬，保持中立好了。

斯坦福大学 ：スタンフォード大学

あなたは子供を褒められますか？

　子供が自分でボタンを縫いつけた、子供が楽譜を見ないで初めて曲を完全に弾いた、子供が嫌いな科目で100点を取った、子供の成績がクラスの下の方から上位に上がった。以上に述べたような場合、保護者は広く使えるある方法を持っている。子供を褒めることである。では、あなたはどのように子供を褒めるだろうか？　あるグループのお母さんは「あなたは本当におりこうさんだから、勉強すればすぐできるね」と言い、また別のグループのお母さんは「本当に頑張っているね、誇りに思うわ」と言うであろう。

　スタンフォード大学の発達心理学（を専門とする）教授が10年を費やして、ニューヨークの20か所の学校の400名に及ぶ学生に心理テストを行い、褒めることが子供の成長へどう影響するか解き明かそうとした。教授は子供達に簡単なジグソーパズルをやらせ、その後、子供を別々の言葉で褒めた。「賢いね」と「よく頑張ったね」である。それから、2回目のテストを行った。子供自身に簡単な問題とやや難しい問題のどちらかを選ばせるのだ。2組の子供を比較対照すると、賢いと褒められた子供は、ほとんど簡単なテーマを選び、一方、努力したと褒められた子供は大部分やや難しいテーマを選んだことが明らかになった。教授は、「保護者が子供を賢いねと褒める時は、自分の賢さを保つためには危険を冒してはならないと子供たちに教えているのと同じなのである」と総括した。

　そして、長い間「賢い」と褒められ続けた子供は自尊心がゆがみ、自我が膨れ上がり、性格が横暴になり、人との付き合いにおいて協調性を欠き、自分より強い人を敵視するようになる可能性がある。他人の眼に映る自分の賢いイメージを保ち続けたいために、彼らは、十中八九言ったことは守らず、問題が起きると逃避する習慣を身につけ、困難なことは全て親任せにする。そんな子供はまた「ふん、こんなこと、何も難しくはない、自分ならもっとうまくやれるさ」と口答えをするはずである。

　東君は、河南の田舎から大都市に来て、小学校に通い、伯母の家に身を寄せている。学校へ入学の手続きに行くと、同級生が東君のなまりをばかにし、「おい、田舎者、牛の鳴きまねをやってみろよ」と、からかう同級生もいた。ショックを受けた東君は翌日から授業をサボって学校にいかなくなった。伯母はなんとなく東君の様子がおかしいのに気づいていたが、物分かりがいい伯母は、東君に独断的な考えを押し付けず、激励する方針を取った。東君が一人で一つのことを完成するたびごとに、頑張ったねと褒めた。そして（ある日）、東君は自分をばかにする同級生を敵視しなくなり、勇気を奮って教室に戻った。そればかりか、同級生にまじって、クラス委員にも立候補した。心理学の教授はこのことに対して「子供の努力を褒めることで、子供に何事も自分でコントロールできるという感覚を身につけさせることができる。成功するかどうかは、自身の手中に握られていると子供は認識するであろう」と説明している。

　どの保護者もみな、自分の子供がある日、翼を広げて高く飛ぶことを待ち望んでいる。子供の教育（という問題）において、早く生長させようとして苗を引っ張ってはいけないと誰もがわかっているが、子供の褒め方も大事であると気づく人はめったにない。もし、あなたがどう子供を褒めたらいいかわからなくなることがあったら、褒めず、けなさず中立を保てばいいのだ。

《百物语》『百物語』

[STEP 1 単語] 今日習得すべき単語を、聞き取れるまで繰り返し聞いてください。 **133**

体裁 tǐcái
(名)（文学作品の）様式、種類、ジャンル

比喩 bǐyù
(動) 比喩、たとえる

昌盛 chāngshèng
(形) 盛んである、繁栄している

形态 xíngtài
(名) 形態、ありさま

参照 cānzhào
(動) 参照する

演变 yǎnbiàn
(動) 発展しながら変化する

延伸 yánshēn
(動) 延びる、延ばす

纵横 zònghéng
(動 / 形) 縦横無尽に進む／自由奔放である

重叠 chóngdié
(動) 幾重にも重なる、重複する

混合 hùnhé
(動) 混合する、混ぜ合わせる

翼 yì
(名) 翼、羽

裁缝 cáifeng
(名) 衣服を仕立てる職人、仕立て屋

立体 lìtǐ
(形) 立体感のある、立体的な

平面 píngmiàn
(名) 平面

寺庙 sìmiào
(名) 寺院

庄重 zhuāngzhòng
(形) まじめで慎重である、厳粛である

企图 qìtú
(動 / 名) たくらむ、企てる／たくらみ、企て

锋利 fēnglì
(形) 鋭い

注释 zhùshì
(動 / 名) 注釈する／注釈

气概 qìgài
(名) 気概

全局 quánjú
(名) 全体の局面、全局

总和 zǒnghé
(名) 総和、総額

点缀 diǎnzhuì
(動) 引き立たせる、飾りつける

花瓣 huābàn
(名) 花びら

符号 fúhào
(名) 符号、記号、しるし

并列 bìngliè
(動) 並列する、横に並ぶ

表彰 biǎozhāng
(動) 表彰する

乞丐 qǐgài
(名) 物乞い、物もらい

喜闻乐见 xǐwén-lèjiàn
喜んで聞き喜んで見る、人々に歓迎される

田野 tiányě
(名) 田畑と野原、野外

[STEP 2 センテンス] STEP1 の単語を上から順番に、発音しながら＿＿＿＿＿に書き入れてください。センテンスの意味を把握することも学習目標の一つです。

①在中国热卖的《百物语》，是日本作家杉浦日向子的作品，该书以漫画为＿＿＿＿＿，汇集了日本江户时期的怪谈文化，被＿＿＿＿＿为日本的聊斋志异。

②通过《百物语》，我们可以看到经济＿＿＿＿＿期——江户时代时人们的生活＿＿＿＿＿，并可以＿＿＿＿＿日本现代文化，感受江户时代文化的＿＿＿＿＿和＿＿＿＿＿。

③＿＿＿＿＿几百年，古代和现代两种文化既有＿＿＿＿＿的部分，又有各自独特的部分。

④杉浦日向子采用现代视点，用一种奇妙的画风和文体把古今两种文化＿＿＿＿＿起来。

⑤一翻开杉浦日向子的书，我们就仿佛生出了羽＿＿＿＿＿，可以自由飞行在两个时代之间。

⑥作者本人也是江户风俗学的研究者，她就像一个好＿＿＿＿＿，用＿＿＿＿＿裁剪手法去塑造书中人物，使书中的人物造型不拘于＿＿＿＿＿，每一个登场人物都性格鲜明，形象丰满，给读者留下难忘的印象。

⑦过了几天，农夫在＿＿＿＿＿又遇见了那个美女，走近才发现，原来所谓美女，不过是一根冰柱插在地上而已。

⑧这样一个细思极恐的故事被作者用＿＿＿＿＿又不失幽默的笔法描画出来，农夫对美女有什么＿＿＿＿＿？

⑨作者既没有表达任何＿＿＿＿＿的观点，也没有添加任何额外的＿＿＿＿＿，更没有抒发豪迈的＿＿＿＿＿。

⑩以淡泊来统摄＿＿＿＿＿，始终是日向子的创作风格。

⑪《百物语》共有 99 个故事，是作者对江户文化研究成果的＿＿＿＿＿。

⑫这本书可以＿＿＿＿＿我们平凡的生活，为我们的生活撒上几枚艳丽的＿＿＿＿＿，也可以作为江户时代的一个＿＿＿＿＿，帮助读者进一步了解江户的风土人情。

⑬日向子的《合葬》和《风流江户雀》曾＿＿＿＿＿获得漫画奖。

⑭漫画家协会对《合葬》进行了＿＿＿＿＿。

⑮出现在她作品中的人物，不论是老妇人，还是＿＿＿＿＿；不论是小孩，还是老者，都为读者所＿＿＿＿＿。

⑯她所绘制的漫画里，有＿＿＿＿＿、森林，也有湖泊、星空，每一张都描画细致，被誉为"文艺漫画"。

❶ 赤いシートを当てて、本文を見ながら聞き、見えない箇所の単語をチェックしてください。
❷ 赤いシートを外して、本文を見ながら聞き、聞き取った単語が合っているか、確認してください。
❸ 本文を見ないで聞き、全体の意味が把握できるか確認してください。

《百物语》

在中国热卖的《百物语》，是日本作家杉浦日向子的作品，该书以漫画为体裁，汇集了日本江户时期的怪谈文化，被比喻为日本的《聊斋志异》。

通过《百物语》，我们可以看到经济昌盛期——江户时代时人们的生活形态，并可以参照日本现代文化，感受江户时代文化的演变和延伸。纵横几百年，古代和现代两种文化既有重叠的部分，又有各自独特的部分。杉浦日向子采用现代视点，用一种奇妙的画风和文体把古今两种文化混合起来。一翻开杉浦日向子的书，我们就仿佛生出了羽翼，可以自由飞行在两个时代之间。作者本人也是江户风俗学的研究者，她就像一个好裁缝，用立体裁剪手法去塑造书中人物，使书中的人物造型不拘于平面，每一个登场人物都性格鲜明，形象丰满，给读者留下难忘的印象。

比如，在《百物语之二十九·雪中美人》里，作者叙述了一个农夫在雪夜遇一美女，便邀请她去家里休息，但美女态度很冷淡，后来农夫满屋都找不到美女，只看见她头上戴的梳子漂在澡盆中。过了几天，农夫在寺庙又遇见了那个美女，走近才发现，原来所谓美女，不过是一根冰柱插在地上而已。这样一个细思极恐的故事被作者用庄重又不失幽默的笔法描画出来，农夫对美女有什么企图？美女为什么是一根冰柱？作者既没有表达任何锋利的观点，也没有添加任何额外的注释，更没有抒发豪迈的气概。一切都留给读者自己去想象。以淡泊来统摄全局，始终是日向子的创作风格。

《百物语》共有99个故事，是作者对江户文化研究成果的总和。这本书可以点缀我们平凡的生活，为我们的生活撒上几枚艳丽的花瓣，也可以作为江户时代的一个符号，帮助读者进一步了解江户的风土人情。

日向子的《合葬》和《风流江户雀》曾并列获得漫画奖。漫画家协会对《合葬》进行了表彰。出现在她作品中的人物，不论是老妇人，还是乞丐；不论是小孩，还是老者，都为读者所喜闻乐见。她所绘制的漫画里，有田野、森林，也有湖泊、星空，每一张都描画细致，被誉为"文艺漫画"。

古代：中国では多く19世紀中葉以前を指す。ここでは日本の江户時代をいうので日本語訳は「近世」とした。

『百物語』

　中国でベストセラーになっている『百物語』は日本の作家杉浦日向子の作品である。この本は、漫画（の形式）で日本の江戸時代の怪談文化を集めたものであり、日本の『聊斎志異』だと例えられている。

　『百物語』を通じて、私達は経済的な繁栄期だった江戸時代の人々の生活形態を見るとともに、日本の現代文化と参照することもでき、江戸時代の文化の変遷と伸展を感じとれる。数百年の歳月が縦横に駆けめぐり、近世と現代の２種類の文化には、重なる部分もあれば、それぞれ特有の部分もある。杉浦日向子は、現代の視点を取り入れて、奇妙な画風と文体を使い古今２種類の文化を混ぜ合わせた。杉浦日向子の本を開くと、たちまち私達はまるで翼が生えたように、二つの時代の間を自由に飛行できるのである。作者本人も江戸風俗学の研究者で、彼女は、あたかも仕立職人のように、立体裁断的な手法で書中の人物を描き出す。そして、平面上に描かれたキャラクターであるにもかかわらず、登場人物の一人一人の性格がはっきりしていて、そのイメージが豊かで、読者に忘れ難い印象を残すのである。

　例えば、『百物語其の二十九・雪中の美人』の話。ある農夫が雪の夜、一人の美女に出会い、女を家に招いて休ませようとしたが、その女の態度はとても冷淡だった。その後、農夫が家じゅう探してもその女は見つからず、女の髪に挿した櫛だけが湯船に浮かんでいた。何日かたって、農夫は寺院でまたその女に出会った。近づいてみると、なんと、いわゆる美女なるものは、地面に刺さった１本の氷柱だったのだ。このような構想が細かく、恐ろしさに身の毛もよだつ物語が、作者の厳粛かつユーモアのある筆法で描き出される。農夫は美女にどんな企みを持っていたのだろうか？美女は何故１本の氷柱なのか？　作者は、いかなる鋭い観点も示さず、いかなる余計な注釈も加えず、また、勇ましい気概も述べてはいない。すべて、読者自身に預けて想像させるようにしている。あっさりと全体の経過をまとめるのが、一貫した日向子の創作スタイルである。

　『百物語』には、全部で99の物語があり、作者の江戸文化研究の総まとめである。この本は、われわれの平凡な生活をはなやかにし、私たちの生活に何枚かの美しい花びらを降りまく。そしてまた、江戸時代をあらわす一つの記号として、読者がいっそう江戸の風土と人情を理解するよう手助けしてくれるものだ。

　杉浦日向子の『合葬』と『風流江戸雀』の２作品は、共に漫画賞を獲得した。『合葬』は日本漫画家協会に表彰された。彼女の作品に登場する人物は、老婦人でも、乞食でも、また子供でも老人でも、どの人物も皆、読者に親しまれている。彼女が制作する漫画には、田野あり、森林あり、湖沼や星空もあり、１枚１枚が緻密に描かれていて、「文芸漫画」と称賛されている。

第六十八天

千里救伤员　千里のかなたから負傷者を救護する

[STEP 1 単語] 今日習得すべき単語を、聞き取れるまで繰り返し聞いてください。 **135**

海滨 hǎibīn
（名）海辺

农历 nónglì
（名）旧暦、陰暦

鞠躬 jūgōng
（动）お辞儀をする

不敢当 bùgǎndāng
（动）おそれいります、どういたしまして

过奖 guòjiǎng
（动）ほめすぎる、過分にほめる

渔民 yúmín
（名）漁民

钩子 gōuzi
（名）フック、釣り針

哼 hēng
（动）うなる、うめく

操练 cāoliàn
（动）訓練する、教練する

舰艇 jiàntǐng
（名）艦艇

派遣 pàiqiǎn
（动）派遣する

指示 zhǐshì
（动／名）指示する／指示、指図

启程 qǐchéng
（动）出発する、旅に出る

将军 jiāngjūn
（名）将官・将軍、（広く）高級将校

司令 sīlìng
（名）司令官

任命 rènmìng
（动）任命する

值班 zhíbān
（动）当番に当たる、当直をする

仪器 yíqì
（名）器械、器具

部署 bùshǔ
（动）（人員を）配置する、手配する、手を打つ

气象 qìxiàng
（名）気象

温带 wēndài
（名）温帯

气压 qìyā
（名）気圧

魔鬼 móguǐ
（名）悪魔、魔物

逆行 nìxíng
（动）逆行する

横 héng
（动／形）横にする、横たえる／横の

吊 diào
（动）つり下げる、つるす

摩擦 mócā
（动）摩擦する

喇叭 lǎba
（名）ラッパ、メガホン

蹬 dēng
（动）足で乗る、足をかける、乗せる

消毒 xiāodú
（动）消毒する

码头 mǎtóu
（名）埠頭

停泊 tíngbó
（动）（船が）停泊する

作废 zuòfèi
（动）無効になる、廃物になる

事迹 shìjì
（名）事績

话筒 huàtǒng
（名）（電話の）送話器、マイクロフォン

恳切 kěnqiè
（形）懇切である、ていねいである

军队 jūnduì
（名）軍隊

旗帜 qízhì
（名）旗

敬礼 jìnglǐ
（动）敬礼する

①解放军第 425 医院位于中国南方某＿＿＿＿＿城市。

② 2019 年＿＿＿＿＿ 1 月 17 号这天，医院里来了一位急救患者，闻讯赶来的患者家属向送患者来的海军＿＿＿＿＿致谢，海军嘴里边说着"＿＿＿＿＿，＿＿＿＿＿了"，边伸手阻止病人家属行礼。

③原来患者姓赵，是一名＿＿＿＿＿。

④他在出海打鱼时不慎被渔船上捕鱼的＿＿＿＿＿扎中大腿，血流不止，疼得直＿＿＿＿＿哼。

⑤渔船上的人发出了求救信号，正在附近＿＿＿＿＿的海军＿＿＿＿＿接到上级发来的＿＿＿＿＿ ＿＿＿＿＿，立刻中止了训练，＿＿＿＿＿飞速开往出事地点。

⑥航行过程中，随船视察训练的海军＿＿＿＿＿和＿＿＿＿＿官果断＿＿＿＿＿正在＿＿＿＿＿的军医组成救护小组，准备医疗＿＿＿＿＿，＿＿＿＿＿救护方案。

⑦根据当天的＿＿＿＿＿情报，受寒潮和＿＿＿＿＿低＿＿＿＿＿的影响，海上阵风达到 8 级，浪高四米，是＿＿＿＿＿都会发抖的恶劣天气。

⑧舰艇迎风＿＿＿＿＿，舰体＿＿＿＿＿摇幅度很大。

⑨到达事故现场，在＿＿＿＿＿放救援小艇过程中，小艇和舰体不断发生＿＿＿＿＿碰撞，海军们冒着掉入海中的危险，使用＿＿＿＿＿给渔船上的人当参谋，出主意，让渔船上的人协助伤者＿＿＿＿＿上救援艇。

⑩在伤者被成功运到舰艇上之后，军医迅速为他实施了止血、＿＿＿＿＿等救治措施，然后又顶着巨浪把伤者送到＿＿＿＿＿。

⑪当舰艇＿＿＿＿＿好后，马上叫来救护车将伤者送至医院。

⑫事实证明，海军的急救措施非常及时，不然，伤者的一条腿就＿＿＿＿＿了。

⑬海军救人的＿＿＿＿＿一夜之间就传开了，可是当记者赶来采访时，海军们面对＿＿＿＿＿，纷纷推辞，谁也不肯上前发言。

⑭经过记者再三＿＿＿＿＿请求，军医终于接受了采访。

⑮他说："每当看到舰艇上飘扬的海军＿＿＿＿＿ ＿＿＿＿＿，我就在心里默念，一定要为祖国、为人民做贡献。

⑯军医说完，面对镜头，做了一个标准的＿＿＿＿＿动作，帅极了。

❶ 赤いシートを当てて、本文を見ながら聞き、見えない箇所の単語をチェックしてください。
❷ 赤いシートを外して、本文を見ながら聞き、聞き取った単語が合っているか、確認してください。
❸ 本文を見ないで聞き、全体の意味が把握できるか確認してください。

千里救伤员

　　解放军第 425 医院位于中国南方某海滨城市。2019 年农历 1 月 17 号这天，医院里来了一位急救患者，闻讯赶来的患者家属向送患者来的海军鞠躬致谢，海军嘴里边说着"不敢当，过奖了"，边伸手阻止病人家属行礼。这到底是怎么回事呢？

　　原来患者姓赵，是一名渔民。他在出海打鱼时不慎被渔船上捕鱼的钩子扎中大腿，血流不止，疼得直哼哼。渔船上的人发出了求救信号，正在附近操练的海军舰艇接到上级发来的派遣指示，立刻中止了训练，启程飞速开往出事地点。航行过程中，随船视察训练的海军将军和司令官果断任命正在值班的军医组成救护小组，准备医疗仪器，部署救护方案。

　　根据当天的气象情报，受寒潮和温带低气压的影响，海上阵风达到 8 级，浪高四米，是魔鬼都会发抖的恶劣天气。舰艇迎风逆行，舰体横摇幅度很大。到达事故现场，在吊放救援小艇过程中，小艇和舰体不断发生摩擦碰撞，海军们冒着掉入海中的危险，使用喇叭给渔船上的人当参谋，出主意，让渔船上的人协助伤者蹬上救援艇。

　　在伤者被成功运到舰艇上之后，军医迅速为他实施了止血、消毒等救治措施，然后又顶着巨浪把伤者送到码头。当舰艇停泊好后，马上叫来救护车将伤者送至医院。事实证明，海军的急救措施非常及时，不然，伤者的一条腿就作废了。

　　海军救人的事迹一夜之间就传开了，可是当记者赶来采访时，海军们面对话筒，纷纷推辞，谁也不肯上前发言。经过记者再三恳切请求，军医终于接受了采访。他说："每当看到舰艇上飘扬的海军军队旗帜，我就在心里默念，一定要为祖国、为人民做贡献。我做得还远远不够，请大家拭目以待，我绝不会辜负大家的期望。"军医说完，面对镜头，做了一个标准的敬礼动作，帅极了。

千里のかなたから負傷者を救護する

　解放軍第 425 病院は、中国南方のある海辺の都市にある。2019 年旧暦 1 月 17 日のこの日に、病院に一人の救急患者が（運ばれて）来た。知らせを聞いて、駆けつけた患者の家族が、患者を送って来てくれた海軍にお辞儀をしてお礼を言うと、海軍は、「恐れ入ります、とんでもありません」と言いながら、手を伸ばして病人の家族がお辞儀をするのを制止した。これはいったいどういうことなのか?

　そもそも、患者の名字は趙といい、漁民であった。沖に出て漁をしていた時、うっかり漁船の漁獲用の釣り針を太股に刺してしまい、血が止まらなくなり、痛さでしきりにウンウンうなっていた。漁船の人が SOS を発し、近くで訓練を行っていた海軍の艦艇が、上級機関から出た派遣指示を受け取り、直ちに訓練を中止し、事故現場に向けて大至急出発した。航行の途中、船に同行して訓練を視察していた海軍の将校や司令官は、てきぱきと当直中の軍医を救護班長に任命して救護班を編成し、医療器具を準備し、救護計画を整えさせた。

　その日の気象情報によると、寒波と温帯低気圧の影響を受けて、海上では突風が 8 級に達し、4 メートルの高波で、悪魔も震え上がるほどの悪天候だった。艦艇は向かい風を受けて進み、船体が大きく左右に揺れた。事故現場に着いて、救援ボートを下ろしている時は、ボートと艦艇の船体が絶えずこすれ合い、ぶつかり合っていた。海軍の兵士達は海に落ちる危険も冒して、メガホンを使って漁船にいる人にアドバイスし、アイディアを出し、負傷者を助けて救援ボートに乗せるよう指示した。

　負傷者が艦艇に無事に運ばれると、軍医は迅速に止血、消毒等の応急処置を行った。そしてまた高波に向かって進み、負傷者を埠頭まで送った。艦艇がしっかり停泊すると、ただちに救急車を呼び、負傷者を病院まで送り届けた。事実が証明している。海軍の応急処置は非常に時宜に適ったものだったことを。そうでなければ、負傷者の足は 1 本使いものにならなくなっていた。

　海軍が人を救ったという事績は、一夜にして広がった。だが、記者がインタビューに駆けつけた時、海軍の兵士たちは、マイクを前にしても、次々と辞退し、誰も前に進み出て発言しようとはしなかった。記者が再三丁寧にお願いすると、やっと軍医がインタビューに応じた。軍医は「艦艇の船上に、はためく海軍の軍隊旗を眺める度ごとに、私は、必ず祖国のため、人民のために貢献しようと心の中で思っています。まだまだ十分できてはいませんが、皆さん、どうぞご期待ください。私は決して皆さんの期待に背きません」と語った。軍医は話し終えると、カメラに向かって、模範的な敬礼をした。なんと格好いいことか。

为救人质壮烈牺牲的民警

人質救助で壮烈な死を遂げた警察官

[STEP 1 単語] 今日習得すべき単語を、聞き取れるまで繰り返し聞いてください。 137

人质 rénzhì
（名）人質

壮烈 zhuàngliè
（形）壮烈である

刑事 xíngshì
（形）刑事

透露 tòulù
（动）（秘密などを）漏らす、漏れる

赌博 dǔbó
（动）ばくち、ギャンブル

分红 fēnhóng
（动）利益を配当する

挑拨 tiǎobō
（动）双方をけしかける、そそのかす

揍 zòu
（动）（人を）殴る

残疾 cánjí
（名）体に障害があること

拘留 jūliú
（动）拘置する、逮捕する

判决 pànjué
（动）判決を下す

示威 shìwēi
（动）威力を示す、示威する

挑衅 tiǎoxìn
（动）挑発する、けんかを売る

委员 wěiyuán
（名）委員

调解 tiáojiě
（动）仲裁する、調停する

盛产 shèngchǎn
（动）（産物や資源を）豊富に産出する

棉花 miánhuā
（名）綿花、綿

适宜 shìyí
（形）程よい、（…に）適している

盗窃 dàoqiè
（动）盗む、窃取する

贼 zéi
（名）どろぼう、盗人

得罪 dézuì
（动）（人の）感情を害する、恨みを買う

狭隘 xiá'ài
（形）狭い、狭隘である

无赖 wúlài
（形 / 名）無頼である、理不尽である／ごろつき、やくざ

柴油 cháiyóu
（名）ディーゼルオイル

投掷 tóuzhì
（动）投げ飛ばす、投げつける

火焰 huǒyàn
（名）火炎、炎

消防 xiāofáng
（动）消防、消火する

诬陷 wūxiàn
（动）無実の人の罪に落とす、罪を着せる

火药 huǒyào
（名）火薬

报仇 bàochóu
（动）復讐する、仕返しをする

嫂子 sǎozi
（名）兄嫁

封锁 fēngsuǒ
（动）封鎖する

隔离 gélí
（动）隔離する、引き離す

机智 jīzhì
（形）機知に富む

交涉 jiāoshè
（动）交渉する、掛けあう

严密 yánmì
（形）細心の、厳密である

屏障 píngzhàng
（名）障壁

筐 kuāng
（名）かご

子弹 zǐdàn
（名）銃弾、弾丸

上任 shàngrèn
（动）就任する、赴任する

廉洁 liánjié
（形）清廉潔白である、廉潔である、公益を損なって私腹を肥やすことをしない

同志 tóngzhì
（名）同志

威望 wēiwàng
（名）威望、声望

徒弟 túdì
（名）弟子

光荣 guāngróng
（形）光栄である、栄誉ある

正义 zhèngyì
（形 / 名）正義にかなう／正義

庄严 zhuāngyán
(形) 荘厳である、厳かである

缺席 quēxí
(动) 欠席する

埋葬 máizàng
(动) 埋葬する

仪式 yíshì
(名) 儀式

转达 zhuǎndá
(动) 伝える、伝達する

[STEP 2 センテンス] STEP1 の単語を上から順番に、発音しながら＿＿＿＿に書き入れてください。センテンスの意味を把握することも学習目標の一つです。

①为救＿＿＿＿ ＿＿＿＿牺牲的民警。

②在山东省农村，熟人间的纠纷导致了一起恶性＿＿＿＿案件。

③据知情人＿＿＿＿，村民徐某和王某，曾勾结起来利用＿＿＿＿方式进行诈骗活动，后因＿＿＿＿不均，再加上同伙＿＿＿＿离间，造成两人大打出手，徐某用铁锹暴＿＿＿＿王某，王某右手终生＿＿＿＿。

④徐某被当地警察＿＿＿＿，＿＿＿＿入狱。

⑤徐某出狱后，常常到王某家＿＿＿＿、＿＿＿＿滋事，后经过村民＿＿＿＿会＿＿＿＿，俩人关系稍有改善。

⑥山东＿＿＿＿ ＿＿＿＿，因为气候土壤都特别＿＿＿＿种棉花。

⑦徐某和王某两家各有几十亩棉花地，到了采收棉花期，王某家的棉花被＿＿＿＿，王某怀疑徐某是＿＿＿＿，生气骂街，再次＿＿＿＿了徐某。

⑧徐某本来就心胸＿＿＿＿，是村里有名的地痞＿＿＿＿。

⑨过年时，徐某往王某家的猪圈泼洒＿＿＿＿，并＿＿＿＿鞭炮，致使猪圈起火，＿＿＿＿窜得很高，当＿＿＿＿人员赶到时，王某家的猪圈已被烧得一干二净。

⑩徐某对自己放火一事拒不认错，说虽然受到了王某的＿＿＿＿，但猪圈着火不是自己故意所为。

⑪被逼急的王某带着网上购买的＿＿＿＿枪来到徐某家＿＿＿＿，因徐某不在家，王某挟持徐某＿＿＿＿当人质，扬言说如果徐某不来替换嫂子，就和徐某嫂子同归于尽。

⑫接到报案的公安警察小周在第一时间到达现场，马上把徐某家及其周边＿＿＿＿起来，并疏导＿＿＿＿了周边群众。

⑬他一边＿＿＿＿地和王某＿＿＿＿，一边观察房屋的构造。

⑭在经过＿＿＿＿观察后，以徐某家的院墙为掩护＿＿＿＿，一脚踢开大门旁放置的＿＿＿＿，趁王某分神的功夫，破门而入。

⑮王某开枪，小周不幸身中＿＿＿＿而亡。

⑯小周是刑警大队的队长，自＿＿＿＿以来，＿＿＿＿奉公，对＿＿＿＿也非常关心，在人们心中很有＿＿＿＿。

⑰他的＿＿＿＿小张在追悼会上哭红了双眼，表示师傅为保卫人民＿＿＿＿牺牲了，自己一定会继承他的遗志，为保卫＿＿＿＿而继续奋斗。

⑱追悼会上大家为逝者举行了＿＿＿＿的默哀＿＿＿＿，因身体原因＿＿＿＿的公安局局长也托人＿＿＿＿了自己的哀思。

⑲小周的骨灰被＿＿＿＿在大树下，人们希望他在绿树中得到安息。

275

❶ 赤いシートを当てて、本文を見ながら聞き、見えない箇所の単語をチェックしてください。
❷ 赤いシートを外して、本文を見ながら聞き、聞き取った単語が合っているか、確認してください。
❸ 本文を見ないで聞き、全体の意味が把握できるか確認してください。

为救人质壮烈牺牲的民警

在山东省农村，熟人间的纠纷导致了一起恶性刑事案件。

据知情人透露，村民徐某和王某，曾勾结起来利用赌博方式进行诈骗活动，后因分红不均，再加上同伙挑拨离间，造成两人大打出手，徐某用铁锹暴揍王某，王某右手终生残疾。徐某被当地警察拘留，判决入狱。徐某出狱后，常常到王某家示威、挑衅滋事，后经过村民委员会调解，俩人关系稍有改善。

山东盛产棉花，因为气候土壤都特别适宜种棉花。徐某和王某两家各有几十亩棉花地，到了采收棉花期，王某家的棉花被盗窃，王某怀疑徐某是贼，生气骂街，再次得罪了徐某。徐某本来就心胸狭隘，是村里有名的地痞无赖。过年时，徐某往王某家的猪圈泼洒柴油，并投掷鞭炮，致使猪圈起火，火焰窜得很高，当消防人员赶到时，王某家的猪圈已被烧得一干二净。徐某对自己放火一事拒不认错，说虽然受到了王某的诬陷，但猪圈着火不是自己故意所为。

被逼急的王某带着网上购买的火药枪来到徐某家报仇，因徐某不在家，王某挟持徐某嫂子当人质，扬言说如果徐某不来替换嫂子，就和徐某嫂子同归于尽。

接到报案的公安警察小周在第一时间到达现场，马上把徐某家及其周边封锁起来，并疏导隔离了周边群众。他一边机智地和王某交涉，一边观察房屋的构造。在经过严密观察后，以徐某家的院墙为掩护屏障，一脚踢开大门旁放置的筐，趁王某分神的功夫，破门而入。王某开枪，小周不幸身中子弹而亡。跟在小周身后冲进房间的警察制服了王某，人质安全脱险。

小周是刑警大队的队长，自上任以来，廉洁奉公，对同志也非常关心，在人们心中很有威望。他的徒弟小张在追悼会上哭红了双眼，表示师傅为保卫人民光荣牺牲了，自己一定会继承他的遗志，为保卫正义而继续奋斗。追悼会上大家为逝者举行了庄严的默哀仪式，因身体原因缺席的公安局局长也托人转达了自己的哀思。

小周的骨灰被埋葬在大树下，人们希望他在绿树中得到安息。

人質救助で壮烈な死を遂げた警察官

　山東省の農村で、知人同士のもめごとが凶悪な刑事事件を引き起こした。

　内情に詳しい人が漏らしたところでは、村民の徐某と王某はかつてぐるになって、ギャンブルを使った詐欺を働いていたが、分け前の配分をめぐってもめ、しかも一味のものが仲たがいするようけしかけたため、派手な殴り合いになり、徐某が、シャベルで王某を激しく殴り、王某の右手には一生障害が残ることになった。徐某は、地元の警察に勾留され、判決が下って収監された。徐某は出所後、しょっちゅう王某の家に行っては脅迫し、挑発を繰り返した。その後、村の住民委員会の仲裁によって、二人の関係は少し改善した。

　山東省は綿花を豊富に産出するが、それは気候と土壌が共にとりわけ綿花の栽培に適しているからである。徐某と王某の家はそれぞれ数十ムーの綿花畑を持っていた。綿花の収穫時期になると、王某の家の綿花が盗まれた。王某は徐某が盗んだと疑い、腹立ちまぎれにわめき散らしたので、また徐某を怒らせることになった。徐某は元来心が狭く、村では札付きのチンピラだった。正月、徐某が王某の家のブタ小屋にディーゼルオイルをまいて、なおその上に爆竹を投げつけ、火事をおこした。炎が高く噴き上がり、消防士が駆けつけた時には、王某のブタ小屋はすっかり焼け落ちてしまっていた。徐某は、自分が放火したとはあくまでも認めず、王某に盗みの罪を着せられたが、ブタ小屋の火事は自分のしわざではないと言った。

　かっとなった王某は、ネットで購入した火薬と銃を持って徐某の家に仕返しにやってきた。徐某が不在だったので、王某は徐某の兄の妻を捕まえて、人質に取り、もし徐某が帰って来なかったらその兄の妻を身代わりにして、一緒に死んでやるぞ、と言い放った。

　事件の通報を受けた公安警察の周さんは、ただちに現場に駆けつけ、すぐ徐某の家とその周辺を封鎖し、そして、周りの群衆を誘導して現場から遠ざけた。周さんは機知を働かせて王某と交渉しながら、家の構造を観察した。細かく観察してから、徐某の家を囲む塀を身を隠す防御壁とし、表門においてあるかごをポンと蹴飛ばして、王某の気をそらしておいて、ドアを突き破って押し入った。王某が発砲し、周さんは不幸にも弾が当たり亡くなった。周さんの後について部屋に跳び込んだ警察官が王某を取り押さえ、人質は無事に危険を脱した。

　周さんは刑事警察隊の隊長で、就任以来、清廉潔白に身を保って公務に尽力し、同僚に対しても非常に気を配り、人々の間にも声望が高かった。周さんの弟子である張さんは、追悼会で目を真っ赤に泣きはらし、師匠は人民を守るために栄光ある犠牲となった、自分も必ず周さんの遺志を継ぎ、正義を守るためにたゆまぬ努力をする、と表明した。追悼会で皆は故人のために厳かな黙禱の儀式を行った。体調が理由で欠席した公安局の局長も人に託して哀悼の思いを伝えた。

　周さんの遺骨は大きな樹の下に埋葬され、人々は、周さんが緑の樹の中で安らかに眠りにつくよう祈った。

无止桥基金会 無止橋基金協会

[STEP 1 単語] 今日習得すべき単語を、聞き取れるまで繰り返し聞いてください。**139**

基金 jījīn
（名）基金

凹凸 āotū
（形）でこぼこである

冰雹 bīngbáo
（名）ひょう

扒 bā
（动）つかまる、すがりつく

统筹兼顾 tǒngchóu jiāngù
統一して計画し、各方面に配慮
する

地质 dìzhì
（名）地質

考察 kǎochá
（动）実地に調査する、視察する

慈善 císhàn
（形）慈悲深い、同情心に
富んでいる

意向 yìxiàng
（名）意向、意図、目的

赞助 zànzhù
（动）賛同し助成する、賛助する

顾问 gùwèn
（名）顧問

边疆 biānjiāng
（名）辺境、国境に近い地方

分散 fēnsàn
（动）分散する

砍伐 kǎnfá
（动）（木を）伐採する

审查 shěnchá
（动）審査する

设立 shèlì
（动）設立する

贯彻 guànchè
（动）貫徹する、徹底的に実行する

选举 xuǎnjǔ
（动）選挙する

财政 cáizhèng
（名）財政

纪要 jìyào
（名）要点を記した文章、要録

章程 zhāngchéng
（名）規約、定款

草案 cǎo'àn
（名）草案

备份 bèifèn
（名 / 动）バックアップ／
バックアップする

论坛 lùntán
（名）（インターネット上の）掲示板、
BBS

正规 zhèngguī
（形）正規の、正式の規定に
従っている

选拔 xuǎnbá
（动）選抜する

名额 míng'é
（名）定員、人数

骨干 gǔgàn
（名）中堅、中核、柱

申报 shēnbào
（动）申告する、届け出る

档案 dàng'àn
（名）（所属する職場・機関・
団体の人事部門が保管する）
個人の身上調書、行状記録

条款 tiáokuǎn
（名）条項、箇条

纲领 gānglǐng
（名）綱領、原則

摘要 zhāiyào
（名）要点、要旨

边境 biānjìng
（名）国境

剪彩 jiǎncǎi
（动）（開会式・落成式などで）
テープを切る、テープカットする

郑重 zhèngzhòng
（形）厳かである、厳粛である

致辞 zhìcí
（动）あいさつを述べる

含义 hányì
（名）含まれている意味

铺 pū
（动）のばす、広げる、敷く

[STEP 2 センテンス] STEP1 の単語を上から順番に、発音しながら_____に書き入れてください。センテンスの意味を把握することも学習目標の一つです。

①无止桥_____会。

②中国西北的贫困村落毛寺村被河水分隔，河两岸的地面_____不平，本来就很难走，再加上连接两岸的只有一条独木桥，每天过河上学的孩子吃尽了通学之苦。

③天气好还好，要是赶上刮风下_____的恶劣天气，有时就得用手_____着独木桥涉水过河，非常危险。

④在安全度、设计、技术三方面上_____，经过一年的_____ _____，在毛寺村建成了第一座无止桥。

⑤其后，他在香港注册了_____团体——无止桥基金会，该会的_____在于团结中国各大学的学生和志愿者为贫困地区修建桥梁。

⑥香港特别行政区行政长官是该会的荣誉_____人，另外还有荣誉主席、副主席各 1 人及荣誉_____若干名。

⑦现在远至云南_____西双版纳都有无止桥的项目点，已建成的 40 多座无止桥_____在全国各个地区。

⑧无止桥在建造过程中遵循着减低_____的原则，注重保护环境。

⑨ 2008 年，武汉理工大学经校方领导_____通过，_____了无止桥公益团队工作小组，旨在让更多的大学生参与进来。

⑩该小组严格_____执行党的基本路线和方针，设有领导组 (领导换届时由组员_____)、执行组、_____管理组、文秘组等部门，其中文秘组负责制作会议_____，文件发送，制定_____ _____，各种信息_____等。

⑪小组成员则通过高校各_____等_____方式征召_____，不限_____。

⑫如有应招者，无止桥小组_____会把志愿者信息_____给省团委，最后备案建_____。

⑬工作小组的工作理念包括温情、协作、创新、严谨等_____。

⑭而他们桥梁设计的_____ (_____) 是美观、安全、环保、节俭。

⑮ 2017 年 8 月，在拥有三个_____县的云南省文山州，举行了一个无止桥的_____仪式。

⑯无止桥基金会的发起人之一纪女士_____ _____，重点是希望建立更多爱心之桥。

⑰有人说，无止桥的_____应该是爱无止，桥连心。

⑱_____路修桥，自古就被认为是积善行德的义举。

❶ 赤いシートを当てて、本文を見ながら聞き、見えない箇所の単語をチェックしてください。
❷ 赤いシートを外して、本文を見ながら聞き、聞き取った単語が合っているか、確認してください。
❸ 本文を見ないで聞き、全体の意味が把握できるか確認してください。

无止桥基金会

　　中国西北的贫困村落毛寺村被河水分隔，河两岸的地面凹凸不平，本来就很难走，再加上连接两岸的只有一条独木桥，每天过河上学的孩子吃尽了通学之苦。天气好还好，要是赶上刮风下冰雹的恶劣天气，有时就得用手扒着独木桥涉水过河，非常危险。

　　为使孩子便利地通学，香港吴教授发起了一项建桥计划。在安全度、设计、技术三方面上统筹兼顾，经过一年的地质考察，在毛寺村建成了第一座无止桥。

　　其后，他在香港注册了慈善团体——无止桥基金，该会的意向在于团结中国各大学的学生和志愿者为贫困地区修建桥梁。香港特别行政区行政长官是该会的荣誉赞助人，另外还有荣誉主席、副主席各 1 人及荣誉顾问若干名。

　　现在远至云南边疆西双版纳都有无止桥的项目点，已建成的 40 多座无止桥分散在全国各个地区。无止桥在建造过程中遵循着减低砍伐的原则，注重保护环境。

　　2008 年，武汉理工大学经校方领导审查通过，设立了无止桥公益团队工作小组，旨在让更多的大学生参与进来。该小组严格贯彻执行党的基本路线和方针，设有领导组（领导换届时由组员选举）、执行组、财政管理组、文秘组等部门，其中文秘组负责制作会议纪要，文件发送，制定章程草案，各种信息备份等。小组成员则通过高校各论坛等正规方式征召选拔，不限名额。如有应招者，无止桥小组骨干会把志愿者信息申报给省团委，最后备案建档案。

　　工作小组的工作理念包括温情、协作、创新、严谨等条款。而他们桥梁设计的纲领（摘要）是美观、安全、环保、节俭。

　　2017 年 8 月，在拥有三个边境县的云南省文山州，举行了一个无止桥的剪彩仪式。无止桥基金会的发起人之一纪女士郑重致辞，重点是希望建立更多爱心之桥。

　　有人说，无止桥的含义应该是爱无止，桥连心。铺路修桥，自古就被认为是积善行德的义举。愿无止桥给更多的人带去便捷与温情。

西双版纳 ：シーサンパンナ（地名）
省团委 ：省の青年団委員会

無止橋基金協会

　中国西北部の貧困な村落である毛寺村は川の流れをはさんで二つに切り離されていて、川の両岸の地面はでこぼこしている。もともと歩きにくい上に、両岸をつなぐものはたった1本の丸木橋で、毎日、川を渡って学校に通う子供は通学の苦労をさんざんなめつくしてきた。天気がいい時はまだいいが、もし、風が吹いたり、ひょうが降るような悪天候に遭うと、時には、手で丸木橋につかまって、川を歩いて渡らなければならないこともあり、とても危険である。

　子供の通学が便利になるように、香港の呉教授は橋を架ける計画を提案した。安全性、設計、技術の三つの面を統一して計画し、それぞれの面に配慮した。1年の地質調査を経て、毛寺村に最初の無止橋が架けられた。

　その後、彼は香港で慈善団体——無止橋基金を登録した。この協会の趣旨は、中国の各大学の学生やボランティアを団結し、貧困地区に橋を建設することにあった。香港特別行政区の行政長官はこの会の名誉後援者で、そのほかに、名誉主席、副主席が各1名と名誉顧問も若干名いる。

　現在、はるか雲南辺境のシーサンパンナに至るまで無止橋プロジェクトの拠点があり、建設済みの40本あまりの無止橋は全国各地域に散らばっている。無止橋は、建設過程で木の伐採を抑えるという原則を遵守し、環境保護を重視している。

　2008年、武漢理工大学は、大学側の指導部門の審査を経て、無止橋公益団体プロジェクトチームを設立した。その趣旨はより多くの大学生の参加を募ることである。このプロジェクトチームは、党の基本路線と方針を厳しく徹底的に実行し、指導グループ（リーダー交替時はグループメンバーにより選挙が行われる）、実行グループ、財政管理グループ、文書立案・秘書業務グループ等の部門が設けられ、そのうちの文書立案・秘書業務グループは会議要録の作成、文書の発送、規約の草案作成、各種情報のバックアップなどを担当する。チームのメンバーは、大学の各BBSを通して正式な規定に従って募集し選抜を行うが、人数には制限がない。もし、応募者がいたら無止橋チームの中堅メンバーがボランティアの情報を省の青年団委員会に上申し、最後に主管部門へ報告して、個人記録を作成する。

　プロジェクトチームの行動規範には、思いやり、協力、イノベーション、厳格等の条項が含まれている。そして彼らの橋梁設計の原則の要点は、美観、安全、エコ、節約である。

　2017年8月、三つの辺境県を有する雲南省文山州で、無止橋のテープカットが行われた。無止橋基金協会の発起人の一人である紀女士は厳粛に挨拶を述べ、更に多くの思いやりの橋を造るよう願うと強調した。

　ある人は、無止橋に含まれている意味は、愛に限りはなく、橋は心をつなぐということだろうと言う。道路を敷設し、橋を建設するのは、昔から善行を積み重ねる義挙であると考えられている。無止橋が更に多くの人に、利便性と思いやりをもたらすことを願う。

投资 投資

[STEP 1 単語] 今日習得すべき単語を、聞き取れるまで繰り返し聞いてください。 **141**

债券 zhàiquàn
(名) 債券

储蓄 chǔxù
(名) 貯蓄、貯金

货币 huòbì
(名) 貨幣

局势 júshì
(名) 形勢、情勢

通货膨胀
tōnghuò péngzhàng
インフレーション

宏观 hóngguān
(形) 巨視的である、マクロ的である

微观 wēiguān
(形) 微視的である、ミクロ的である

导向 dǎoxiàng
(名) 方向、向き

运算 yùnsuàn
(動) 運算する、演算する

杠杆 gànggǎn
(名) てこ、レバー

扩充 kuòchōng
(動) 拡充する

魔术 móshù
(名) マジック、手品

报销 bàoxiāo
(動) 清算する、精算する

做主 zuòzhǔ
(動) 決定する、定める

参谋 cānmóu
(動) 相談相手になる、知恵を貸す、助言する

制服 zhìfú
(名) 制服、ユニフォーム

提拔 tíbá
(動) 抜擢する

混淆 hùnxiáo
(動) 混同する

传单 chuándān
(名) チラシ、ビラ

租赁 zūlìn
(動) (賃料を払って) 借りる、賃借りする

股份 gǔfèn
(名) 株式

法人 fǎrén
(名) 法人、法人代表

股东 gǔdōng
(名) 株主

相等 xiāngděng
(動) 等しい、同じである

投机 tóujī
(動) 投機する、チャンスをねらう

麻木 mámù
(形) 鈍い、反応が遅い

削 xuē
(動) けずる

正负 zhèngfù
(形) プラスとマイナス

征收 zhēngshōu
(動) 徴収する

缴纳 jiǎonà
(動) 納める

[STEP 2 センテンス] STEP1の単語を上から順番に、発音しながら＿＿＿＿に書き入れてください。センテンスの意味を把握することも学習目標の一つです。

①购买＿＿＿＿，属于风险较低的投资活动。

②生活中债权和债务的关系其实离我们很近，比如我们到银行去＿＿＿＿ ＿＿＿＿时，银行就是债务人，要付给我们利息，而顾客就是债权人，可以定期拿到利息。

③从全球金融市场的总体＿＿＿＿来看，债券的市值要大于公司股票的市值。

④美国、英国等国家还提供防通胀债券，帮助投资者应对＿＿＿＿的风险。

⑤当然，无论多么有保障的投资都不可能百分之百安全，投资者在投资时一定要分析好＿＿＿＿经济和＿＿＿＿经济，不要轻易被一时的经济＿＿＿＿所迷惑，要合理＿＿＿＿资金。

⑥另外，在资金不足时还可以利用资金＿＿＿＿，这是一种融资方式，＿＿＿＿了资金，就意味着有可能获得更大的盈利。

⑦善于投资的人，就像变＿＿＿＿一样，把一百元迅速增值到一千元、甚至一万元。

⑧一旦投资的钱打了水漂，所有的损失都得自负，没有人会给你＿＿＿＿。

⑨因此投资什么，投资多少，都要由自己＿＿＿＿，就算你请行家帮你＿＿＿＿，也不一定能押住宝。

⑩小金是我的高中同学，毕业后当了护士，每天穿着＿＿＿＿忙来忙去，工作五年了也没被＿＿＿＿重用。

⑪她对投资一窍不通，就连牛市和熊市的概念都会＿＿＿＿起来，分不清。

⑫一次小金偶尔在街上拿到一份有关股票的＿＿＿＿，就照着买了一支股票，赚了一大笔钱。

⑬用这笔钱＿＿＿＿了一家店铺，买卖逐渐做大。

⑭现在她已经是一家＿＿＿＿公司的＿＿＿＿兼＿＿＿＿，一年的收入和我们十年的收入＿＿＿＿。

⑮不能总想着＿＿＿＿取巧，也不能赔了钱就破罐破摔，心灵＿＿＿＿，不再讲求战略战术。

⑯总之，合理增＿＿＿＿资金，冷静分析，理性对待投资带来的＿＿＿＿效应，才是正确投资的基本。

⑰中国资管产品开始＿＿＿＿增值税，如果投资有收益，别忘了＿＿＿＿个人所得税啊。

❶ 赤いシートを当てて、本文を見ながら聞き、見えない箇所の単語をチェックしてください。
❷ 赤いシートを外して、本文を見ながら聞き、聞き取った単語が合っているか、確認してください。
❸ 本文を見ないで聞き、全体の意味が把握できるか確認してください。

投资

　　购买债券，属于风险较低的投资活动。只要债务人按时支付利息、偿还本金，那么债券人就会有相应的投资回报。生活中债权和债务的关系其实离我们很近，比如我们到银行去储蓄货币时，银行就是债务人，要付给我们利息，而顾客就是债权人，可以定期拿到利息。

　　从全球金融市场的总体局势来看，债券的市值要大于公司股票的市值。美国、英国等国家还提供防通胀债券，帮助投资者应对通货膨胀的风险。所以说投资债券比较安全。当然，无论多么有保障的投资都不可能百分之百安全，投资者在投资时一定要分析好宏观经济和微观经济，不要轻易被一时的经济导向所迷惑，要合理运算资金。

　　另外，在资金不足时还可以利用资金杠杆，这是一种融资方式，扩充了资金，就意味着有可能获得更大的盈利。

　　善于投资的人，就像变魔术一样，把一百元迅速增值到一千元、甚至一万元。但是千万不要把投资和盈利等同起来，因为投资本身具有很大的风险性。一旦投资的钱打了水漂，所有的损失都得自负，没有人会给你报销。因此投资什么，投资多少，都要由自己做主，就算你请行家帮你参谋，也不一定能押住宝。

　　也有运气好得挡不住的人。小金是我的高中同学，毕业后当了护士，每天穿着制服忙来忙去，工作五年了也没被提拔重用。她对投资一窍不通，就连牛市和熊市的概念都会混淆起来，分不清。一次小金偶尔在街上拿到一份有关股票的传单，就照着买了一支股票，赚了一大笔钱。用这笔钱租赁了一家店铺，买卖逐渐做大。现在她已经是一家股份公司的法人兼股东，一年的收入和我们十年的收入相等。

　　毕竟小金的成功之路是一个传奇，不是人人都有相同的机会。一般想要投资成功，还是需要耐心分析研究。不能总想着投机取巧，也不能赔了钱就破罐破摔，心灵麻木，不再讲求战略战术。

　　总之，合理增削资金，冷静分析，理性对待投资带来的正负效应，才是正确投资的基本。中国资管产品开始征收增值税，如果投资有收益，别忘了缴纳个人所得税啊。

市值	：市場価格	**牛市**	：上げ相場、ブルマーケット		
打水漂	：水の泡になる	**熊市**	：下げ相場、ベアマーケット	**增值税**	：付加価値税

投資

　債券を購入するのは、比較的リスクの低い投資活動である。債務者が期日通りに利息を支払い、元金を返済すれば、債権者は相応の投資に対する報酬が入る。生活の中で、債権と債務の関係は、実は私達の身近にある。例えば、私達が銀行に預金をする時、銀行は債務者で、私達に利息を支払わなければならず、顧客は債権者で、定期的に利息をもらうことができる。

　グローバルな金融市場の全体的な情勢から見て、債券の市場価格は会社の株券の市場価格を上回っている。アメリカ、イギリス等の国は、さらにインフレを防ぐ債券を提供して、投資者を援助し、インフレのリスクに対処している。だから、債権に投資するのは比較的安全であると言える。もちろん、どんなに保障のある投資でも100%安全ではない。そのため、投資者が投資をする時には、必ずマクロ経済とミクロ経済をよく分析しなければならない。安易に一時的な経済動向に惑わされてはならず、合理的に資金の計算をするべきである。

　また、資金不足の時は、資金のレバレッジ効果を利用することもできる。これは一種の融資の方式であり、資金を拡充して、更に大きな利潤の獲得を可能にすることを意味するものである。

　投資に長じた人は、まるで手品をするように、100元をあっという間に1000元に、ひいては1万元にまで増やす。しかし、絶対に投資と利潤を同一視してはいけない。なぜなら、投資それ自体には大きなリスクが伴うからである。いったん、投資したお金が水の泡になったら、全ての損失は自らが責任を負わなければならず、あなたのために肩代わりしてくれる人はいない。だから、何に投資するか、どれぐらい投資するか、全部自分で決めなければならない。たとえ、専門家に頼んで助言してもらったとしても、儲かるとは限らない。

　幸運がずっと続く人もいる。金さんは私の高校の同級生で、卒業後は看護師になっていた。毎日、制服を着てあれこれ忙しく働いたが、5年仕事をしても重要な地位に抜擢されなかった。彼女は投資のことはまったくわからず、上げ相場と下げ相場の概念さえも混同してはっきり区別できなかった。ある時、金さんは、偶然、町で株に関するチラシをもらい、チラシのとおりにある株券を買って、大儲けをした。金さんはこのお金で店舗を1軒借り、商売はしだいに大きくなっていった。今では彼女はすでに株式会社の法人代表兼株主となって、年収は私達の10年分に相当する。

　金さんの成功の道は結局一つの珍しい話で、誰にでも同じチャンスがあるわけではない。普通、投資して成功したいと思えば、やはり辛抱強く分析し、研究する必要がある。いつも機を見て甘い汁を吸おうと考えてはいけないし、また、金を損して自暴自棄になり、心を麻痺させて、戦略や戦術を追求しなくなるというのもいけない。

　要するに、合理的に資金を増やしまた削り、冷静に分析し、投資がもたらすプラスとマイナスの効果に理性的に対応する、それこそが正しい投資の基本である。中国では資産運用商品に付加価値税を徴収し始めたので、もし、投資による収益があったら、個人所得税を納めることもお忘れなく。

海关 税関

[STEP 1 単語] 今日習得すべき単語を、聞き取れるまで繰り返し聞いてください。 **143**

机构 jīgòu
（名）機関、組織

图案 tú'àn
（名）図案、デザイン

工艺品 gōngyìpǐn
（名）工芸品

化石 huàshí
（名）化石

对称 duìchèn
（形）対称になっている、
釣り合いがとれている

齐全 qíquán
（形）そろっている

雕刻 diāokè
（动）彫刻する

监视 jiānshì
（动）監視する、見張る

走私 zǒusī
（动）密輸をする

阴谋 yīnmóu
（名）陰謀

遗失 yíshī
（动）失う、紛失する

毒品 dúpǐn
（名）麻薬

旗袍 qípáo
（名）チャイナドレス

绅士 shēnshì
（名）紳士

聋哑 lóngyǎ
（动）耳が聞こえず物が言えない、
聾唖

华侨 huáqiáo
（名）華僑

诽谤 fěibàng
（动）誹謗する、そしる

污蔑 wūmiè
（动）中傷する、そしる

陷害 xiànhài
（动）（人を）陥れる

同胞 tóngbāo
（名）同胞、国や民族を同じく
する人

诉讼 sùsòng
（动）訴訟を起こす

取缔 qǔdì
（动）取り締まる、命令で禁止する

冤枉 yuānwang
（动／形）無実の罪を着せる／
（不当な扱いを受けて）無念で
ある、くやしい

巢穴 cháoxué
（名）ねぐら、巣窟

基地 jīdì
（名）基地

瓦解 wǎjiě
（动）瓦解させる、崩す

国务院 guówùyuàn
（名）（中国の）国務院

国防 guófáng
（名）国防

演绎 yǎnyì
（动）押し広げる、繰り広げる

妄想 wàngxiǎng
（动）妄想する

皇后 huánghòu
（名）皇后

[STEP 2 センテンス] STEP1 の単語を上から順番に、発音しながら＿＿＿＿に書き入れてください。センテンスの意味を把握することも学習目標の一つです。

①最近，记者从黄埔海关了解到，某公司＿＿＿＿向该海关申报了出口跨境电商物品，但在过 CT 机检查时，海关人员发现其中一件商品的＿＿＿＿和所申报的"＿＿＿＿"不符，开箱检查后发现商品中竟然有八件古生物＿＿＿＿，有的化石上面还有＿＿＿＿的植物茎叶纹路，清晰可辨，形状＿＿＿＿，简直就像＿＿＿＿上去的一样。

②多亏海关人员的严格管理＿＿＿＿，才及时粉碎了这起＿＿＿＿古生物化石的＿＿＿＿，防止了珍贵化石的流散＿＿＿＿。

③而在北京海关，近日破获了一起走私＿＿＿＿可卡因入境案件。

④在进行入境检查时，一个身着中式＿＿＿＿的女性和一个很有＿＿＿＿风度的男性引起了海关人员的注意。

⑤海关人员进一步询问时，俩人先是变成了"＿＿＿＿人"，拒不回答问题。

⑥后来又哭又闹，自称是＿＿＿＿，操着南方口音说海关人员＿＿＿＿ ＿＿＿＿、＿＿＿＿ ＿＿＿＿。

⑦还威胁说要对工作人员提出＿＿＿＿。

⑧经检测，确认了该奶粉正是毒品可卡因，这是被严格＿＿＿＿的违禁品，海关工作人员果然没有＿＿＿＿他们。

⑨公安机关顺藤摸瓜，找到他们的贩毒＿＿＿＿，捣毁了他们的贩毒＿＿＿＿，＿＿＿＿了这个走私毒品的犯罪团伙。

⑩海关总署为＿＿＿＿直属机构，为使海关更好地完成稽查任务，＿＿＿＿科工局曾与海关总署研讨过高分数据应用合作。

⑪它就像一个大舞台，每天都＿＿＿＿着人生百态，悲欢离合。

⑫一些无知的法盲＿＿＿＿靠着犯罪行为发大财，在充满正义的海关是绝对行不通的。

⑬不论你是初中生还是成年人，不论你是平民还是＿＿＿＿，都应该遵守法律，千万不要以身试法。

❶ 赤いシートを当てて、本文を見ながら聞き、見えない箇所の単語をチェックしてください。
❷ 赤いシートを外して、本文を見ながら聞き、聞き取った単語が合っているか、確認してください。
❸ 本文を見ないで聞き、全体の意味が把握できるか確認してください。

海关

　　最近，记者从黄埔海关了解到，某公司机构向该海关申报了出口跨境电商物品，但在过 CT 机检查时，海关人员发现其中一件商品的图案和所申报的"工艺品"不符，开箱检查后发现商品中竟然有八件古生物化石，有的化石上面还有对称的植物茎叶纹路，清晰可辨，形状齐全，简直就像雕刻上去的一样。目前缉私部门正在处理该案。多亏海关人员的严格管理监视，才及时粉碎了这起走私古生物化石的阴谋，防止了珍贵化石的流散遗失。

　　而在北京海关，近日破获了一起走私毒品可卡因入境案件。在进行入境检查时，一个身着中式旗袍的女性和一个很有绅士风度的男性引起了海关人员的注意。经仔细盘查，发现他们准备携带入境的奶粉颜色明显有别于普通奶粉。海关人员进一步询问时，俩人先是变成了"聋哑人"，拒不回答问题。后来又哭又闹，自称是华侨，操着南方口音说海关人员诽谤污蔑、陷害同胞。还威胁说要对工作人员提出诉讼。经检测，确认了该奶粉正是毒品可卡因，这是被严格取缔的违禁品，海关工作人员果然没有冤枉他们。在铁证面前，俩人终于低下了头。公安机关顺藤摸瓜，找到他们的贩毒巢穴，捣毁了他们的贩毒基地，瓦解了这个走私毒品的犯罪团伙。

　　海关总署为国务院直属机构，为使海关更好地完成稽查任务，国防科工局曾与海关总署研讨过高分数据应用合作。海关是一个保护人民安全和财务，阻止危险品出入境的关口。它就像一个大舞台，每天都演绎着人生百态，悲欢离合。一些无知的法盲妄想靠着犯罪行为发大财，在充满正义的海关是绝对行不通的。不论你是初中生还是成年人，不论你是平民还是皇后，都应该遵守法律，千万不要以身试法。

高分数据：衛星写真データ

税関

　最近、記者が黄埔税関から聞いたところでは、ある会社の組織がこの税関に、輸出電子商品の申告をしたが、CT スキャン検査をしたところ、税関職員がその中のある商品のデザインと、申告した「工芸品」が一致しないことを発見した。箱を開けて検査すると、商品の中からなんと 8 件の古生物の化石が見つかった。一部の化石の表面には対称になった植物の茎と葉の文様がついていて、はっきり識別でき、形状も完璧、まるで彫刻したかのようであった。目下、摘発部門がこの案件を処理している。税関職員の厳格な管理と監視のおかげで、タイムリーにこの古生物化石密輸の陰謀は打ち砕かれ、貴重な化石の散逸と紛失が阻止された。

　そして、北京税関では、近頃、麻薬のコカインを密輸して入国した事件の犯人が検挙された。入国検査を行った際、チャイナドレスを着た女と紳士の風格たっぷりの男が税関職員の注意を引いた。綿密な取り調べの結果、彼らが（入国時に）持ち込もうとした粉ミルクの色が、普通の粉ミルクとは明らかに違うことがわかった。税関の職員が更に一歩進めて尋問したところ、二人はまず「聾唖者」を装い、質問に答えることを拒否した。その後、泣いたりわめいたりして、華僑であると自称し、南方のなまりを使って税関職員が同胞を誹謗中傷し、冤罪に陥れようとしていると言った。また、職員に対して訴訟を起こすと脅迫した。検査の結果、この粉ミルクは麻薬のコカインであることが確認された。これは取り締まりが厳重な禁制品で、税関職員はやはり彼らに無実の罪を着せることにはならなかった。確かな証拠を前にして、二人はとうとう頭を下げて罪を認めた。公安機関は、芋づる式に彼らの麻薬密売のアジトを見つけ出し、その基地を粉砕し、この犯罪グループを叩き潰した。

　税関総署は国務院に直属する機関である。税関がより良く取り調べの任務を遂行できるように、かつて国防科工局は税関総署と衛星写真を使ったデータ解析の応用と提携を検討したことがあった。税関は、人民の安全と財産を守り、危険物の出入国を阻止する関所である。それはまるで大きな舞台のようで、日々、常に人生のさまざまな姿、人生の悲喜こもごもが繰り広げられている。一部無知で法律の知識が乏しい者が犯罪行為に頼って大金持ちになろうと妄想しても、正義に満ちた税関は、絶対に通さないのである。たとえ中学生でも大人でも、庶民でも皇后でもみな法律を遵守しなければならず、絶対に公然と法律を犯してはならないのである。

索　引

H

田芳（てん　ほう）

中国・北京生まれ。二松学舎大学大学院中国学専攻博士後期課程満期退学。北京語言大学東京校、武蔵高等学校、一般財団法人霞山会 東亜学院等において長年中国語教育に携わっている。HSK 講座担当の経験が豊富で、中国語検定試験問題作成及び1級面接試験官も担当した。ここ数年、北京の新聞にて不定期に日本関連の記事を掲載。著書に『白話少林易筋内功』（共著　北京広播学院出版社）、『新訂標準中国語作文』（共著　東方書店）がある。

安明姫（あん　めいき）

中国・遼寧省生まれ。早稲田大学大学院日本語教育研究科博士後期課程満期退学。工学院大学、一般財団法人霞山会 東亜学院等で長年中国語教育に従事している。企業内研修及び翻訳にも携わる。著書に『耳から突破！HSK 語彙対策1級—4級　フレーズ・例文・実践問題』（共著　朝日出版社）がある。

録音：田芳

HSK6級　読む聴く覚える 2500

2020 年 12 月　5 日　初版第 1 刷発行
2022 年　1 月 15 日　初版第 2 刷発行

著　者●田芳・安明姫
発行者●山田真史
発行所●株式会社東方書店
　　　　東京都千代田区神田神保町 1-3　〒 101-0051
　　　　電話 (03) 3294-1001　営業電話 (03) 3937-0300

レイアウト・装幀●森田恭行 (キガミッツ)
印刷・製本●モリモト印刷株式会社
音声製作●中録新社

※定価はカバーに表示してあります